물음건 물사
청춘을 위한
기독교
7 변증

COFFEE HOUSE CHRONICLES

Is The Bible True Really?
: A Dialogue on Skepticism, Evidence, and Truth
Who Is Jesus, Really?
: A Dialogue on God, Man and Grace
Did The Resurrection Happen Really?
: A Dialogue on Life, Death and Hope
By Josh McDowell and Dave Sterrett

Copyright © 2011 by Josh McDowell Ministry
Originally Published by Moody Publishers
All rights reserved.
Korean Translation Copyright 2012 by DMI Publishing, Seoul, Korea.
문의처 | 한국 대학생 선교회(CCC), 서울시 종로구 부암동 36-1 (T)02-397-6200

이 책의 한국어판 저작권은 저작권자와의 계약으로 도서출판 국제제자훈련원에 있습니다.
저작권법에 의해 한국 내에서 보호를 받는 저작물이므로 무단 전재와 복제를 금합니다.

물을 건 묻자

청춘을 위한 기독교 7 변증

조쉬 맥도웰 Josh McDowell
+
데이브 스테러트 Dave Sterrett 공저

오세원 옮김

국제제자훈련원

Season	01	02	03	04
1 성경의 오류를 의심하다	'성경 원본'에 관한 불편한 진실 — 11	독실한 기독청년, '멘붕'에 빠지다 — 17	흔들리고 무너지는 신앙 — 24	안 믿어, 난 '불가지론자'가 되겠어 — 29
2 예수의 정체를 고민하다	상황이 달라졌어 — 141	전설의 록밴드, KORN을 탈퇴하다 — 144	무신론자 클럽의 공격 — 152	회의주의자가 역사적 증거를 요구하다 — 158
3 부활의 증거를 캐다	총기 난사 사건 — 269	돌이킬 수 없는 비극 — 272	쓸쓸한 밸런타인 데이 — 277	'천국'이 있다는 걸 어떻게 알지? — 282
주	시즌1 주 — 404	시즌2 주 — 411	시즌3 주 — 417	

Dr. Peterso

05	06	07	08	09	10	11
기독교는 이방 신화들을 표절했다?	케이티 트레일에서 다시 만나다	성경은 언제 완성이 되었을까?	성경에 오류가 있다?	커피하우스 모임	가장 믿기 힘든 기적	페터슨 교수의 갑작스런 제의
– 33	– 43	– 47	– 52	– 54	– 58	– 64

위기의 안드레아	무신론자 클럽과 다시만나다	역사 속의 예수	역사 상의 자료들을 믿긴 믿는 거야?	자말의 토론회	구프란 박사의 반박	믿지 않기 위한 더 큰 의지
– 160	– 161	– 172	– 181	– 188	– 195	– 198

부활은 꾸며 낸 이야기나 전설 같아	부활을 못 믿는 그리스도인?	죽음과 부활을 미리 알다	부활이 거짓말일 가능성	의학적 관점에서 본 부활 사건	부자들과 함께 묻히다	예언이 진짜일까?
– 289	– 299	– 307	– 314	– 321	– 324	– 328

CONTENT

12	13	14	15	16	17	18
신약성경 속 역사적 사실들	현재의 성경이 원본과 같다는 것은 어떻게 알지?	잉그레이엄 박사의 방해	그냥 『일리아드』 같이 오래된 소설은 아닐까?	조지프 스미스나 무함마드는 뭐야, 그럼?	닉, 그리고 제시카	다시 커피하우스로
– 66	– 75	– 84	– 90	– 95	– 99	– 102

페터슨 교수의 변화	제시카와의 데이트	마가복음에는 예수의 신성이 확인되지 않는다고?	예수를 증거한 사람들	무례한 태도	페터슨 교수의 강연	'내 아버지' 라는 말
– 205	– 208	– 212	– 224	– 234	– 238	– 245

유대인들의 매장 관습	목요일 저녁의 바비큐	엘비스 프레슬리와 마이클 잭슨	페터슨 교수의 서재	그들은 모두 도망쳤다	텅 빈 무덤	직접적인 증거
– 337	– 342	– 346	– 349	– 355	– 359	– 363

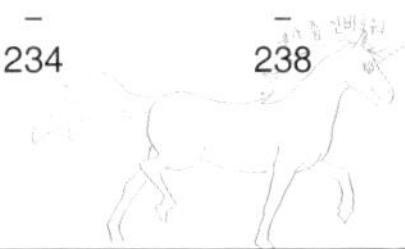

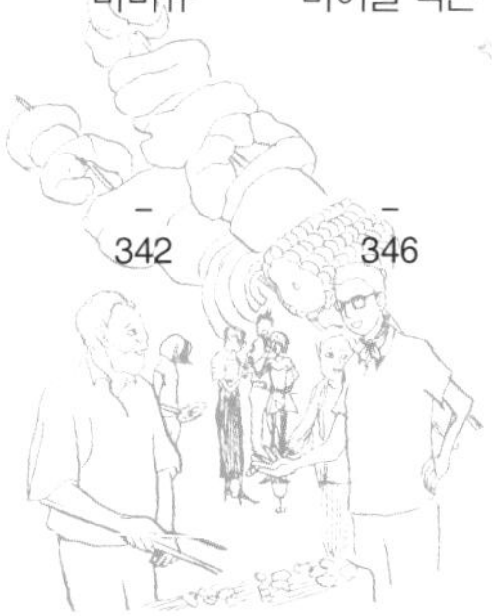

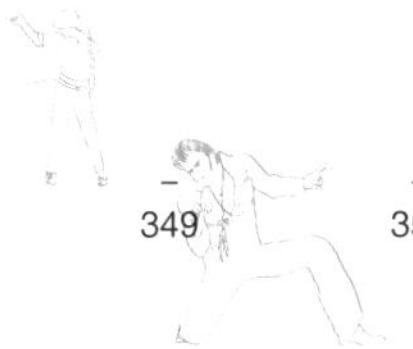

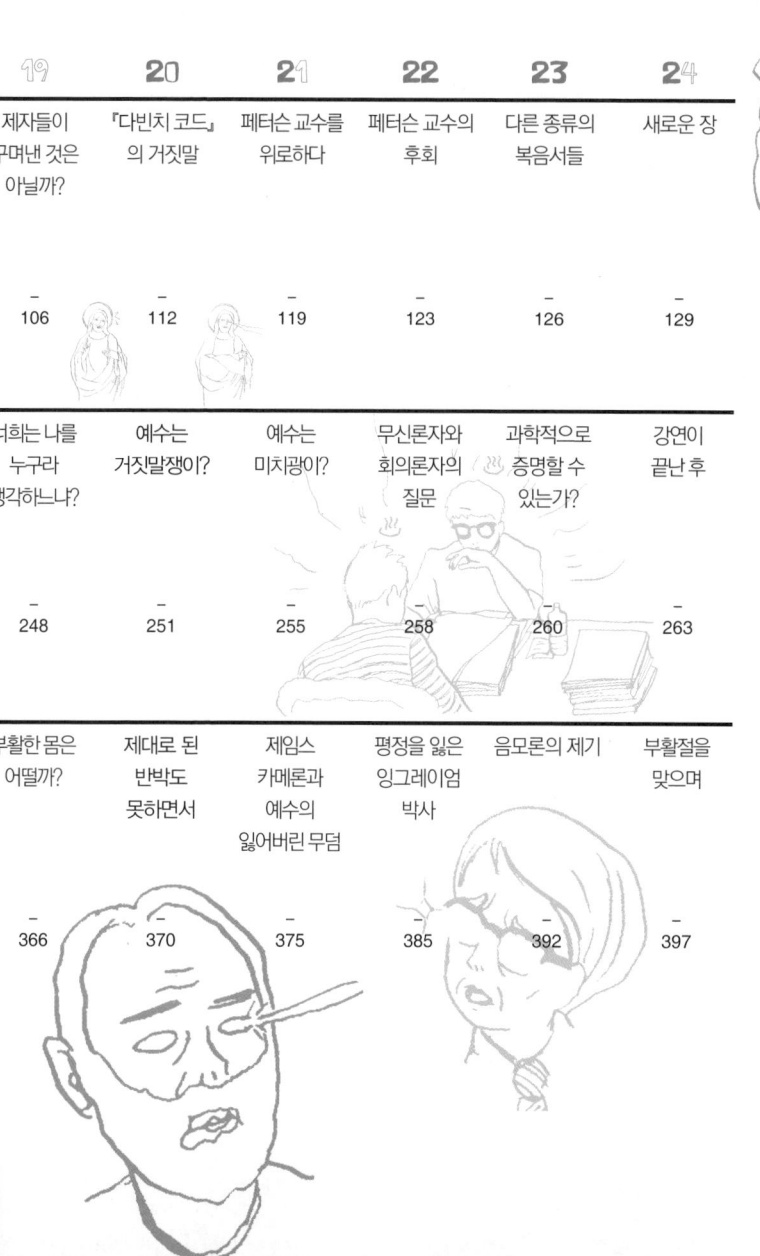

19	20	21	22	23	24
제자들이 꾸며낸 것은 아닐까?	『다빈치 코드』의 거짓말	페터슨 교수를 위로하다	페터슨 교수의 후회	다른 종류의 복음서들	새로운 장
106	112	119	123	126	129
너희는 나를 누구라 생각하느냐?	예수는 거짓말쟁이?	예수는 미치광이?	무신론자와 회의론자의 질문	과학적으로 증명할 수 있는가?	강연이 끝난 후
248	251	255	258	260	263
부활한 몸은 어떨까?	제대로 된 반박도 못하면서	제임스 카메론과 예수의 잃어버린 무덤	평정을 잃은 잉그레이엄 박사	음모론의 제기	부활절을 맞으며
366	370	375	385	392	397

일러두기

이 책은 소설 형식을 빌려 기독교 신앙을 변증하고 있다. 따라서 실존인물과 허구의 등장인물을 구별하기 위해 실존인물이 처음 언급될 때는 별색으로 표기하였다.

1

성경의 오류를 의심하다

01

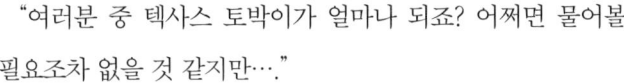'성경 원본'에 관한 불편한 진실

"여러분 중 텍사스 토박이가 얼마나 되죠? 어쩌면 물어볼 필요조차 없을 것 같지만…."

페터슨 교수의 물음에 절반이 넘는 학생들이 손을 들었다.

"좋아요. 알려줘서 고마워요. 나도 아내와 함께 이곳에 자리를 잡은 지 벌써 12년째예요. 그리고 그동안 배운 것이 몇 가지 있죠. 예를 들면 바이블 벨트*의 중심이라 할 만한 이곳 댈러스에서는 성경이 지닌 역사적인 권위를 감히 의심해서는 안 되죠. 지옥에 떨어지지 않으려면 말이에요."

강의실 안에 나즈막하게 웃음 소리가 퍼졌다. 저명한 종교학과 교수이자 고대문헌비평학 전문가인 윌리엄 페터슨 교수는 뛰어난 식견으로 널리 알려진 인물이었다. 비꼬는 듯 입꼬리를 올리며 그가 말을 이었다.

"정말이에요. 근본주의자, 가톨릭 신자도 모자라 복음주의자까지 모든 그리스도인이 우리의 영혼을 얼마나 걱정해 주는지 이제는 고마울 지경이에요. 그들은 정말 진심이거든요. 물론 그들이 진심으로 속고 있다는 것은 다른 문제이긴 하지만."

오팔 대학교에 갓 들어온 신입생인 닉 역시 페터슨 교수의

---

* 편집자 주 – 미국 남부 지역의 텍사스로부터 시작해 아칸소, 루이지애나, 미시시피, 앨라배마, 플로리다, 조지아 주에 이르는 복음주의적 성향이 강한 지역을 의미함

강의에 귀를 기울였다.

"보수적인 그리스도인들은 성경을 학문적으로 대하는 우리를 죄인이라 비난하기 바쁘죠. 그러나 내가 그들에게 묻고 싶은 것은 **'성경이 오류가 없는, 완벽한 하나님의 말씀임을 증명할 역사적인 근거가 무엇이냐'** 하는 거예요. 지금 시중에 번역되어 나와 있는 성경들이 아주 먼 옛날 최초로 쓰인 성경과 비슷하다고 믿을 수 있는 근거가 무엇인지도 궁금하고요. 믿음이니 뭐니 다 좋아요. 하지만 진짜는 어떤 거죠? 우리는 바로 이 문제를 다룰 거예요. 자, 그럼 **진짜 사실들을 알아볼 준비**가 되어 있나요?"

강조하려는 듯 교수가 잠시 말을 멈추자, 강의실은 일순 정적에 빠져들었다.

"이 분야 최고의 학자들이 인정하는 사실들은 이거예요. '우리는 근본주의자들이 주장하듯이 애초에 하나님이 사람들의 마음을 감동시켜 완벽하게 전하신 말들이 무엇인지 알 수 없다'는 것이죠. 그리고 그건 맞는 말이에요. 우리가 가지고 있는 것은 서기들이 수없이 손으로 복사해온, 그래서 언제나 원본과 100퍼센트 정확히 일치한다고는 할 수 없는 사본들뿐이에요. 즉, 원본이 쓰인 이후 수 세기가 지나 오류로 가득한, 그리고 원본과 비교할 때 셀 수 없을 정도로 많은 차이점이 있는 사본들 말이죠."[1]

교수의 말을 듣고 있던 닉의 가슴은 쉴 새 없이 두방망이질

치기 시작했다. 지금 교수가 하고 있는 말은 닉이 출석하는 교회 목사님의 가르침과는 전혀 다른 얘기였다. 그는 지금이야말로 예수님을 위해 용기를 내어 그분을 옹호해야 할 때라는 생각이 들었다. 닉이 큰 목소리로 이의를 제기했다.

"교수님의 말씀은 사실이 아닙니다! 어떻게 감히 하나님의 말씀을 의심할 수 있다는 거죠?"

불쑥 끼어든 닉의 격앙된 목소리에 페터슨 교수는 좀 놀란 듯했지만 친절하게 답했다.

"좋아요. 그럼 무엇이 진실인지 학생이 좀 말해 주겠어요? 내가 한 말 중에 정확하지 않은 내용이 뭐죠?"

교수가 이렇게 반응하자, 닉은 약간 궁지에 몰린 듯한 느낌이 들어 당황했다. 그러나 곧 침착하게 목소리를 냈다.

"우선 저는 그리스도인으로서 성경이 하나님의 감동으로 쓰인 말씀인 것을 믿어요. 성경은 하나님의 '말씀'이라고 '믿음'으로 받아들이죠. 히브리서에는 '믿음이 없이는 하나님을 기쁘시게 하지 못하나니'란 구절이 있어요. 하나님이 온 우주의 주재자이시고 우리는 그저 인간들일 뿐이에요. 우리가 어떻게 하나님의 주권을 의심할 수 있다는 거죠? 또한 성경에는 '모든 성경은 하나님의 감동으로 된 것으로 교훈과 책망과 바르게 함과 의로 교육하기에 유익하니 모든 사람으로 대답할 것을 항상 준비하게 하기 위함이라'란 말씀도 있죠."

닉의 대답에 페터슨 교수가 미소를 지으며 고개를 끄덕였다.

"우선, 학생의 개인적인 믿음, 특히 성경의 히브리서 11장과 디모데후서 3장의 구절을 암송해 줄 만큼 수업에 적극적으로 참여하는 태도를 높이 사고 싶군요. 학생 이름이 뭐죠?"

"닉이라고 합니다."

"내 수업을 수강해 줘서 고마워요. 닉. 나도 그 구절들을 암송했던 때가 기억이 나는군요. 아마 칼뱅 크리스천 아카데미를 다닐 무렵이었던 것 같은데."

닉의 놀란 표정을 보며 페터슨 교수는 말을 이었다.

"그건 그렇고 닉, 디모데후서 3장의 후반부는 '하나님의 사람으로 온전하게 하며 모든 선한 일을 행할 능력을 갖추게 하려 함이라'란 말로 끝날 거예요. 아마도 닉은 베드로전서 3장 15절의 '대답할 것을 항상 준비하되'란 말과 혼동한 것 같군요. 뭐, 그건 지금의 주제와 상관 있는 이야기도 아니고 또 얼마든지 혼동할 수도 있는 문제죠. 하지만 닉, 내가 그 전에 말하려 했던 것은 히브리서와 디모데후서의 원본에 방금 닉이 인용한, 그리고 우리 두 사람이 모두 외웠던 그 구절이 정말 존재하고 있었느냐 하는 점이에요. 우리 둘이 가지고 있는 성경은 지난 2000년 동안 엄청난 변화를 겪은 책이니까 말이죠."

"전 그 말씀을 못 믿겠어요."

닉은 자신도 모르게 교수의 말에 대답해 버렸다.

"그래요? 그럼 우리를 한 수 지도해 주겠어요?"

계속되는 닉의 부정에 페터슨 교수가 닉에게 이런 말까지

하기에 이르렀다. 그 저명하다는 페터슨 교수가 말이다. 그러자 나머지 학생들 사이에서 이 무례하고 주제넘은 그리스도인에 대해 투덜거리는 소리가 들려왔다.

"그건… 음…."

닉은 말을 더듬었다.

"교수님은, 어, 제 말은 성경말씀뿐만이 아니에요. 하나님께서는 지금도 사람들의 삶을 변화시키고 계세요. 저는 매일 제 삶에서 하나님의 임재를 느끼면서 살거든요. 그리고, 음, 맞아요. 기억났어요! 어릴 때 타일러에서 열린 유년캠프에 갔을 때 일인데, 무신론자였던 사람이 우리에게 간증한 적이 있어요. 그 사람 말에 의하면 하나님 말씀을 증명할 수 있는 고고학적인 증거들이나 오래된 역사 기록들, 성경사본들이 존재한다고 했어요. 게다가 그 무신론자였던 사람이 지금은 그리스도인이 되었거든요."

닉은 후반부에 힘을 실어 말했다. 처음 시작은 좀 엉성했지만 말을 이어 갈수록 자신감이 붙었다. 닉은 성령이 자신을 돕고 계신다는 생각까지 들었다.

"닉, 초기의 4복음서나 서신들의 원고와 사본들이 있다는 것은 사실이에요. 하지만 문제는 그것이 어떤 유형의 원고냐는 거예요. 필사본들 사이에 존재하는 차이점들을 고려하면 다양한 판본들의 수는 수만, 수십만 가지가 넘을 수도 있어요.[2] 학자들은 대부분 이런 사실들을 인지하고 있죠. 예를 들자면 바트 어만Bart Ehrman은 노스캐롤라이나 대학교의 종교학부 수장으로 내가 존경하는 학자인데 이 문제에 관련된 문서비평 분야에서 아주 뛰어난 연구 결과들을 내놓았죠."

피터슨 교수는 닉이 앉아 있는 첫 번째 줄 쪽으로 걸어 나와 강단 끝에 걸터앉았다.

"나는 닉의 신실한 믿음과 종교 활동을 존중합니다. 하지만 이 수업의 목표는 종교를 역사학적으로 연구하는 거예요. 여러분, 내가 질문을 하나 하겠어요. 하나님의 감동으로 쓰였다는 성경의 원본은 어디에 있을까요? 아는 사람 있습니까? 닉? 혹은 아무라도?"

강의실 안은 적막이 감돌았고 닉도 달리 할 말이 없었다.

"자, 아무라도 토론에 참여해 봐요. 여러분의 동료인 닉을 도와줄 사람은 없나요?"

얼마 간 어색한 침묵이 흐른 후에 교수가 다시 말을 시작했다.

"닉한테는 다행스럽게도, 아무도 아는 사람이 없는 것 같군요. 자, 그럼 내가 답을 말해 줄게요. 진실은 '**성경의 원본은 존재하지 않는다**'는 거예요. 하나님이 사람을 감동시켜 성경의 서신서들을 만들었다는 증거는 어디에도 존재하지 않는 거죠. 만약 성경에서 말하듯이, 하나님께서 존재하시고 그렇게 전능하시다면 우리를 위해 이런 모든 혼란스러움을 진작에 좀 정리해 주시지 않았을까요?

예를 들자면, 여러분이 나나 닉처럼 어린 시절을 교회에서 보냈다면 알고 있겠지만 성경의 신약에는 4복음서가 있어요. 그런데 성경에 포함되지 않은 다른 많은 복음서가 존재한다는 사실도 알고 있나요? 도마복음이나 빌립복음, 마리아복음[3]의 존재는 알고 있었나요? 여러분, 나는 여러분의 개인적인 신앙을 존중해요. 다만 여러분이 종교의 역사를 포함한 모든 분야에서 이성적인 태도를 보였으면 좋겠어요. 물론 오늘 이 자리에서 모든 것을 설명한 시간은 없지만 수업을 진행해 가면서 하나하나 자세히 다루어 보기로 하죠.

기독교가 전하는 메시지는 전혀 새로운 것도, 독특한 것도 없어요. 나도 대학원에서 성경문학을 연구하면서부터 비로소 이 사실을 알았죠. 복음서가 기록될 당시에는 죽었다가 다시 살아나는 신들의 이야기, 동정녀 탄생, 기적을 일으키는 사람들의 이야기가 이미 세상에 널리 퍼져 있었다는 사실을 말이에요.[4] 다음 시간에 이 내용을 좀 더 자세히 다뤄 보도록 하죠. 오늘은 여기까지 합시다.

02
독실한 기독청년, '편부'에 빠지다

분노와 절망감에 사로잡힌 닉은 강의실 밖으로 정신없이

뛰쳐나왔다. 그리고 과학관 앞을 지날 때, 자신을 부르는 낯익은 목소리를 듣고 발걸음을 멈췄다.

"닉, 오랜만이야. 잘 지내니?"

그가 뒤를 돌아보자, 안드레아가 잔디밭을 가로질러 다가오고 있었다. 안드레아는 지난 학기 신입생 오리엔테이션 시간에 닉과 안면을 튼 생물학과 학생이었다.

"안드레아!"

"닉, 무슨 일 있니? 화난 것 같은 얼굴인데?"

"아냐, 별일 없어. 그냥 페터슨 교수님이 종교학 수업 중에 동의하기 힘든 말을 좀 해서…."

"너도 페터슨 교수님 수업을 듣니? 나도 지난 학기에 그분 수업을 아주 재미있게 들었어. 그런데 교수님이 뭐라고 하셨길래?"

"설명하기는 좀 복잡해. 그냥 몇 가지, 나랑 의견이 맞지 않는 점이 있다고 할까? 정말 이상한 생각을 가지고 계시더라고."

닉의 말을 들은 안드레아는 미소를 지었다.

"너, 나한테도 그렇게 말했었어. 영적인 부분에 대해 서로 처음 이야기했을 때 말이야. 이번 문제도 별것 아닐 거야. 우리가 아직 친구로 지내는 것처럼…. 참, 난 학교 앞 커피하우스에 가던 길이야, 거기서 몇 시간 공부를 할까 해서. 괜찮으면 너도 같이 가서 얘기나 할까?"

닉은 시계를 들여다보고 고개를 끄덕였다.

"그래, 나도 다음 수업까지는 시간이 좀 있어."

얼마 후 두 사람은 커피하우스의 창가 테이블에 자리를 잡고 앉았다. 캐러멜 마키아토를 한 모금 마신 안드레아가 닉을 쳐다보았다.

"자, 이제 얘기해 봐. 페터슨 교수님이 뭐라고 했길래?"

"안드레아, 너도 알고 있듯이 나는 예수님과 인격적으로 교제하고 있어. 나는 성경이 하나님의 감동으로 쓰였고, 예수님만이 길과 진리, 생명이라고 믿어. 하지만 교수님은 성경이 원본과 많이 달라졌고 그래서 지금 우리가 가지고 있는 성경들은 진짜가 아니라고 하더라고."

"닉, 네가 받아들이기 힘들다는 건 이해해. 하지만 그분의 수업을 들어본 결과 나는 페터슨 교수님의 말이 맞다고 생각해."

"맙소사! 안드레아, 또 시작이니?"

닉이 한숨을 쉬었다.

"닉, 성경은 분명히 바뀌어 왔어. 물론 그럼에도 나는 성경이 호머나 베르길리우스, 플라톤의 책들과 마찬가지로 사람들의 영감을 불러일으키기에 충분한 책이라고 여기지만 말이야. 너로서는 인정하기 힘든 사실이라는 것을 알아. 기독교 서적 외에 종교를 다룬 책을 본격적으로 읽기 전에는 나도 받아들이기 힘든 사실이었으니까. 내가 세인트메리 고등학교를 다닐 때 신학 과목 선생님들 중 누구도 가톨릭 교회가 어떤 책들을, 무슨 이유로 성경에 넣기로 결정했는지에 관한 이야기는 해준 적이 없었어. 가톨릭이나 개신교에서 사용하는 성경들이 시대에 따라, 또는 종교 지도자들의 생각에 따라 엄청나게 내용이 많이 바뀌어 왔다는 사실도 말이야. 어쨌든, 2000년이 넘는 시간 동안 계속 사본이 만들어졌다는 사실을 감안하면 원본 성경이 어떤 것이었는지 알 수 없다는 말은 당연한 이야기겠지."

닉은 빨대를 문 채 멍하니 창 밖을 내다봤다.

"그뿐만이 아냐."

안드레아가 말을 이었다.

"기독교의 많은 내용들이 기독교가 생기기 한참 전부터 있었던 이교도들의 종교 신화들을 표절하거나 차용한 것이라는 사실도 교회에서 들어본 적이 없어."

"페터슨 교수도 그런 이야기를 하더라! 그건 다 어디서 나온 이야기들이니? 댄 브라운 소설에 나오는 내용들이야? 『다빈치 코드』같은 책?"

"닉, 이건 역사야. 그 이외에도 페터슨 교수는 많은 이야기를 해줬지. 태양신 미트라스나 예수의 모형이라는 아폴로니우스, 사바티 등에 대해서 말이야. 너 혹시 유튜브에서 "Zeitgeist : The Greatest Story Ever Told"(시대정신 : 지금까지 가장 위대한 이야기)란 프로그램 본 적이 있니?"

"Zeitg…, 뭐라고?"

"한번 직접 봐."

인터넷에서 영상을 찾아낸 안드레아가 닉 앞으로 자신의

노트북을 돌려 놓았다. 닉은 이어폰을 끼고 영상을 재생시켜 예수님과 비슷한 생을 살았다는 역사 속의 많은 인물에 관한 이야기를 들었다. 명백하게 이야기하지는 않았지만 그 다큐멘터리는 기독교가 예수의 탄생 이전에 존재했던 많은 종교의 신화들을 표절했다고 암시하고 있었다. 그리스의 아티스나 인도의 크리슈나, 그리스의 디오니소스, 페르시아의 미트라를 사례로 들어 소개한 후, 프로그램의 해설자가 하는 말은 더 가관이었다. 점성술에 기초해 볼 때 이들 각자의 종교 지도자들은 모두 12월 25일 처녀에게서 났고, 동방의 별로 인해 그 존재가 알려졌으며 세 명의 왕들로부터 경배를 받았고, 12세부터 사람들을 가르치기 시작해서 30세에 세례를 받은 후 성직을 시작해 열두 명의 제자들이 있었는가 하면, 또 기적을 행하며 '신의 어린 양'이라 불렸고, 십자가에 못박힌 후 매장되었다가 사흘만에 부활했다고 설명했다. 도저히 믿을 수 없다는 듯 "말도 안돼!"라는 외마디 비명을 한 번 내뱉은 것을 제외하곤 닉은 시종일관 침묵을 지키며 프로그램을 시청했다.

영상이 모두 끝난 후, 닉은 안드레아를 쳐다보며 말했다.

"페터슨 교수와 저 멍청한 유튜브 영상이 뭐라고 말하든 나는 성경이 하나님의 말씀이라는 것을 믿어!"

닉은 안드레아에게 순순히 인정하지 않았지만, 잠깐이나마 자신의 믿음이 흔들리는 것을 느꼈다.

"안드레아" 하고 닉은 말을 이었다.

"하나님의 말씀에는 거짓이 없어. 내가 무슨 말을 해야 할지 모를 때조차 하나님께서 나를 통해 말씀하고 계시다는 것을 나는 믿어. 심지어 내가 답을 알 수 없을 때도 말이야. 하나님께서는 온 우주의 통치자이시고 성령을 통해 사람들의 삶을 바꾸고 계셔. 어쨌든, 이 유튜브 영상은 그냥 사기일 거야. 수업 시간이 다 되어서 난 그만 가봐야겠어."

안드레아는 그대로 닉이 짐을 챙기는 것을 지켜보았다. 자리를 뜨기 전에 닉이 물었다.

"참, 안드레아! 금요일 파티에 올 거니?"

"무슨 파티?"

"제시카 숙소에서 열리는 파티 말이야."

닉이 대답했다.

"물론이야, 참석해야지. 그런데 너도 올 거니? 네가 파티를 즐기는 타입인 줄은 몰랐는데?"

"그렇지는 않은데, 하나님께서 말씀하신 대로 나는 이 세상에서 빛과 소금의 역할을 수행해야 하거든. 예수님도 안드레아, 너 같은 죄인들과 같이 먹고 마셨잖아. 하하, 이건 농담이고. 하지만 예수님이 건강한 사람에게는 의사가 필요 없고 병든 사람에게 의사가 필요하다는 말씀은 하셨었지."

"닉, 네가 좀 엉뚱하긴 하지만 나는 네가 마음에 들어. 성경에 관해서는 좀 구닥다리 같은 생각을 가지고 있긴 하지만 어쨌든 너는 진실하긴 하잖아."

페터슨 교수의 수업을 들으면서, 닉은 여태껏 자신이 지켜 온 믿음에 대해 의심과 회의가 커지는 것을 느꼈다. 그는 여전히 '그리스도의 증인'으로서 사람들에게 회개하라는 메시지와 그리스도에 대한 믿음을 증거했지만 때로는 낙담하기도 했다. 그의 '전도'를 받아들이는 사람들도 없었을 뿐만 아니라, 닉 자신조차 강의 시간에 배우는 내용과 자신의 신앙생활을 조화시키기가 어려웠기 때문이다. 강의 시간에 성경의 불완전성에 관한 이야기를 들으면 들을수록, 닉은 예수님에 대해 말하지 않게 되었고 이제껏 그가 지켜 온 보수적인 신앙생활에서 점점 멀어져 갔다.

얼마 후 제시카의 숙소에서 벌어진 또 다른 파티에서 닉은 평소보다 과음을 했다. 제이지Jay-z의 노래에 맞추어 닉과 제시카는 꼭 달라붙어서 농도 짙은 춤을 추었고, 사람들이 모두 돌아간 후에는 더 짙은 스킨십을 나눴다. 닉은 거기서 멈추지 않고, 3주 후에는 보수적인 그의 부모님과 목사님이 알게 된다면 크게 낙망하실 일까지 저지르게 되었다. 제시카와 잠자리를 한 것이다. 혈기왕성한 열아홉 사내애들에게는 별로 대수로울 것도 없는 일이겠지만 닉에게는 그 의미가 달랐다. 그 일이 있은 후, 그는 마치 자신이 하나님을 배반했다는 죄의식에 사로잡혀 밤잠을 이루지 못했다. 수년 전 교회의 청소년 집회에서 그는 결혼할 때까지 순결을 지키겠다고 서약했었다. 그런데 스스로 그 서약을 깨뜨린 것이다.

03
흔들리고 무너지는 신앙

일주일 후에 닉은 교회 고등부 담당목사였던 듀안에게 전화를 걸었다. 듀안은 작년 여름 닉이 참여한 '서로의 삶에 책임을 지는 소그룹'의 지도간사이기도 했다. 그때 닉은 QT를 빼먹거나 음란한 마음이 들 때마다 그에게 상담을 요청하곤 했다.

"목사님, 몇 가지 말씀드리고 싶은 게 있어요."

"닉, 무슨 일이지?"

"목사님께서는 지금 우리가 가지고 있는 성경이 진짜라고 생각하세요?"

"당연하지."

"왜 그렇게 생각하시는 거죠?"

"닉, 그게 무슨 말이지? 성경은 이 세상에서 제일 놀라운 책이야. 성경은 진정한 지혜를 제공해 주지. 바로 내 삶이 그 살아 있는 증거고."

닉은 그 말을 전에도 들은 적이 있었다. 그리고 그 자신도 사람들에게 그렇게 말했다.

"그건 좋아요. 목사님. 하지만 성경이 진짜라는 것을 어떻게 알 수 있는 거죠?"

"닉, 지난 여름에 내가 성경 공부 시간에 했던 말 다 잊은 거니? 성경은 우리의 믿음 때문에 진실인 거야. 예수님께서는 믿음이 없이는 결코 천국에 들어갈 수 없다고 말씀하셨지. 상황이 어떠하든 하나님의 사랑은 변함이 없어. 무조건 믿고 그대로 밀고 나가야 해! 사탄이 주는 미혹에 휘둘리면 안 돼!"

"목사님, 저도 목사님과 같은 생각이었어요. 하지만 요즘 굉장한 회의에 빠졌어요. 지난 여름 공부했던 말씀을 다시 들여다보기도 했지만 그 말씀에서 아무런 의미도 찾을 수가 없어요. 우리 학교에서 종교학을 강의하는 페터슨 교수는 현재 남아 있는 가장 오래된 성경 사본들을 연구해 온 분인데 사본들 사이에 수십만 가지 차이점들이 존재한대요.[5] 도마나 마리아, 유다 같은 이들이 쓴 다른 복음서들도 있고요. 그분 말에 의하면 기독교는 이방 신화들의 내용을 표절해서 만들어진 거래요. 목사님도 이런 내용들을 다 알고 계셨어요?"

듀안 목사는 이 질문에 바로 대답하지 않았다.

"닉, 예수님은 우리에게 모든 것을 다 알려 주시려고 우리를 부르신 게 아니야. 그분은 우리를 진실하고 참되게 하시려고 부르신 거지. 그분을 계속 신뢰하면 길을 보여 주실 거야."

"목사님께 기도를 부탁드려야 할 것 같아요. 학교에 온 후 처음 몇 주 동안은 술이나 포르노를 멀리하면서 정결하게 살려고 노력했지만 지금은… 새로 만난 여자친구와도 너무 많은 시간을 함께 보내는 것 같고요."

"함께 잠을 잤다는 뜻인가?"

"…."

닉은 선뜻 대답하지 못했다.

"만나자마자 바로 그렇게 된 건 아니에요. 그냥 서로 잘 맞는다고 생각하다 보니 모든 게 좀 빨리 진행된 것 같아요. 그렇지만 며칠 전에 딱 한 번뿐이에요. 그 일은 정말 후회가 되지만, 요새 같아서는 정말 확신을 가질 수 있는 게 별로 없어요."

"닉, 정말 안타까워. 하지만 이것만은 잊지 말아. 하나님은 닉을 사랑하셔. 나도 닉의 모든 질문에 답할 수는 없지만 성경에는 분명히 '만일 우리가 우리 죄를 자백하면 그는 미쁘시고 의로우사 우리 죄를 사하시며 모든 불의에서 우리를 깨끗하게 하실 것이요'[6]라고 쓰여 있어. 많이 힘들겠지만 하나님은 선한 싸움을 싸우게 하시기 위해 닉을 부르셨다는 것도 잊지 말아. 우리는 모두 완전하지 못해. 그래서 항상 의심하고 우리 죄를 하나님께 고백해야 하는 거지. 목사인 나에게 자신이 행한 일을 고백한 닉을 하나님은 정직하다고 여기실 거야. 다시 죄를 저지르고 싶은 유혹이 느껴지면 내게 전화해서 같이 기도하기로 하자. 이해할 수는 없다 해도 항상 말씀을 읽고 믿음으로 받아들여. 말이 나온 김에 우리 같이 잠깐 동안 기도하자."

듀안 목사와 함께 기도한 후 닉은 좀 기운이 났고 계속 믿음을 지킬 수 있을 것 같았다. 다시는 제시카와 성적인 방종에 빠지지 않을 것 같은 자신감도 들었다. 하지만 이런 생각은 오래가지 못했다. 다음 몇 주 동안 닉은 제시카와 단 둘이서만 있을 핑계를 계속 만들어 냈고 오히려 이전보다 더 육체적인 관계에 탐닉하게 되었다. 이제는 별로 죄책감도 느껴지지 않았고 오히려 새로 알게 된 세상이 너무나 즐거웠다. 이제껏 제시카처럼 아름다운 여자애를 만난 적이 없기도 했지만 그렇다 하더라도 그녀를 향한 자신의 강한 욕망이 놀랍기만 했다. 닉은 좀 더 도수가 센 술들을 제시카와 그녀의 친구들과 어울려 자주 마시기 시작했다. 토요일에는 제시카와 술에 취해 지냈지만, 주일 저녁이면 기숙사 근처에 있는 교회의 저녁예배에 꼬박꼬박 참석하곤 했다. 그렇게라도 해야 기분이 좀 나았고, 부모님과 전화통화할 때 필요한 이야기 거리도 생겼다.

11월이 돌아왔을 무렵 닉은 완전히 변해 있었다. 불편하기만 하던 페터슨 교수의 신학적인 견해를 별다른 저항 없이 받아들였으며, 가끔 영감을 얻기 위해 성경을 읽을 때도 좀 더 비판적인 자세를 취했다. 닉은 성경 중에서도 시편을 특히 좋아했는데, 성경에 기록된 경계와 훈계의 말들도 이젠 그에게 문자 그대로의 의미로는 다가오지 않았다. 닉은 학기 초에 페터슨 교수에게 보였던 무례한 태도를 사과했고 교수는 그런 닉을 따뜻하게 받아 주었다. 또 페터슨 교수는 닉이 품은 모든 질문에 답을 주었고, 혼란스러운 그의 마음에 평안을 가져다 주었다. 계속해서 질문하고 고민하는 닉에게 교수는 오히려 학구적인 자질이 있다며 격려를 아끼지 않았다. 닉과 제시카를 집으로 따로 초대하기도 했다.

학기가 끝나고 크리스마스 연휴가 시작되었다. 그런데 연휴 내내 제시카는 닉의 전화를 받지 않았다. 연휴가 다 지나고 나서야 마침내 닉에게 전화한 그녀는 이제 더 이상 만나지 말자는 청천벽력 같은 통보를 전했다. 낙담한 닉은 그나마 지니고 있던 믿음마저 흔들리는 것을 느꼈다.

"하나님, 어째서 제게 이런 일을 겪게 하시는 거죠?"

닉은 하나님께 기도했다.

"제시카는 처음으로 제가 진짜 사랑했던 여자였습니다. 당신께서 정말 살아 계시다면 왜 제 삶을 이렇게 엉망으로 만드시는 거죠? 제 비참한 꼴을 구경하시는 게 좋으신가요?"

닉의 부모님은 그가 우울하게 지내며 주님과 동행하는 삶에서 멀어지는 것을 걱정어린 시선으로 지켜봤다. 닉의 아버지는 마음이 심란했다. 닉이 줄곧 바트 어만의 『성경 왜곡의 역사』를 붙들고 읽고 있었기 때문이다. 하지만 아버지의 걱정은 어머니의 근심에 비하면 아무것도 아니었다.

"성경이 엄마한테는 진실일지도 몰라요. 하지만 이제 제게는 아니에요"라는 닉의 말을 들은 이후 닉의 어머니는 눈물의 기도를 멈출 수가 없었다.

04
난 믿어, 난 '불가지론자'가 되겠어

1월이 되자, 닉은 자신이 하나님의 존재 여부를 알 수 없다고 생각하는 불가지론자임을 공공연히 밝히고 다녔다. 아직 드러내 놓고 하나님이 존재하지 않는다고 주장하는 무신론자는 아니었지만, 닉은 기독교에 배신감을 느끼고 있었다. 예를 들자면 그가 성경 사본들 사이의 차이점에 대해 질문하면, 부모님이든 목사님이든 누구도 그저 묵묵부답이었던 반면, 페터슨 교수는 속시원히 대답해 줄 뿐만 아니라 저녁식사에 초대하는 등 각별한 관심을 가지고 닉을 지켜보았다. '공동체'와 '진정성'을 강조하던, 닉이 출석하는 교회의 목사는 닉의 이름조차 기억하지 못했다.

닉의 마음에는 수많은 질문들이 꼬리에 꼬리를 물고 이어졌다. 만약 하나님께서 존재하신다면 그분은 우리가 그저 맹목적으로 그를 믿기를 원하실 것인가? 닉의 유년시절, 주일학교 담당목사님은 하나님께서 얼마나 광대하신가에 대해 말하기를 좋아했다. 그는 우리가 죄인이기 때문에 스스로 하나님에 대해 많은 것을 알 수는 없다고 가르쳤다. 만약 그 말대로 우리가 죄인이며 우리의 지식이 죄로 더럽혀졌다면, 그 목사는 어떻게 자신의 지식에 대해서는 그렇게 확신을 가지고 말할 수 있었을까? 성경이 하나님의 말씀이라는 것을 그는 어떻게 확신하는 것일까? 또 하나님께서 그렇게 전능하시다면, 왜 그분께서는 성경이 틀림없다는 것을 모든 인간에게 확신시켜 주시지 않는 걸까? 그러면 이 모든 불필요한 혼란을 피할 수 있을 텐데 말이다.

닉은 설레는 마음으로 봄학기에 개설된 페터슨 교수의 종교문서비평 수업을 신청했다. 따뜻한 관심, 그리고 명확한 답변, 해박한 전공 지식 등 그동안 페터슨 교수가 닉에게 베풀어 준 일들을 떠올리면, 닉이 페터슨 교수를 따르게 된 것은 당연한 일이었다. 그 과목을 듣기 위해는 20페이지 분량의 보고서를 써야 했는데, 닉에게는 이것조차 아주 기대 되는 과제였다. 잠정적으로 보고서의 제목을 '성경의 표절: 성경이 이방 신화에서 빌려 온 요소들'이라고 정하기까지 했다. 닉은 교수의 자문을 얻기 위해 그의 사무실에 들어서다가, 막 전등을 끄고 나오던 한 남자와 정면으로 몸을 부딪칠 뻔했다. 키가 아주 훤칠한, 멋진 근육질의 흑인 남자였다.

"오늘 페터슨 교수님께서 사무실에 나오셨나요?"

뒤로 한 발짝 물러선 닉이 물었다.

"아, 교수님은 이번 한 주 동안 자리를 비우실 거예요. 누이 분께서 몸이 안 좋으시다는 것 같아요. 오늘 아침 비행기로 오레곤 주로 가서서 다음주 월요일에나 돌아오실 겁니다."

"저런, 정말 안 좋은 일이군요. 부디 심각한 병은 아니었으면 좋겠어요."

닉의 말에 그 남자는 고개를 끄덕여 동의를 표하고 닉의 말을 기다렸다.

"아, 제 이름은 닉이에요. 이번 학기에 종교문서비평을 수강하기로 했죠. 보고서 과제에 대해 여쭤 볼 게 있어서 찾아왔던 참이에요."

"만나서 반가워요. 닉. 나는 자말 워싱턴이라고 해요. 페터슨 교수님의 조교로 새로 왔죠."

"그러세요?"

별 관심없이 대답하려던 닉이 갑자기 정색하고 자말을 쳐다봤다.

"자말 워싱턴이라고요? 노터데임 대학교의 미식축구 선수였던 자말 말인가요?"

자말이 웃음을 터뜨렸다.

"닉, 기억력이 좋네요."

"세상에! 제가 중학생일 때 ESPN 방송으로 당신 경기를 얼마나 많이 봤는데요! 노터데임의 팬은 아니었지만 자말, 당신은 정말 굉장했거든요. 마지막 경기에서 어깨에 부상을 당했을 때는 정말이지 제가 얼마나 마음이 아팠는데요."

"정말 고마운 말이네요."

자말이 웃음 띤 얼굴로 말했다.

"그때는 저도 좌절감이 컸죠. 아차 하는 순간에 프로리그 NFL에서 뛰고자 했던 꿈이 날아갔으니까요. 그때까지만 해도

전 미식축구를 위해 살았다 해도 과언이 아닐 정도였죠. 하지만 지금 생각해 보면 그 사건 덕분에 제가 좀 더 하나님께 집중하고, 또 삶의 우선순위들을 새로 설정할 수 있었던 것 같아요. 하나님께서도 제게 그렇게 말씀하시는 것만 같고요."

닉은 페터슨 교수의 새 조교가 왕년의 미식축구 스타선수라는 사실이 놀랍기만 했다. 그뿐만이 아니었다. 선수로 운동만 하던 사람이 대학원 학생들에게 수여되는 가장 권위 있는 장학금을 받고 있다는 사실도 믿기지 않았다. 닉은 곧 분위기를 바꿔 다른 질문을 던졌다.

"그럼 노터데임 대학을 졸업하고 어떻게 지낸 거예요?"

"글쎄요. 어디 생각을 좀 해봅시다. 우선 댈러스 신학대학에서 석사과정을 밟았어요. 문서비평학과에서 평소 존경하던 교수님 아래에서 공부했죠. 관련 학회들에서 발표도 좀 했고요. 최근에는 성경 사본을 연구 조사하고 있어요."

자말이 잠깐 말을 멈춘 후 다시 입을 열었다.

"닉, 어떤 보고서를 쓰려고 하는지 이야기를 들어 보고 싶네요. 커피 마시러 가는 길인데 시간 있으면 같이 갈까요? 보고서에 관해 토론도 좀 하고 문서비평과 성경에 관한 닉의 생각도 알고 싶군요."

"좋아요. 그러죠."

한때 미국 전체에서 가장 뛰어난 와이드 리시버였던 사람과 종교적인 대화를 나누게 되다니, 닉은 실감이 나지 않았다.

05
기독교는 이방 신화들을 표절했다?

자말이 커피를 한 모금 마실 때까지 기다린 후 닉은 자신의 보고서에 관해 이야기를 시작했다.

"우선은 제목을 '성경의 표절: 성경이 이방 신화에서 빌려 온 요소들'이라고 정했어요."

"흥미로운 제목이네요."

자말이 대답했다. 그는 커피를 한 모금 마신 후 입을 열었다.

"한 가지 궁금한 게 있어요. 보고서에서 성경이 이방 신화들의 내용을 빌려 왔다는 주장에 어떤 문헌을 인용할 건가요?"

"음, 그건 아직 정하지 않았어요. 아직 적당한 자료를 찾지는 않았지만 그렇게 어려운 문제는 아닐 것 같아요. 댄 브라운의 소설들 가운데서도 비슷한 이야기가 나왔고 히스토리 채널의 특집 프로그램에서도 이 문제를 다룬 적이 있었죠. 유튜브에 올려져 있는…."

"'시대정신' 말이죠?"

자말이 닉의 말을 받으며 껄껄 웃었다.

"닉, 그건 정말 인기 있는 프로그램이긴 해요. 특별히 학부 기숙사에서는 말이죠. 하지만 그건 학교 수업 중에 논할 내용은 못 돼요. 학계에서는 그 비디오를 농담 정도로 여기니까요. 아직도 몇 명의 교수들이 기독교가 이방 신화들의 내용을 빌려 왔다고 주장하고 있긴 하죠. 그런데 그런 주제로 최근에 출판된 책은 전무하다시피 해요."

싱긋 웃은 자말이 다시 말을 이었다.

"그런 주장을 뒷받침하는 역사적인 사료들을 찾을 수만 있다면 정말 뛰어난 보고서를 만들 수 있을 거예요. 행운을 빌어요."

닉은 자말의 말이 이해되지 않았다.

"그게 무슨 말이죠?"

"종교학의 가장 진보적인 사람들에게조차―예를 들면 아이비리그의 학자들에게조차―기독교가 이방 신화들의 내용을 차용했다는 주장은 더 이상 이전처럼 흥미를 끌지 못하고 있어요. 그런 주장은 이제 소설, 혹은 역사적인 사료는 아무것도 제시하지 못하는 유튜브 영상들에 등장할 뿐이에요. 학술 출판사들은 그런 주제의 책을 더 이상 출판하지 않아요. 아무런 증거가 없거든요."

"증거가 없다고요?"

"닉, 나는 이런 주제로 미국 전역의 대학에서 강의해 왔어요. 학생들이 아주 흥미로워하는 주제거든요. 내가 존 스미스 J. Smith박사의 『종교백과사전』(*Encyclopedia of Religion*)에 나오는 구절, '죽었다가 부활하는 신이란 범주는 대부분 창의적으로 재구성한 것이거나, 아주 최근의 모호한 자료들에 근거한 엉터리 주장이다'[7]라는 말을 인용하면 학생들은 무척 놀라죠."

닉은 케이크를 한 조각 베어 물었다.

"좀 더 자세히 설명하자면 프린스턴 신학대학에서 박사학위를 받은 그렉 보이드Greg Boyd 박사와 마퀘트 대학에서 박사학위를 얻은 폴 로즈 에디Paul Rhodes Eddy 박사도 스미스 박사와 같은 의견이죠. 잠깐만요. 내가 그 사람들의 주장을 좀 읽어 줄게요."

자말은 킨들을 꺼내 북마크해 놓은 곳을 찾아냈다.

"여기 있네요. '죽었다가 부활한 신이란 오래된 범주는 대부분의 현대 학자들이 의심해 왔다. 즉, 이들 신화들을 자세히 분석해 보면 실제적인 죽음이나 부활이 없거나 아예 처음부터 그런 신이 존재하지 않는다.'"[8]

"흥미로운 사실이네요."

닉이 커피를 마시며 대답했고, 자말이 계속 말을 이었다.

"몇몇의 경우 죽음이 언급되는 곳들도 있긴 하지만 분명한 것은 부활이란 말은 찾아볼 수가 없어요. 이런 주제에 관해서 가장 인기 있는 책들 중 하나가 『스켑틱 매거진』(Skeptic Magazine)편집자인 팀 캘러한Tim Callahan이 쓴 『알려지지 않은 성경의 기원』(*The Secret Origins of the Bible*)이란 책인데 학문적이라기보다는 통속적인 수준에 그치고 있죠."

자말은 킨들을 끄고 이번에는 노트북 컴퓨터를 꺼냈다.

"닉, 나는 이 주제를 다룬 리 스트로벨Lee Strobel의 '위기의 신앙'(*Faith Under Fire*)이라는 영상을 본 적이 있어요. 내가 인터넷에서 영상을 찾아 보여 줄 테니 한번 볼래요? 몇 분밖에 걸리

지 않아요."⁹

닉은 예일대를 졸업하고 「시카고 트리뷴」에서 일했던 리 스트로벨이 「스켑틱 매거진」의 편집자인 팀 캘러한과 게리 하버마스Gary Habermas 박사를 인터뷰한 영상을 지켜보았다. 하버마스 박사는 미시간 대학교와 옥스퍼드 대학교에서 박사학위를 받은 후 리버티 대학교의 철학, 신학부 학장을 맡고 있는 인물이었다.

스트로벨 거의 모든 학자들은 나사렛 예수가 1세기에 생존했고 하나님의 나라를 가르치다 십자가에 못박혀 돌아가셨다는 것을 인정하고 있습니다. 하지만 이후에 어떤 일이 벌어졌는지에 대해서는 역사적으로 다양한 논쟁의 여지가 있는데 결국은 예수님이 죽은 자들 가운데서 살아나셔서 자신이 하나님의 아들이라는 것을 증명하였다는 것과 이런 주장들은 전설이고 신화일 뿐이라는 주장으로 압축될 수 있을 것입니다. 그리스도인의 신앙은 예수님의 부활에 달려 있다 해도 과언이 아닐 것입니다. 팀, 먼저 당신과 이야기를 시작해 보죠. 당신이 저술한 책에서 당신은 예수님의 부활이 새로운 것이 아니라 이전에 존재했던 신화들이나 다른 종교들로부터 빌려 온 아이디어라고 주장했습니다. 특히 이와 관련해서 오시리스Osiris, 아도니스Adonis, 아티스Attis 등의 이야기들을 언급했고요. 이게 무슨 의미인지 설명해 주겠어요?

캘러한

방금 말했듯 죽음과 부활에 관한 이야기들은 이시스Isis나 오시리스까지 되돌아갈 수가 있어요. 그리스의 디오니소스 신화는 그를 주인공으로 하는 독자적인 제례로 발전하기도 했죠. 이 모든 이야기 속에서 주인공들은 모두 아주 고통스러운 죽음을 맞게 됩니다. 한 예로 디오니소스는 온 몸이 찢겨서 타이탄들에게 잡아먹힙니다. 그리고 그 주인공들은 죽은 자들 가운데서 다시 육체적으로 살아납니다.

하버마스

죽은 자들 가운데서 다시 살아났다는 가장 분명한 이야기를 가진 고대의 신 아도니스를 예로 들어보죠. 그가 다시 살아났다는 이야기는 네 가지가 존재합니다. 가장 오랜 것은 2세기 경의 이야기이고 나머지 것들은 2세기에서 4세기의 이야기들이죠. 아티스에 관한 가장 이른 이야기는 3세기 경에 나오기 시작합니다. 이시스와 오시리스가 종교의 대상으로 숭배받은 것은 분명 기독교보다 앞서지만 거기에 부활의 이야기는 존재하지 않습니다. 특히 오시리스는 다시 살아나지 않았죠.

스트로벨

팀, 하버마스 박사의 의견에 어떻게 답을 하실 거죠?

캘러한

글로 남은 기록으로 치자면 우리가 가지고 있는 신화의 사본들은 아주 늦은 시기의 것들밖에는 없어요. 하지만 도기에 새겨진 신화의 인물들과 상황들을 보면 아주 오랜 전부터 그런 신화들이 존재했고 구전으로 전해져 왔다는 것을 확신할 수 있는 거죠.

하버마스 도기나 기타 다른 부조에 새겨진 이야기들 중 부활의 내용을 다루는 것은 없어요. 2세기 이전의 자료들 중 부활한 신의 내용을 다룬 것은 없습니다. 나는 최근 부활에 관한 1200여 개의 자료들을 조사해 본 적이 있습니다. 1975년 이후 독일어, 프랑스어, 영어로 발간된 관련 자료들을 모아 얼마나 많은 저자가 대학에서 관련된 강의를 하고 있는지, 이들 저자 중 그리스도인이 아닌, 즉 부활을 주장하지 않는 사람들이 몇 명이나 되는지, 신화에 나오는 신들이 어떤 식으로든 기독교에 잠재적으로 영향을 미쳤다고 생각하는 사람이 몇 명이나 되는지 세어 보았죠. 그 결과 회의론자는 다섯 명도 채 되지 않았습니다. 1200명의 학자들 중에서 대여섯 명은 정말 미미한 숫자입니다."

캘러한 숫자로 따지면 그렇죠, 하지만 나는 그래도 죽었다가 다시 살아나는 신이란 개념은 예수 이전에 널리 퍼졌던 아이디어라고 생각합니다.

스트로벨 방금 하버마스 박사가 한 이야기는 그것과 다른 것 아닌가요?

캘러한 그렇다면 저는 하버마스 박사와 생각이 다르다는 것 외에는 드릴 말씀이 없습니다.

스트로벨   그건 두 분 중 한 분의 말이 맞지 않다는 이야기이군요.

하버마스   요점은 팀, 예수님 이전에 이미 죽었다 다시 살아난 신들의 이야기가 존재했다고 주장하기 위해서는 증거가 있어야 한다는 거예요. 하지만 그런 증거가 없잖아요?

캘러한   제 얘기는 디오니소스의 신화가 아마도 예수가 살았던 시대보다 훨씬 앞서 있다는 겁니다. 그 이야기에 십자가 처형이라는 요소가 없다는 것은 인정합니다. 하지만 그건 별로 중요한 요소는 아니에요. 이야기의 주인공들은 모두 끔찍한, 고통스러운 죽음을 당한다는 점에서 동일하거든요.

하버마스   캘러한, 디오니소스에 관한 가장 초기의 기록이 언제 남겨졌는지 시기를 알려주세요. 저는 디오니소스가 기독교보다 시기상으로 앞선다는 주장을 하는 사람을 한 번도 만나보지 못했어요. 부활의 문제에 관해서도 마찬가지이고요.

캘러한   좋아요. 그 얘기는 그만하죠. 내가 말할 수 있는 것은 신화에서 그가 타이탄들에게 갈기갈기 찢겨서 먹혔다가 죽은 자들 가운데서 다시 살아났다는 것뿐이에요.

하버마스 그러니까 그런 기록이 언제 작성되었는지를 알려 달라는 겁니다.

캘러한 문자로 된 기록에 관한 한 나는 원래의 시기를 알 수 없어요. 신화들, 우리가 알고 있는 그리스 신화들은 대부분 나중에 수집된 것들이죠. 하지만 우리는 그 신화들이 훨씬 이전부터 구전되어 왔다는 것은 알고 있어요. 그런 내용들이 묘사된 아주 오래된 도자기들이 발견되어 왔으니까요.

하버마스 요점은 거기에서 부활이 다루어지고 있느냐는 거죠. 2세기까지는 신화들의 기록에서 부활에 대한 아무런 기록을 찾을 수 없고 4세기에 이르러서야 비로소 그런 기록들이 나타난다는 겁니다. 2세기에서 4세기 사이에 부활에 관한 이야기가 나왔을지도 모르죠. 중요한 것은 그런 사실을 입증할 증거가 전무하다는 거죠.

영상이 모두 끝났을 때, 닉은 머리가 복잡해지는 것을 느꼈다. 미리 관련된 분야에 대해 철저하게 준비해서 기독교에 대한 공격을 여유 있게 다루어 내는 한 학자에 대한 존경심과 더불어 자신의 생각이 틀렸을 수도 있다는 당혹감이 뒤섞여 혼란스러웠다. 자말이 생각에 빠진 닉에게 질문을 던졌다.

"이 영상을 본 소감이 어때요. 닉?"

"아직은 잘 모르겠어요. 이 분야를 본격적으로 공부한 게 아니라…."

닉에게 생각할 시간을 주려는 듯 자말은 물끄러미 닉의 얼굴을 쳐다봤다. 닉이 다시 말문을 열었다.

"하지만 제가 페터슨 교수님께 듣기로는 캘러한의 주장 같은 것들에도 진실이 있다고 하셨거든요."

자말이 미소를 지었다. 그는 페터슨 교수에 대한 학문적 존경심을 품고 있었고 자신에게 전액 장학금을 제공하고 강의를 맡을 수 있는 조교 자리를 허락해 준 것을 항상 감사하고 있었다.

"맞아요. 아마 교수님이 그렇게 말씀하셨을 거예요. 하지만 난 교수님께서 본격적으로 그 문제를 다루시지는 않았을 거라고 생각해요. 그런 주장을 뒷받침할 역사적인 증거가 없거든요. 그런 면에서 혹시라도 그런 말씀을 하셨다면 그건 그저 교수님의 개인적인 의견으로 생각해야 할 거예요."

닉은 점점 더 초조해졌다. 지금 페터슨 교수의 이론을 의심하고 그와 지적으로 맞설 수 있는 능력을 갖춘 듯한 사람이 눈앞에 있다. 자말이 들려주는 이야기들은 이전에 교회에서 들었던 단순한 대답들과는 아주 대조적이다. 닉은 자신의 복잡한 머리를 정리하기 위해 '시대정신' 영상에서 언급된 다른 이름 하나를 다시 거론해 보기로 했다.

"자말, 그러면 미트라스는 뭐죠? 미트라스교에 대해 그동안 들은 내용이 꽤 되거든요. 하지만 캘러한과 하버마스는 토론중에 미트라스는 전혀 언급하지 않네요. 미트라스교라는 게 진짜 존재하기는 했던 건가요?"[10]

"맞아요. 미트라스교는 실재로 존재했어요. 하지만 미트라스가 '하나님의 아들'이라든가 '세상의 빛'으로 불린 적이 있었던가는 다른 문제죠. 미트라스교 관계 문헌에도 그런 내용들은 전혀 찾아볼 수 없어요. 미트라스교를 연구하는 리처드 고든Richard Gordon은 딱 잘라서 미트라스교에는 '미트라스의 죽음, 매장, 부활'이라는 개념이 전혀 존재하지 않는다고 말했어요."[11]

자말은 계속 설명했다.

"더 주목할 것은 누가 누구의 영향을 받았는가의 문제죠. 기독교가 로마제국에서 큰 주목을 받게 되면서 다른 종교들이 추종자들의 이탈을 막고 나아가서는 그리스도인들을 끌어들이기 위해[12] 기독교의 특정 가르침들과 행위들을 받아들인 게 분명하거든요. 이런 문제를 해결하는 데에는 관련 문서 자료의 선후를 따져보는 게 가장 확실하죠. 지금 남아 있는 자료에 의하면 미트라스교는 주후 100년 이후에야 로마제국에 뿌리를 내렸죠.[13] 미트라스교의 전문가인 페르마세런M. J. Vermaseren에 의하면 주후 100년까지는 미트라스교의 유물이 전혀 나타나지 않았다고 해요. 주후 79년에 화산 폭발로 화산재에 묻힌 폼페이 시를 아무리 샅샅이 뒤져 봐도 단 한 개의 신상도 찾을 수 없었어요."[14]

닉은 머리가 지끈거리기 시작했다. 그는 자말에게 좋은 이야기를 들려주어 고맙다고 기운 없이 인사하고는 서둘러 자신의 방으로 향했다. 새로 알게 된 중요한 역사적 사실들도 버겁긴 했지만 불가지론자로서 이제 막 출발한 그의 지적 여정이 벌써 삐걱대고 있는 것이다. 그가 캠퍼스를 가로질러 터벅터벅 발걸음을 옮기고 있을 때 휴대전화 진동이 왔다. 골똘하게 생각에 몰두하던 그가 화들짝 정신을 차리고 메시지를 본 순간 그는 다시 한 번 놀라지 않을 수가 없었다. 제시카의 메시지였다.

"닉, 좀 만나 줄래? 지난달에 너에게 한 일이 너무 마음에 걸려. 사실, 나 그동안 네가 많이 그리웠어."

06
커피 트레일에서 다시 만나다

다음날 닉은 제시카와 만나기로 약속한 장소에 나왔다. 학교 밖의 커피하우스에서 제시카를 기다리고 있자니 그들이 처음 만났던 밤과 함께 웃고 떠들썩하게 대화하며 보냈던 시간들, 열정으로 가득했던 시간들이 닉의 머리를 스치고 지나갔다. 제시카가 닉에게 다가왔을 때, 둘은 어색한 웃음을 지을 수밖에 없었다. 주변에는 많은 학생들이 공부에 몰두하고 있었다. 이곳보다는 자리를 옮겨 다른 곳에 가서 얘기하는 편이 나을 것 같다는 생각이 들어 닉은 제시카에게 제안했다.

"제시카, 여긴 너무 붐빈다. 차라리 케이티 트레일을 좀 걷는 게 어떨까? 그럴 시간이 있을까 모르겠지만…."

"그래. 그럼 마실 걸 사가지고 나가자."

케이티 트레일은 둘이 어울려 자전거를 타고 조깅도 즐겼던 길이었다. 길을 걷자니 과거의 추억들이 새록새록 떠올랐다. 얼마 동안 말없이 걷던 제시카가 눈물을 그렁그렁 머금고 닉을 바라보며 말문을 열었다.

"닉, 많이 보고 싶었어. 내가 잘못했어. 너를 떠나는 게 아니었는데!"

의외의 상황에 깜짝 놀란 닉은 말문이 막혔다. 한꺼번에 밀려드는 생각들로 마음이 분주해지기 시작했다.

'얘가 나한테 장난을 하는 건가? 다시 이전처럼 지내자고? 여전히 예쁘긴 하군.'

"앨런하고는 무슨 일이 있었니?"

마침내 생각을 마친 닉이 물었다.

"걔는 자만심 덩어리야. 보디빌딩 이야기와 격투기 얘기를 듣는 것도 이제 신물이 나. 어느 날인가 전화를 살펴보니까 아직도 전 애인하고 연락하며 지내더라고. 아마 그 애랑 잠도 잘 걸? 멍청한 놈."

아직도 무슨 말을 해야 할지 망설이던 닉이 정색하고 물었다.

"나를 왜 떠났던 거니? 내가 혹시 무슨 실수라도 했어? 아니면, 처음부터 앨런한테 마음이 있었던 거야?"

제시카가 눈물을 흘리기 시작했다.

"아니, 너하고는 아무 상관도 없어. 앨런 때문도 아니고."

닉은 팔을 돌려 제시카의 어깨를 감쌌지만 아무 말도 하지는 않았다. 사실, 제시카가 한 말을 모두 믿을 수는 없었다. 둘의 관계를 끝낸 것은 그가 아니라 그녀였다.

'제시카는 내가 그리운 것이 아니라 단지 외로운 것일지도 몰라.'

닉은 걸음을 멈추고 제시카의 어깨에서 팔을 내렸다.

"제시카, 지금 당장 이 자리에서 이전의 우리로 돌아갈 수 있다고는 말할 수 없어. 지금으로서는 네가 진짜로 나를 좋아했었는지도 모르겠고."

"닉."

제시카가 닉의 손을 잡고 힘을 주며 말했다.

"난 언제나 너를 좋아했어."

"그럼 왜 우리는 함께해서는 안 된다는 말을 한 거지? 앨런은 또 어떻고?"

닉이 제시카의 손을 놓았.

"어쩜 우리는 어느 정도 서로를 좋아했는지도 몰라. 하지만 지금 내겐 더 급한 일들이 있어."

"어떤 것들이 우리 문제보다 더 급하니?"

제시카가 냉소 섞인 목소리로 말했다. 이전에 둘이 사귈 때에도 닉은 가끔 그녀의 냉소적인 태도가 맘에 들지 않았었다.

"영적인 문제야."

"닉, 제발. 혹시 아직도 성경 타령이니? 이제 그런 문제는 다 잊어버린 줄 알았는데…."

닉이 인상을 찌푸렸다.

"잠깐 동안 믿음을 잃었던 건 사실이야. 하지만 지금은 잘 모르겠어. 나한테는 진실이 무엇인지가 아주 중요해."

"어쩜 그렇게 우유부단할 수가 있니?"

"제시카, 이건 나에겐 아주 중요한 문제야. 이해할 수 없다면 나를 잊고 그냥 네 인생을 살면 돼. 나도 그렇게 할 테니까."

캠퍼스로 다시 돌아오는 길에서는 둘 사이에 어색한 침묵만이 감돌았다. 제시카를 데려다 주고 난 후 닉은 대화를 나눌 누군가가 필요했다.

"자말, 닉이에요. 아마 이미 주말 계획이 다 잡혀 있을 텐데 금요일에 불쑥 이런 전화를 해서 미안해요. 하지만 성경에 관한 몇 가지 영적인 질문들로 너무 힘겨워서요. 그 문제와 제 인생을 떼어서 생각할 수가 없어요. 며칠 안에 좀 만날 수 있을까요?"

"당연하죠. 지금 당장은 어때요? 난 지금 학교 앞 커피하우스에 친구와 함께 있어요."

"정말요? 하지만 친구와 함께 있는데 제가 방해가 되지는 않을까요?"

"천만에요. 미나는 아주 멋진 철학도예요. 어쩌면 그녀가 나보다 더 좋은 대답들을 해줄지도 몰라요. 닉만 괜찮다면 어서 와요. 아직 한 시간 동안은 여기에 더 있을 예정이니까."

07
성경은 언제 완성이 되었을까?

"자말."

"닉, 어서 와요! 이쪽은 미나예요. 올해 라이스 대학교를 우수한 성적으로 졸업했죠. 지금은 내년에 이곳 법대에 진학할까 고려 중이죠."

"반가워요. 닉!"

'와, 정말 세련된 누나네.'

닉은 속으로 생각했다.

법대 수업과 미나의 고향인 애리조나에 대해 잠깐 이야기를 나눈 후 미나가 화제를 바꿨다.

"자말이 그러던데 두 사람이 어제 성경에 관한 흥미로운 대화를 나눴다면서요?"

"맞아요."

닉이 대답했다.

"제가 종교문서비평에 관한 보고서를 쓸 일이 있어서 조교님의 조언을 받았어요. 하지만 지금은 계속 그 주제로 써야 할지 잘 모르겠어요. 원래는 성경이 그렇게 독창적인 책이 아니라는 내용으로 쓰려고 했는데 조교님의 이야기를 듣고서는 확신이 없어졌거든요."

"흥미로운 이야기네요. 닉. 근데 성경이 독창적인 내용이 아니라는 생각은 어떻게 하게 된 거죠?"

"예수님에 관한 이야기가 새로운 것이 아니라는 주장을 들었거든요. 모두 이교도들의 신화에서 빌려온 내용이고 또 역사를 통해 많은 다양한 신들에게 적용된 이야기들이라고요. 그런 입장에 따르면 예수님은 그런 많은 이야기들 중 가장 최근의 경우이고요. 게다가 성경은 아주 오랫동안 필사로 복제되면서 많은 오류를 지니게 되었다는 거예요. 결국 원본이 없는 이상 현대의 성경이 정확한 것인지도 우리는 알 수 없다는 거지요."

미나가 닉 쪽으로 몸을 기울였다.

"성경이 역사적으로 정확하다고 생각하지 않는 학자들이나 비평가들조차 성경의 독창성은 인정하고 있어요. 언약이라는 주제가 성경 전체를 일관되게 관통하고 있죠. 40명이 넘는 저자들이 1500년이 넘는 기간 동안 기록했는데 말이죠."

닉이 고개를 끄덕였다.

"조교님께도 말했지만, 정확한 성경은 없다고 주장하는 웹사이트와 책이 많이 있어요. 어떤 저자들은 콘스탄틴 황제가 성경을 엉망으로 만들었다고 주장하던데요?"

"콘스탄틴 황제는 아무 상관이 없어요."

미나가 대답했다.

"그건 그냥 댄 브라운이 창의적으로 지은 소설 내용일 뿐이에요. 어떤 사이트들을 말하는 건지는 모르겠지만 웹사이트나 책에서 발견하는 내용들이 항상 사실이 아닐 수도 있다는 점을 기억해야 해요. 구약에 관해서라면 지금 히브리 성경으로 알려져 있는 성경이 콘스탄틴 대제 한참 이전에 수집되어 성경으로 인정되었음을 보여 주는 분명한 증거들이 있어요. 아마도 주전 4세기나 늦어도 주전 150년경까지는 완성이 되었다고 보는 거죠."

"예수님 이전에요?"

미나는 고개를 끄덕였다.

"맞아요. 유대인들이 정경으로 인정한 마지막 책은 주전 450년에서 430년 사이에 쓰인 말라기와 늦어도 주전 400년경에는 기록이 완성된 것으로 보이는 열왕기예요.[15] 이 책들은 주전 250년에서 150년 사이에 만들어진 히브리 성경의 헬라어 번역판인 70인역에도 들어 있어요.[16] 다시 말하자면 구약

성경의 책들은 바티칸이나 콘스탄틴, 또는 초기 그리스도인이 수집한 것이 아니라 예수님이 탄생하시기 100년도 전에 유대교 랍비들과 학자들이 수집하여 헬라어로 번역했다는 거예요. 그 정도면 분명하지 않나요?"[17]

"아니, 그런데 어떻게 이런 걸 다 아실 수가 있는 거예요?"

전문용어들을 유창하게 사용하며 자신 있게 이야기하는 미나에게 위축감을 느끼며 닉이 물었다. 닉의 질문에 자말이 대신 답했다.

"닉, 내가 미나 본인 대신 자랑을 좀 하자면 미나는 라이스 대학교 학부생들에게 주는 최고의 철학 종교 논문상을 받았어요. 룻거스 대학교와 NYU, 노터데임 대학교에서 장학금을 주겠다는 제의도 받았죠. 하지만 미나는 댈러스에서 법을 전공하겠다고 결정했어요."

"아니 철학도가 갑자기 왜 법학을 공부하려고 하세요?"

닉이 이해되지 않는다는 듯 물었다.

"철학만 공부하다 보니 지치는 것 같아서요. 분석철학을 공부하고 종교에 관해 토론하는 게 내가 가장 좋아하는 일은 아니라는 생각이 들었어요. 학위를 위해 다음 5년 동안 철학을 계속 공부해야 한다는 것에 확신이 들지 않았죠. 어쩌면 언젠가는 뉴욕으로 가서 철학 박사과정을 공부할지 모르겠지만 지금으로서는 텍사스에서 법을 공부하고 변호사가 되고 싶어요."

미나가 대답했다.

닉은 전에 안드레아와 나눴던 대화를 잊을 수가 없었다.

"조교님, 미나, 부탁이 하나 있어요. 다음에 뵐 때 제 친구 안드레아를 데려와도 괜찮을까요? 성당에 다녔던 친구인데, 그 친구도 저처럼 수업을 들으면서 이전에 알고 있던 모든 것이 뒤엎어진 듯 혼란스러워했어요. 그 애도 역시 의문들로 가득 차 있어요. 하지만 저도 모르는 것 투성이라서 아무런 도움을 줄 수 없었거든요."

"물론이에요. 만나 보고 싶어요." 미나가 대답했다.

자말도 고개를 끄덕여 동의를 표하다가 반색하고 말했다.

"아니, 이 참에 매주 금요일마다 이 자리에서 정기적으로 만나는 것은 어때요?"

"와, 정말 좋은 생각이에요. 자말!"

뜻밖의 제안에 닉이 기뻐서 소리쳤다.

"다음에는 꼭 안드레아를 데려오도록 해볼게요."

미나가 노트북으로 그녀의 일정을 체크한 후 말했다.

"좋아, 나도 그 시간대에는 별다른 스케줄이 없네. 그렇게 해요."

08 성경에 오류가 있다?

미나, 자말과 대화할 때마다 닉은 그들의 말에 큰 흥미를 느꼈지만 한가지 마음에 켕기는 구석이 있었다. 자신의 마음에 이런 변화가 있다는 사실을 알게 되면 페터슨 교수는 어떤 반응을 보일까? 하지만 자말을 자신의 조교로 받아들인 것은 바로 페터슨 교수였다. 그도 이미 자말의 신앙에 대해 잘 알고 있을 것이다. 그리고 한 주가 지난 다음 월요일 수업 시간에 닉은 페터슨 교수를 다시 보게 되었다.

"오랜만에 여러분을 만나게 되니 무척 반가워요."

학생들에게 페터슨 교수가 반갑게 인사했다.

"내 누이가 종양 때문에 여러 가지 진단과 검사를 받고 있어요. 그래서 지난주엔 그녀를 만나기 위해 오레곤 주에 갔다 왔어요. 지금으로서는 좋은 결과가 나오기만을 바라는 상태지요. 여러분이 기도해 주고 힘을 주는 이메일들을 보내 준 것에 감사하고 싶어요."

'기도해 줘서 고맙다고? 하나님을 믿지 않는 마당에 기도해 준 게 뭐가 고맙다는 거지?'

페터슨 교수의 말에 닉은 속으로 생각했다.

'정말 이상하네!'

"오늘 수업에서는 문서비평에서 제기되는 몇 가지 주장들을 소개하겠어요. 여러분 중 몇몇에게는 이제껏 알고 있던 것과 반대되는 내용일지도 몰라요. 문서비평이란 분야가 오늘날처럼 인기를 끈 적은 없었어요. 듀크 대학교의 바트 어만은 「뉴욕타임즈」의 베스트셀러에 오르기도 했던 그의 책 『성경 왜곡의 역사』를 통해 이 분야에 사람들의 관심을 크게 불러 일으켰죠."

지난 휴일 동안 닉은 그 책을 읽었다. 그래서인지 오늘 토론 수업에서 자신이 우위를 차지할지도 모른다는 자신감이 들었다. 페터슨 교수는 말을 이었다.

"그의 책 1장에서 바트는 그가 프린스턴 신학교 학생이었을 때 보고서를 쓰던 장면을 회상하죠. 그의 보고서는 마가복음 2장[18]에 나오는 이야기에 관한 것이었는데 몇 명의 바리새인들이 예수와 그의 제자들이 안식일에 밭을 지나다가 곡식의 낱알들을 주워 먹은 것을 비난하는 내용이었습니다. 예수는 바리새인들에게 안식일은 사람을 위해 만들어진 것이지 사람이 안식일을 위해 만들어진 것이 아니라고 설명해 주셨습니다. 예수는 아비아달이 대제사장이었을 때 시장한 다윗과 그의 부하들이 성전에 들어가 제사장들만 먹을 수 있는 '진설병'을 먹었다는 역사적 사례를 언급했습니다.[19] 문제는, 이 대목에서 예수가 인용하고 있는 사무엘서 1장을 보면 아비아달이 대제사장일 때가 아니라 그의 아버지인 아히멜렉이 대제사장일 때 행한 일이었다는 것입니다."

페터슨 교수는 설명을 계속 이었다.

"바트가 그 논문을 제출하자 그의 담당교수는 '어쩌면 마가가 실수한 것일지도 모른다'는 말을 했습니다.[20] 바트는 그때 성경이 전혀 오류가 없는 책이 아니라 실수도 담고 있다는 사실을 처음으로 깨닫게 되었죠."

닉은 복음서의 해당 구절을 사무엘서 1장과 대조해 보았다. 과연 페터슨 교수의 말이 맞는 것처럼 보였다. 이런 실수를 담고 있는데도 왜 교회 목사님은 성경이 아무 오류가 없는 하나님의 말씀이라고 말한 것일까? 자말은 이 내용을 어떻게 설명할지 궁금했다. 닉은 페터슨 교수가 지적한 몇 가지 다른 오류들을 하나하나 성경을 찾아 체크해 보면서 신중하게 노트에 받아 적었다. 그날 오후 닉은 안드레아에게 커피하우스 모임에 초청했고 안드레아는 순순히 그의 제안에 응했다.

09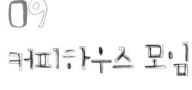
커피하우스 모임

자말과 미나는 닉과 안드레아보다 먼저 와서 자리를 잡고 있었다. 잠시 인사와 소개가 오고 간 후에 닉이 단도직입적으로 말문을 열었다.

"조교님, 질문이 있어요."

"말해 봐요."

"이번주 수업 시간에 페터슨 교수님이 성경의 몇 구절에서 뚜렷한 오류를 지적하셨어요. 하지만 제가 다니는 교회 목사님은 언제나 성경이 아무런 오류가 없는 하나님의 말씀이라고 하셨거든요? 도대체 어느 말이 맞는 건가요?"

자말이 미소를 지었다.

"좋은 질문이에요. 우선, 나는 개인적으로 바울, 마가, 요한과 기타 다른 성경의 기자들이 기록한 말씀들은 오류가 없는 하나님의 말씀이라고 주장해요. 하지만 하나님께서 그들 각자에게 직접 육성으로 말씀하셨다고는 생각하지 않죠. 댈러스 신학대학의 초대 총장이었던 루이스 S. 체이퍼Lewis Sperry Chafer가 이 문제에 대해 가장 적합한 설명을 한 적이 있어요."

> 저자들은 자신들의 개성을 다 반영하여 그들의 감정, 문학적인 능력, 관심들을 가지고 말씀을 기록했으나 결국은 하나님이 '그게 바로 내가 말하고 싶었던 바다'라고 말씀하실 수 있도록 기록되었다.[21]

"하지만 지금의 성경은 바울, 마가, 요한, 기타 다른 성경의 저자들이 기록한 원래의 말씀들은 아니잖아요?"

안드레아가 물었다.

"실제로, 비단 성경이 아니라도 그 정도로 오래된 문헌이 지금까지 원형 그대로 보존되어 있을 가능성은 거의 없어요. 그런 면에서 '아주 신뢰가 높은 수준으로 원본을 다시 구현할 수 있는가'가 적절한 질문이라 할 수 있는 거죠. 성경에 관한 한 그 질문에 대한 답은 분명한 긍정이에요. 오래된 사본들 간에는 약간의 차이점들이 있긴 하지만 그럼에도 아주 정확하거든요. 신학적으로 나는 성경이 하나님의 말씀이라고 믿어요. 사도들의 권위와 예수님 말씀 등의 내적인 증거에 의지해서 개인적으로는 성경의 무오성도 믿고요. 하지만 성경의 무오성을 인정하지 않더라도 그리스도의 신성에 대한 믿음과 부활을 믿는다면 그리스도인이 될 수 있다고 생각해요."

"하지만 성경은 인간들이 만든 책 아닌가요?"

안드레아가 말했다.

"그건 분명하죠."

이번에는 미나가 대답했다.

"성경은 분명히 약 40명의 저자들이 만든, 인간들의 특징이 드러나 있는 책이에요. 하지만 인간들이 썼다고 해서 반드시 그 책이 오류를 지니고 있어야 한다는 뜻은 아니에요."

"그 말은 신빙성이 없어 보이는데요?"

"좋아요. 그럼 이걸 한번 생각해 보죠."

미나가 종이 한 장을 꺼내어 무언가를 쓰기 시작했다. 그녀는 종이를 닉에게 내밀고 종이를 보지 않고 큰 소리로 자신이 쓴 내용을 읽었다.

"2 더하기 2는 4, 4 더하기 4는 8, 8 더하기 8은 16. 내가 잘못 읽은 곳 있어요?"

안드레아가 닉 대신 대답했다.

"잘못 읽은 내용이 없긴 하지만 별로 좋은 예는 아니네요. 성경은 수학 책이 아니잖아요. 같은 사례들이 여러 성경에서 달리 묘사되고 있는 것들이 많거든요."

"하지만 안드레아, 우리가 성경의 무오성을 주장할 때는 지금 우리에게 있는 사본들의 무오성을 말하는 게 아니에요. 맨 처음 저자들이 저술했던 원본의 무오성을 말하는 거죠. 내가 주장하는 것은 하나님께서 그분의 생각, 그분의 말씀을 인간들에게 알리시기 위해 일부는 이사야나 누가처럼 고등교육을 받은 사람들을 사용하시고 일부는 그렇지 않은 사람들을 사용하셔서, 모든 사람이 이해할 수 있는 방식으로 초월적으로 사람들을 사용하셨다는 것이죠. **하나님께서 존재하시고 기적을 행하실 수 있다고 가정하면,** 그분께서 원하신다면 일반 사람들을 통해 그분의 뜻을 알리실 수 있을 거라고 생각하지 않나요?"

"전 별로 납득이 되지 않아요."

안드레아가 대답했다.

"닉은 어때요?"

"글쎄요. 생각을 좀 해봐야 할 것 같아요."

"그럼 진짜 근본적인 질문을 한번 해볼게요."

자말이 말했다.

"두 사람은 하나님께서 실재하신다고 믿나요?"

10
가장 믿기 힘든 기적

닉이 먼저 대답했다.

"조교님이 무슨 뜻으로 그런 질문을 하시는지 모르겠어요."

자말이 설명을 계속했다.

"신에 대한 믿음은 모든 사람이 붙들고 씨름해야 할 근본적인 진리이죠. 우선, 자신이 회의론자라면 과연 하나님이 일련의 책들과 서신들에 영감을 불어넣으셨는지를 따지기 전에, 만약 증거가 제시된다면 하나님이 존재하신다는 사실을 믿을 수 있는가를 자문해야 할 거예요. 기적들을 부인하거나 하나님이 성경에 영감을 불어넣으셨다는 것을 부정하는 종교학부 교수들은 반초자연주의적 편견에 사로잡혀 있거든요."

"그게 무슨 말인지 설명해 주세요."

닉이 부탁했다.

"자연주의나 무신론, 유물론적 세계관을 지닌 사람들은 모든 현상을 자연주의적, 혹은 유물론적으로 설명할 수 있다고 생각하죠. 신이 존재하지 않는다면 기적들도 존재할 수 없어요. 하지만 자연주의적 세계관이 틀리고 신이 존재한다면 기적들은 가능한 거예요."

닉이 고개를 끄덕였다.

"그건 이치에 맞아요."

"질문 하나 할게요. 이제까지 거론된 가장 큰 기적이 뭐겠어요?"

"글쎄요. 그리스도의 부활?"

안드레아가 대답했다.

"그리스도의 부활도 분명 굉장한 기적임에는 틀림없어요. 하지만 좀더 깊이 생각해 보면 우주의 창조가 아마 더 큰 기적일 거예요. 하나님께서 무에서 우주를 창조하신 것, 시간, 물질, 공간, 에너지를 말씀으로 창조하신 것 말이에요. 만약 하나님께서 실존하신다면, 그리고 우리가 알고 있는 모든 것을 지으셨다면, 예를 들자면 모든 물을 창조하셨다면, 홍해 바다를 가르셨다거나 예수님께서 물을 포도주로 바꾸셨다거나 폭풍우 치는 바다를 잠잠케 하셨다거나 물 위를 걸으셨다거나 하는 것들은 아무 문제도 아니겠죠. 창세기 1장 1절에서 일어난 엄청난 기적이 가능하다면 다른 기적들은 당연히 가능한 것이고, 제대로 조사한다면 우리는 기적들이 가능할 뿐만 아니라 역사적 증거들이 뒷받침될 수도 있다는 것을 알게 될 거예요."

"나는 기적을 믿을 수 없어요."

안드레아가 말했다.

"페터슨 교수님이 신약성경을 믿지 못하는 것은 그분의 학문적인 연구에 근거한 것이지, 마술에 대한 믿음에 근거한 것은 아니에요."

자말은 배낭에서 킨들을 꺼냈다.

"저번에 닉에게 소개한 적이 있었지만 보이드와 에디 박사가 이와 관련해서 언급한 내용이 있어요. 그들은 신학을 연구하는 일부 학자들 사이에 존재하는 반초자연주의적 편견은 근거 없는 가정에 기초해 있다고 주장했어요. 내가 그들의 말을 읽어 볼게요."

> 우선, 물론 대부분의 현대인들은 이 세상이 일반적으로 자연의 법칙들을 따라 운행한다는 것을 인정하지만 언제나 전적으로—이른바 이들 '법칙'들이 어떤 예외도 없이 그렇다는 것을 주장할 수 있는 근거는 없다. 기적을 전적으로 부정하는 것은 증거나 이성에 근거한 결론이 아니다—증거들이나 이성에 근거해서 그런 절대적인 진술을 할 수는 없다. 그런 주장은 전적으로 자연주의 세계관의 전제 위에 세워진 것이다.[22]

"하지만 도저히 부인할 수 없는 자연 법칙들도 있잖아요?"
안드레아가 말했다.
"보이드와 에디가 그 문제도 언급했어요."

> 그 문제를 다루는 데 있어 '법칙'이라는 말을 사용하는 것은 마치 자연이 그것들에 복종해야 한다는 인상을 주게 된다. 많은 학자가 기적이 불가능하다는 생각을 하게 되는 이유도 부분적으로는 이것과 관련이 있다…. 자연의 법칙은 우리가 세상에서 일반적으로 발견하는 것을 말하지 우리가 이 세상에서 발견할 수밖에 없는 것을 가리키는 용어는 아니다.[23]

닉은 점점 더 짜증이 나기 시작했다.
"잠깐만요. 나는 이제껏 기적을 본 적이 한 번도 없었어요. 조교님은 기적을 경험해 본 적이 있어요?"
"그건 나도 마찬가지예요."
자말이 차분한 목소리로 대답했다.
"기적은 자주 일어나는 게 아니죠. 하지만 내가 경험하지 않았다고 해서 다른 사람들이 기적을 체험한 사실이 허위가 되는 것은 아니에요."
"하지만 방금 기적은 드문 일이라고 했잖아요?"
"맞아요. 기적은 드물죠. 나도 질병에서 회복이 되었다는 구체적인 기적 체험담이나 이슬람교 신자들이 예수님의 형상을 목격했다는 이야기를 들을 때는 의심이 생겨요. 특히 그런 메시지를 전달하는 사람들이 지나치게 감정적이거나 극적인 표현을 쓸 때는 말이에요. 하지만 요점은 어떤 사건이 아주 드물거나 단지 한 번만 일어난다고 해서 그것이 불가능하다고 생각할 수는 없다는 거예요." 미나가 말했다.

"미나 선배님!"

안드레아가 끼어들었다.

"데이비드 흄은 단지 한 번만 발생하는 사건들보다는 규칙적으로 일어나는 자연적인 사건들에 믿음을 두는 것이 더 현명한 일이라고 말했어요."

미나가 미소를 지었다.

"맞아요. 흄은 자연주의자였죠. 하지만 단 한 번밖에 일어나지 않았지만 우리가 믿는 사건들을 한 번 생각해 보죠. 아마 가장 좋은 예는 자기 자신의 존재일 거예요. 세상에 둘도 없는, 유일한 존재인 자기 자신 말이에요. 하지만 그렇다고 해서 우리가 우리 자신이 존재하는 것을 믿지 못하는 것은 아니잖아요?"

"그야 당연하죠."

안드레아가 대답했다.

"하지만 이 하나님, 즉 우주를 창조하시고 영감을 불어넣어 성경을 작성하게 하신 하나님이 계시다는 것을 어떻게 알 수 있죠?"

닉이 마침내 자신의 마음속 깊은 곳에 도사리고 있던 근원적인 질문을 꺼내 놓았다. 그러자 마치 기다리고 있었다는 듯 미나가 대답했다.

"개인적으로 신의 존재에 대한 믿음이 논리적으로 가능하다고 생각하는 몇 가지 이유가 있어요. 예를 들면, 내 양심을 들여다 보았을 때 분명히 도덕률이 존재한다는 것, 우리 모두가 올바른 행위라고 믿는 것들이 존재한다는 것이죠. 또 세상 어디에서든지 사람들은 사랑이나 친절, 용기 등의 도의와 '다른 사람이 내게 해주기를 바라는 대로 남들에게도 하라'는 황금률의 행동원칙을 지키며 살고 있어요. 내가 아는 많은 무신론자 중에는 이런 원칙들의 존재를 인정하는 사람들도 있지만 그들은 이런 도덕적인 법칙들이 왜 존재하는지 설명하지 못해요. 우리는 어떤 특정한 행위가 언제나 사랑에 속하는지 그렇지 않은지, 과학적으로 검증할 수는 없어요. 하지만 우리는 사랑의 열매나 개별적인 사랑의 행위들은 알아볼 수 있어요. 어떤 특정한 긍정적인 행위들을 볼 때는 사랑의 실재를 의심할 수 없는 거죠. 객관적인 도덕률들이 존재한다고 믿기 때문에 나는 그런 법을 제정하신 분이 존재할 거라고 믿어요. 그분은 우리를 초월하여 옳음, 선, 정의, 사랑, 공평의 기준을 제공하는 분이시죠. 이분이 내가 '하나님'이라고 부르는 존재예요."

"좋아요. 이제 미나 선배가 무슨 말을 하는 건지 알 것 같아요."
닉이 말했다.

"신의 존재는 가능할 수도 있다고 쳐요. 하지만 나는 아직도 성경에 관해서는 확신이 들지 않아요. 우리가 지금 가지고 있는 성경이 원본과 같다는 것을 어떻게 알 수 있다는 거죠?"

"잠깐만요. 누가 계속 전화를 걸어와서요."

자말이 휴대전화를 확인하자, 페터슨 교수였다. 부재중 전화 안내 메시지가 화면에 반짝거렸다.

11
페터슨 교수의 갑작스런 제의

"자말 군, 나일세. 내 대신 강의 두 개를 맡아 줄 박사과정 학생이 필요해서 전화했네. 자네한테 기회를 주면 어떨까 해서 말이야. 물론 급여도 따로 지불할 거고 투자한 시간은 박사과정에 필요한 6시간 강의로 인정해 줄 거네. 너무 갑작스런 제의인 건 알지만 이해해 주게. 방금 내 누이의 종양이 악성이라는 결과를 통보받아서 누이에게 가봐야 할 것 같다네. 꽤 시간이 필요할 것 같아서 아예 휴가를 내기로 했어. 룻거 총장님도 그렇게 하는 게 나을 것 같다고 이야기했고. 총장님께 마침 수업을 맡아 진행할 유능한 사람이 있다고 이야기해 두었네. 자, 난 짐을 꾸려서 오레곤 행 비행기를 타야 하기 때문에 이쯤 하겠네. 시간이 되면 전화 한번 주게나."

페터슨 교수의 누이를 위해 마음속으로 기도하는 동안, 자말은 4년 전 노터데임 대학교에서 부상을 입었을 때 자신이 했던 기도가 떠올랐다.

"사랑하는 하나님 아버지, 제 어깨를 고쳐 주세요. 겨자씨만한 믿음이 있어도 산을 움직일 수 있다고 말씀하신 주님, 네게 내 은혜가 족하다고 말씀하신 것도 기억합니다. 주님, 의사의 진단 결과가 별로 좋지 않습니다. 하지만 주님께서 모든 일을 주재하심을 믿습니다. 때로는 제가 당신의 영광보다 제 자신의 영광을 더 좇았음을 인정합니다. 저는 주님이 저를 고쳐 주실 수 있음을 믿습니다. 하지만 주님께서는 무엇이 제게 최선인지도 아십니다. 어느 쪽이든 주님이 영광을 받아 주십시오. 올해 그라운드에서 주님의 영광을 드러내지 못하게 된다면 제게 다른 문을 열어 주셔서 주님을 섬기고 당신의 메시지를 세상에 전할 수 있게 해주세요. 아멘."

한시라도 빨리 페터슨 교수의 부탁에 확답을 해주어야 할 것 같아 자말은 휴대전화 통화 버튼을 눌렀다.

"교수님, 자말입니다. 교수님과 누이 분을 위해 기도하겠습니다. 교수님을 대신해 강의를 맡을 수 있다면 저로서는 영광입니다."

"고맙네, 자말. 자네가 아주 훌륭하게 강의를 이끌어 가리라고 나는 확신하네. 석사과정을 두 개나 마친 데다 이쪽 분야에는 아주 해박하다는 것을 진작부터 알고 있었지. 고대 문서 사본들을 좀 다루어 주게나."

"하지만 교수님께서 의도하셨던 것과 다른 결론으로 강의를 이끌어 갈 수도 있습니다."

"물론, 나도 자네가 복음주의자적인 입장이고 어떤 면에서 내 스승이었던 프린스턴 대학교의 브루스 메츠거Bruce Metzger와 같은 견해를 지니고 있다는 것을 아네. 그건 전혀 문제될 것이 없지. 자네도 강의 요강을 가지고 있을 테니 순서를 따라 자신의 소신대로 강의를 진행해 주게나. 도움이 필요하면 바로 전화를 주게."

"고맙습니다. 교수님. 최선을 다하겠습니다."

"매일 아침 이메일을 점검할 테니 계속 연락함세."

12
신약성경 속 역사적 사실들

"안녕하세요. 여러분. 이메일을 확인한 분들은 모두 사정을 알고 있겠지만 피터슨 교수님이 나머지 학기 동안 불가피하게 휴가를 내시면서 제게 이 수업을 맡아 달라고 부탁하셨어요. 독서 과제와 보고서 과제들은 그대로 유효합니다. 고대종교문헌들의 사본들도 계속 읽을 거고요. 오늘은 다시 신약성경을 연구해 봅시다."

자말은 준비해 온 파워포인트 자료 화면들을 넘기면서 아주 오래되어 보이는 몇 장의 문서들을 가방에서 꺼냈다.

"여러분, 제가 몇 장의 파피루스 용지들을 좀 돌릴게요."

닉은 자말의 파워포인트 제목이 "신약은 언제 쓰였을까?"로 붙여 있는 것을 눈여겨보았다. 자말은 강의실을 거닐며 강의했다.

"학자들이 자필 원본이라고 부르는 신약의 원본들—마태, 누가, 요한, 유다, 야고보, 베드로의 기록들—은 시간이 지나면서 사라졌습니다. 하지만 다행히도 헬라어로 쓰인, 원본에 아주 비슷한 사본들이 많이 남아 있어요. 20세기에 이루어진 고고학적 발견들은 신약성경 사본들의 정확성을 확인해 주었습니다. 지금 여러분이 손에 들고 있는 종이들은 가장 초기의 사본들이 쓰인 것과 같은 종류입니다."

닉은 자말의 강의가 어떤 방향으로 진행될지 자못 궁금했다. 자말은 다음 슬라이드를 화면에 띄우고 설명을 계속했다.

"이건 주후 130년경의 존 라일랜스John Rylands의 사본입니다. 이건 155년경에 발행된 것으로 추정되는 체스터 비티 파피루스 사본이고 이건 200년경에 발행된 것으로 보이는 일명 보드머 파피루스 2호입니다. 많은 파피루스 사본들이 있고 이들 사본들 사이에 존재하는 강력한 내적 증거들로 미루어 볼 때 이 모든 사본의 원본은 적어도 주후 80년 이전에 쓰인 거라는 연구 결과가 나와 있어요."

이때 앞줄에 앉아 있던 여학생 한 명이 손을 들었다.

"강사님, 페터슨 교수님께서는 그 사본들이 훨씬 후대에 쓰인 거라고 말씀하셨거든요?"

"교수님께서 말씀하신 연대를 혹시 기억하나요? 특별히 어떤 책을 가리켜서 말씀하신 것인지도?"

"아니, 기억이 나지 않아요."

"글쎄요. 나는 교수님께서 쓰신 책들은 모두 읽어 봤어요. 교수님께서는 바울이 쓴 책들은 일찍 기록 되었다는 것을 인정하지만 학생 말대로 복음서들은 훨씬 나중에 쓰였다고 생각하시죠. 하지만 그것을 입증하기 위해 이렇다 할 만한 글을 쓰신 것은 없어요."

"그럼, 우리가 강사님의 말을 무슨 근거로 믿어야 하죠?"

아까 질문을 했던 여학생 옆에 앉아 있던 학생이 자말에게 물었다.

"좋은 질문이에요. 린. 거리낌없이 진실을 추구하는 자세가 아주 보기 좋아요. 내가 준비한 다음 슬라이드에 이 분야에서 가장 저명한 학자들이 제시한 역사적인 증거를 올려 놓았어요. 모두 인터넷에서도 찾을 수 있는 자료니까 각자 다운로드해서 살펴볼 수 있을 겁니다. 우선, 파피루스 필사본들을 오랫동안 연구해 온 예일 신학대학교의 성경고고학 교수였던 밀러 버로우즈Millar Burrows의 생각을 좀 살펴봅시다."

신약성경의 헬라어를 파피루스 사본의 언어와 비교해 본 결과 그 사본들이 신약성경 원문을 정확하게 옮겼다는 확신을 갖게 되었다.[24]

"다른 학자의 주장도 살펴보겠습니다. 전 세계에서 가장 독보적인 위치에 있는 성경고고학자, 윌리엄 올브라이트 William F. Albright의 말입니다."

이제 신약성경의 어느 책들도 주후 90년 이후에 만들어졌다는 구체적인 증거가 없다고 강하게 주장할 수 있다. 이것은 오늘날 가장 급진적인 신약성경 비평가들이 신약성경 작성시기라고 여기고 있는 130-150년에 비추어 보면 거의 두 세대가 앞선 것이다.[25]

'페터슨 교수님이 위 인용문에 나온 급진적인 신약성경 비평가에 해당되겠군.'
설명을 들으며 닉은 마음속으로 생각했다. 자말이 강의를 이어갔다.
"가장 뛰어난 성경고고학자들 중 한 명이었던 윌리엄 램지 Sir. William Ramsay 경은 1세기에 작성되었다고 알려진 사도행전이 사실은 2세기 중반에 작성되었다고 주장한 독일 역사학파의 일원이었어요. 현대 비평가들의 책을 읽은 후 램지 경은 사도행전이 주후 50년 경의 사실들을 묘사한 것이라고는 믿을 수 없었고 따라서 그 책의 저작 연대가 역사학자들의 진지한 논의 대상이 될 수 없다고 확신했죠. 그런 이유로 소아시아에 관한 연구를 하는 동안 램지 경은 신약성경에는 관심을 기울이지 않았어요. 하지만 연구를 거듭하던 그는 결국 사도행전의 저자인 누가의 글을 다룰 수밖에 없게 되었고 그 과정에서 누가의 글들이 역사적인 사실들을 아주 정확하게 기록하고 있다는 것을 깨닫게 되었죠. 결과적으로는 사도행전에 대한 그의 태도도 달라졌어요.[26] '누가는 일류 역사가였다.[27]…이 저자는 가장 위대한 역사가들에 끼어도 손색이 없다'라는 결론을 내릴 수밖에 없었던 거죠."

자말의 말이 끝나기를 기다려 닉이 손을 들었다.

"닉, 질문해도 좋아요."

자말이 허락했다.

"제 질문이 좀 바보 같더라도 이해해 주세요. 하지만 어떤 역사적인 사실들 때문에 윌리엄 램지 경이 누가를 일류 역사가라고 인정하게 된 거죠? 제가 출석했던 교회에서도 목사님이 일 년 동안 누가복음을 강해하셨는데 누가복음이 역사적인 사실들을 언급하고 있는 대목을 본 기억은 없는 것 같거든요. 목사님은 주로 그리스도와 우리의 관계, 바리새인들의 잘못에 대해서만 말씀을 했어요. 누가의 글이 역사적이라는 것을 어떻게 알 수 있다는 거죠?"

"흥미로운 질문이에요. 닉. 많은 목사님들은 누가복음을 개인의 삶에만 적용시켜 왔기 때문에 역사적인 요소들이 많이 잊혀졌어요. 하지만 사도행전의 역사적인 정확성에 대해 글을 쓴 학자들도 많이 있어요. 예를 들면 콜린 헤머Colin Hemer는 고전학자이자 역사가였는데 사도행전의 마지막 16개 장에서 고고학적인 연구로 확인된 84개의 역사적인 사실들을 찾아냈죠.[28] 잠깐만요. 누가가 정확하게 기록으로 남긴 역사적인 사실들을 좀 화면에 띄워 줄게요."

닉이 다시 손을 들었다.

"말해요. 닉."

"강사님, 누가가 역사적인 사실들을 언급했다고 해서 그런 사실들이 그의 생애 중에 벌어진 것이라고 어떻게 확신할 수 있는 거죠? 역사가들과 소설가들의 예를 들자면 자신이 살던 시대에 일어난 일들이 아니어도 그들의 글의 소재로 삼지 않나요? 역사적으로 정확하게 기록했다는 것이 반드시 누가복음의 정확성을 말하는 것은 아니라고 생각되는데요."

"닉, 누가의 경우에는 그렇지 않아요. 몇 가지 이유를 들 수 있는데, 우선 당시만 해도 지금처럼 훌륭한 해양지도나 근대적인 지도들이 없었어요. 검색사이트나 스마트폰을 써서 자신에게 필요한 정보를 찾아볼 수 없었죠. 두 번째, 사도행전의 말미에 보면 이야기의 주된 등장인물인 바울이 아직 살아 있는 것으로 나오죠. J.케네디의 전기를 예로 들자면 그의 죽음에 대한 아무런 언급도 없이 이야기가 끝났다면 독자들은 대부분 그 책이 그의 사망 전에 쓰였을 거라고 생각할 거예요. 물론 꼭 그렇다고는 할 수 없겠지만 보통의 경우에는 그게 맞는 이야기겠죠. 또 이그나티우스와 폴리갑은 107년에서 110년 사이에 쓰인 그의 글들에 사도행전을 인용하고 있어요. 누가가 저술한 책들이 그때 이미 쓰였을 뿐만 아니라 널리 퍼져 있었다는 이야기이죠. 파워포인트 슬라이드로 누가의 저술들이 정확하다는 사실을 확증해 주는 몇 가지 고고학적 증거들을 보여 줄게요."

자말은 몇 개의 슬라이드를 넘긴 후 한 화면에서 정지했다. "사도행전에는 폴리타르크politarch[29]란 관직이 데살로니가의 행정관직으로 나옵니다. 수년 동안 독일학자들과 비평가들은 폴리타르크 같은 관직이 없었다고 완강하게 주장해 왔습니다. 고고학의 세계적 권위자인 윌리엄 램지 경도 처음에는 그런 주장을 믿었었죠. 하지만 그는 그런 주장을 뒤엎는 사실을 발견했습니다."

> …폴리타르크라는 말이 기록된 19개의 비문을 발견했다. 그중 다섯은 데살로니가와 관련해서였다.[30]

자말은 화면을 흘끗 쳐다본 후 다시 학생들에게로 눈을 돌렸다.

"그 증거를 연구한 후 램지 경은 어떻게 2세기에 글을 쓰는 사람이 1세기 당시의 세밀한 사항들을 그렇게 잘 알 수가 있는지 이해가 되지 않았습니다. 결국 그는 사도행전이 1세기에 만들어진 문서라는 것을 인정할 수밖에 없었습니다. 사도행전에 기록된 1세기의 세부적인 사건들을 믿을 수밖에 없다는 것이었죠."[31]

자말은 설명을 이어 가면서 다른 슬라이드를 화면에 띄웠다.

"누가가 사용한 단어들 중에 비평가들이 의심한 또 다른 단어가 아시아 관리Asiarch라는 말입니다.[32] 화면에 있는 사도행전 19장 31절을 한 번 보세요."

> 또 아시아 관리 중에 바울의 친구된 어떤 이들이 그에게 통지하여 연극장에 들어가지 말라 권하더라.

"여러분, 스트라보Strabo 같은 다른 고대 작가들도 이 말을 그쪽 지방의 유력한 집안에서 선발된 관리들의 명칭으로 자주 사용하고 있다는 것을 발견하고 램지 경은 자신의 추측이 잘못이었다는 것을 알게 되었습니다. 누가복음 3장 1절입니다."

> 디베료 황제가 통치한 지 열다섯 해 곧 본디오 빌라도가

유대의 총독으로, 헤롯이 갈릴리의 분봉왕으로, 그 동생 빌립이 이두래와 드라고닛 지방의 분봉왕으로, 루사니아가 아빌레네의 분봉왕으로.

"회의론자였던 램지 경은 이 구절이야말로 누가의 오류라고 생각을 했어요. 왜냐하면 이제까지 알려진 유일한 루사니아는 주전 36년에 살해당했거든요. 하지만…"

분봉왕 루사니아Lysanias the tetrarch의 존재를 확증해 주는, 주후 14년과 29년 사이에 기록된 것으로 보이는 비문이 다마스커스 근교에서 발견되었다.[33]

"램지 경은 생각했어요. '만약 알려진 대로 누가가 2세기에 그 책들을 썼다면 어떻게 1세기의 사실들을 그렇게 자세히 알 수 있었을까? 역시, 학자들의 생각이 틀렸어. 누가의 저술은 역사적인 책이야.'"

'아무래도 누가복음과 사도행전을 다시 읽어 봐야겠어. 누가의 책들에 그렇게 많은 역사적인 사실이 기록되어 있는 줄은 전혀 몰랐어.'

닉은 속으로 생각했다.

수업이 끝나자 닉은 안드레아에게 전화했다.

"오늘 자말 조교의 수업은 정말 흥미진진했어. 신약성경 안에 그렇게 많은 역사적인 사실이 들어 있을 줄은 이전엔 전혀 몰랐거든."

"닉, 내가 듣기에는 네가 점점 자말 조교의 의견에 끌려가는 것 같은데?"

"아직 그의 의견에 전적으로 동감하는 것은 아니지만 하여튼, 자말 조교는 허튼소리는 하지 않는 것 같아. 2시에 사무실로 나온다는데 같이 가서 만나 보지 않을래?"

13
현재의 성경이 원본과 같다는 것은 어떻게 알지?

"닉, 안드레아! 어서 들어와요!"

자말이 그들을 반갑게 맞았다.

"강사님, 고마워요. 그냥 저희들은…."

"잠깐만, 이렇게 사석에서도 강사님이라고 부를 거예요? 이제 좀 편하게 지내죠?"

"아차, 미안해요. 그럼 앞으로는 그냥 편하게 자말 선배라고 부를게요. 선배도 편하게 말씀을 놔 주세요. 이렇게 불쑥 찾아온 이유는…. 제가 안드레아에게 자말 선배의 수업이 정말 굉장했다고 얘기했거든요. 혹시, 그동안 우리가 궁금했던 문제들을 좀 여쭤볼 수 있을까 해서 이렇게 찾아왔어요."

"물론이지, 자 우선 좀 앉아. 그래, 어떤 질문들인데?"

안드레아가 먼저 입을 열었다.

"닉에게 들으니 선배님이 신약성경은 역사적으로 정확한 기록이라고 말씀하셨다던데, 저도 이전엔 그렇게 생각했지만 지금은 아니거든요. 우리가 지금 읽고 있는 성경이 원래 쓰였던 것과 정확히 일치한다는 것을 어떻게 알 수 있다는 거죠?"

"그건 그렇게 어려운 문제가 아냐. 그런 질문들과 관련해서 역사가들이 사용하는 방법들이 몇 가지 있는데 우선 고서검증법이라는 게 있지."

"서지학과 관련이 있는 건가요?"

닉이 물었다.

"아니, 이 방법은 따로 고서검증법이라고 불러. 고서검증법은 오래된 문서의 내용이 얼마나 정확하게 후대로 전해졌는가를 검증하는 방법이야. 원본이 없는 경우 다음과 같은 질문들을 하는 거지. 지금 우리가 가지고 있는 사본들은 얼마나 믿을 수 있는가? 얼마나 많은 사본이 남아 있는가? 그 사본들은 서로 얼마나 일치하는가? 원본과 지금 남아 있는 사본들 사이의 시간상 거리는 얼마나 되는가?"[34]

"잠깐만요."

안드레아가 자말의 말을 끊었다.

"그럼 이 고서검증법이라는 것은 성경 외에 다른 역사적인 저술들에도 사용되는 건가요?"

"당연하지, 주전 460년에서 400년 사이에 쓰인 것으로 여겨지는 투키디데스의 역사서를 예로 들어볼까? 현재 우리가 읽을 수 있는 그의 책은 원본이 쓰인 후 거의 1300년 후인 주후 900년경에 만들어진 여덟 개의 필사본이 모여 탄생한 거야. 마찬가지로, 헤로도투스의 역사서 사본들도 원본이 쓰인 후 한참 지나고 만들어진 것밖에는 남아 있지 않고 그나마 몇 권 되지도 않지. 맨체스터 대학교의 성경비평과 주석분야 석좌교수였던 브루스F. F. Bruce의 글을 좀 읽어 볼게."[35]

자말은 의자를 돌려 뒤쪽 책꽂이에서 책을 하나 꺼내 들었다. 페이지를 넘기던 그가 원하던 내용을 찾았는지 고개를 들고 안드레아에게 말했다.

"안드레아, 브루스의 글이야."

> 우리에게 남아 있는 가장 오래된 사본들이 쓰인 시기가 원본이 기록된 시기와 1300년이나 떨어져 있으므로 헤로도투스나 투키디데스가 쓴 책들의 내용이 정확하지 않다는 주장에 동조할 고전학자들은 아무도 없다.[36]

"우리에게 좀 더 익숙한 작품들은 어때요? 가령 아리스토텔레스 같은 이들의 책 말이에요."

안드레아가 물었다.

"좋은 질문이야. 아리스토텔레스는 주전 343년에 『시학』을 썼지. 하지만 그 책의 사본 중 가장 오래된 것은 무려 1400년의 시간이 흐른 뒤인 주후 1100년경에 기록된 것이고 그나마 남아 있는 사본들도 마흔아홉 권밖에 없어. 주전 58년에서 50년 사이에 쓰였다고 여겨지는 카이사르의 『갈리아 전쟁기』는 카이사르가 사망한 후 1000년이 지난 다음에야 만들어진 열 권의 사본들 때문에 후세에 알려지고 있는 거야."[37]

"와…. 선배는 어떻게 이런 걸 다 알아요?"

닉이 감탄하며 물었다.

"관심이 있어서 연구도 해봤지만 신학교에 다닐 때 한 학기 동안 가톨릭계 미션스쿨에서 학생들을 가르친 적이 있었어. 세 반을 맡아 똑같은 내용을 반복해서 가르치다 보니 저절로 내용이 다 외워지더라고."

자말이 웃으면서 다른 책 한 권을 빼들었다.

"신약성경과 1세기에 저술된 다른 책들의 사본들의 정확성에 대한 책들을 50여 권 저술하고 편집한 브루스 메츠거 박사의 글을 한 대목 읽어 줄게. 많은 사람이 그분을 세계에서 제일 뛰어난 사본 전문가로 여기지. 덧붙이자면, 그분은 프린스턴 대학교에서 페터슨 교수를 지도하기도 했어. 자, 메츠거 박사가 내린 결론이야."

116년경에 『타키투스의 연대기』를 쓴 로마의 역사가 타키투스의 예를 들어보자. 그가 쓴 책들의 처음 여섯 권은 850년 경 필사된 한 개의 사본에만 들어 있다. 11에서 16권은 11세기에 작성된 것으로 알려지는 다른 사본 안에 들어 있고 7권에서 10권 사이의 책들은 잊혀졌다. 그러므로 타키투스가 정보를 수집해 책을 쓴 시점과 남아 있는 사본들 사이에는 시기적으로 커다란 간격이 존재한다.

1세기의 역사가였던 요세푸스의 경우 그의 책 『유대 전쟁사』는 10세기, 11세기, 12세기에 헬라어로 번역한 사본이 아홉 권 있다. 4세기에 라틴어로 번역한 사본과 중세시기인 11, 12세기에 러시아어로 번역한 사본도 존재한다.[38]

자말은 말을 잇기 전에 두 사람을 한번 쳐다봤다.
"자, 지금부터 내가 다음에 읽어 주는 내용에 귀 기울여 봐."

신약성경에 관한 자료들은 다른 고대 서적들에 비교할 때 거의 당황스러울 정도다.[39]

"뭐가 당황스럽다는 거죠?"
안드레아가 자말에게 물었다. 그러자 마치 비밀이라도 이야기하듯 자말이 몸을 앞으로 숙이고 말했다.
"안드레아, 신약성경의 경우, 라틴어 사본들을 제하고 헬라어로 된 자료만 해도 5,600개가 넘어.

본문비평의 권위자이자 내 담당교수이기도 했던 다니엘 월리스Daniel Wallace 교수는 예일 신학대학이나 프린스턴 신학대학, 캠브리지 대학교 등 많은 학교에서 쓰이고 있는 중급 헬라어 교재를 만든 분이지. 그분에 따르면 최근에만 해도 많은 사본들이 발견되었다고 해. 1975년 시나이에서 성 조지 타워 St. George's Tower의 숨겨진 부분들이 발굴되면서 200권이 넘는 사본들이 발견되었는데 그중 90권이 신약성경을 담고 있었어. 월리스 박사에 따르자면, 최근에 발견된 사본들을 조사해보면 신약성경이 얼마나 온전하게 후세로 전해져 내려왔는지, 하나님께서 성경의 본문을 어떻게 파괴되지 않도록 지키셨는지를 확인할 수 있다고 했어. 사본들 외에도 상자들에 담긴 5만 개 이상의 사본 조각들도 발견되었는데 그중에도 약 30개의 별도의 사본들이 들어 있는 게 확인되었지. 월리스와 다른 학자들은 더 많은 사본들이 아직도 그 상자들 안에 들어 있다고 믿어."[40]

"그런데 왜 우리는 이런 이야기들을 그동안 한번도 듣지 못했던 거죠?"

"우선, 이런 사본들이 발견된 게 꽤 최근의 일이야. 인터넷상에서 월리스 박사가 이끄는 신약사본 연구센터에 접속하면 이런 내용들을 다 읽어 볼 수 있어. 월리스 박사와 그가 이끄는 학자들은 캠브리지 대학교, 리즈 대학교, 세인트 앤드류스 대학교, 에딘버러 대학교 등 세계 유수의 대학교들로부터 인정받고 있지. 월리스 박사는 친히 바티칸, 캠브리지 대학교, 시나이산, 이스탄불, 플로랑스, 베를린, 드레스덴, 쾰른, 파트모스, 예루살렘 등지를 돌아다니며 고대 사본들을 연구했는데 그는 최근 발견된 증거들로 신약성경이 거의 전적으로 믿을 만한 것으로 판명되었다고 주장하고 있지."[41]

"자말 선배, 하나만 더 자세히 설명해 줘요."

안드레아가 말했다.

"뭔데?"

"도대체 얼마나 많은 신약성경 사본들이 지금 존재하는 거죠?"

안드레아가 말했다.

"수천 권이지. 5,600권이 넘는 사본들이 목록으로 만들어져 있지만 월리스 박사 일행은 계속해서 웹사이트에 새로 발견한 사본들을 올리고 있어. 헬라어로 된 사본들 외에 라틴역본들까지 따진다면 그 수는 24,000권에 이르러."

"그래서."

닉이 말했다.

"헤로도투스나 아리스토텔레스, 투키디데스 같은 사람들이 쓴 책의 사본은 불과 몇 권밖에 존재하지 않지만, 메츠거, 월리스, 기타 다른 학자들에 따르면 **성경 사본들은 엄청난 부수가 존재한다**는 얘기죠?"

"맞아, 닉."

잠시 침묵이 흘렀다. 자말이 싱긋 웃으며 말문을 열었다.

"자, 이 방에 들어온 이후 이제까지 두 사람만 계속 질문했으니까 이제는 내 차례야. 신약성경 다음으로 사본의 진정성을 인정받고 있는 고전작품을 들라면 무엇이 떠오르지?"

"전 전혀 모르겠어요."

안드레아가 말했다.

"닉은?"

"저도 모르겠어요."

"호머야."

자말이 대답했다.

"643권의 사본들이 있지."

"그건 이해할 만해요. 플라톤이 모든 철학자는 호머에 대답해야 한다고 말했잖아요?"

안드레아가 말했다.

"잠깐만요!"

닉이 말했다.

"그건 호머가 말한 모든 게 사실이라는 뜻은 아니잖아요?"

"당연하지! 사본의 진정성이라는 것은 우리가 지금 가지고 있는 자료가 원래 쓰인 것과 일치하느냐만을 알려 줄 뿐이야. 호머의 사본을 예로 들어보자고. 학자들은 지금 우리가 알고 있는 호머의 글에서 실제로 그가 쓴 것은 95퍼센트라고 얘기하고 있어. 하지만 이것은 아킬레스가 발꿈치에 화살을 맞왔다든지 그리스인들이 트로이의 목마 속에 숨었다든지 하는 이야기들이 역사적인 사실인가의 여부와는 아무 관련이 없는 거야. 호머가 예술적인 효과를 위해 이런 이야기들을 꾸며낸 것일 수도 있는 거지. 사본의 진정성은 오늘날 남아 있는 사본들이 원본과 얼마나 일치하느냐의 문제니까."

"흥미롭네요!"

닉이 말했다.

"닉, 안드레아, 영국 캠브리지 대학교의 연구원이었고 지금은 덴버 신학교의 신약학 교수인 크레이그 블롬버그Craig Blomberg 박사에 따르면 신약성경의 본문은 어떤 고대의 문서들보다도 더 많은 사본들을 통해, 더 정성들여 보존되었다고 해. 그의 주장에 따르면 신약성경의 97에서 99퍼센트를 의심의 여지 없이 원본 상태로 복원할 수 있다는 거지."[42]

"꽤 큰 비율이기는 하지만 블롬버그도 잘못 전달되었을 가능성의 여지를 남겨 두긴 했네요."

안드레아가 말했다.

"블롬버그는 원본에 잘못이 있다는 뜻으로 말한 것은 아니고 우리가 지금 가지고 있는 사본들 사이에 차이가 있을 수 있다는 것을 말하는 거야. 하지만 이게 중요한 포인트인데, **사본들 사이에 존재하는 차이점들 중 중요한 교리와 관련된 것은 아무것도 없어**."

자말이 시계를 들여다 보았다.

"닉, 안드레아, 찾아와 줘서 정말 반가웠어. 아쉽지만 지금은 다음 수업 준비를 좀 해야 할 것 같아. 하지만 수요일 수업 시간에 사본들 사이의 차이점을 다룰 거니까 그때 더 이야기하도록 하자. 안드레아도 시간이 있으면 얼마든지 청강해도 좋아.

"고마워요. 자말 선배."

안드레아가 말했다. 사무실을 나오면서 닉이 안드레아에게 물었다.

"수요일에 올 수 있겠어?"

"그럼! 꼭 참석할 거야."

14
잉그래햄 박사의 방해

자말이 첫 강의를 마친 후 며칠이 지나자 그가 신약성경이 역사적으로 정확하다는 것을 입증했다는 소문이 종교학부 전체에 퍼져 나갔다. 교수진들 중 많은 이들은 자말의 의견에 동의하지 않았지만 그들은 이전에도 댈러스 대학교나 댈러스 신학대학에서 방문교수로 오는 이들의 보수적인 견해를 많이 접해 왔던 까닭에 별다른 우려를 나타내지는 않았다. 이전에 교수로 일했던 클레이튼 잉그레이엄 박사는 페터슨 교수가 가르치던 종교학 입문 강좌를 맡게 되었다. 그는 페터슨 교수와 각별한 사이로, 페터슨이 자리를 비운 동안 자말의 동태를 잘 지켜보겠노라고 자원해서 약속까지 한 터였다.

자말의 강의에 매료된 닉은 안드레아뿐 아니라 자말의 친구인 미나, 같은 기숙사 친구들, 심지어는 제시카에게까지 그의 강의를 들어 보라고 초대했다. 강의실에 도착한 닉은 강의실 뒷줄에 안드레아와 미나가 함께 앉아 있는 것을 보았다. 몇 좌석 건너 제시카도 있었다. 닉은 그들에게 다가가서 아는 체를 하고 자말에게 자신의 친구들을 초대했노라고 말하기 위해 강의실 앞쪽으로 갔다. 강의실은 약 150여 명의 사람들이 수업받을 수 있는 규모였는데 자말은 파워포인트를 세팅하느라 여념이 없었다. 닉의 귀띔을 듣고 자말이 강의실 뒤쪽을 쳐다보았을 때 잉그레이엄 박사가 뒷줄에 팔짱을 낀 채 앉아 있는 것이 그의 눈에 들어왔다.

"안녕하세요. 박사님!"

의자를 찾아 앉느라 소란스러운 학생들 너머로 자말이 인사를 건넸다.

"수업에 와 주셔서 감사합니다."

"자말."

잉그레이엄 박사가 무표정한 얼굴로 고개만 끄덕여 인사를 받았다. 미소를 짓거나 "잘 있었나" 혹은 "고맙네" 같은 인사말 한마디도 건네지 않은 채 마치 화가 난 사람처럼, 애써 공식적인 관계를 유지하려는 태도였다.

"자, 그럼 수업을 시작합시다."

자말이 강의실의 학생들에게 말했다.

"먼저, 지난 시간에 배운 내용을 좀 복습해 볼까요? 신약성경은 몇 세기에 쓰였다고 했죠? 기억나는 사람 있나요? 예린, 대답해도 좋아요."

"1세기요."

"맞아요. 그럼 내 파워포인트에 있던 내용 중에서 예일 대학교의 밀러 버로우즈가 '신약성경 본문이 정확하게 후세로 전해졌다는 것을 확증해 주는 증거'라고 말한 것은 무엇이죠? 크레이그, 말해도 좋아요."

"파피루스 사본들이요."

크레이그가 말했다.

"좋아요."

자말이 대답했다. 그때, 갑자기 강의실 뒤쪽에서 헛기침 소리가 크게 들렸다.

"방해해서 미안하네만, 아직 박사학위도 받지 않은 워싱턴 군이 확인 가능한 진실보다는 기독교 근본주의의 가르침을 학생들에게 주입시키고 있는 것 같군."

잉그레이엄 박사가 큰 목소리로 말했다. 모든 학생이 목소리의 진원지를 찾아 고개를 돌렸고 강의실엔 갑자기 어색한 침묵이 흘렀다.

'잉그레이엄 박사는 혹시 일부러 수업을 방해하기 위해 찾아온 것일까?'

자말은 순간 당황했다.

닉은 공연히 친구들을 불러서 못 볼 꼴을 보이는 건 아닌지 가슴이 철렁 내려앉았다.

"학생들에게 사본들 사이에 차이점들이 있다는 것을 빠뜨리지 말고 꼭 얘기해 주게나."

잉그레이엄 박사가 자말에게 경고하듯 말했다.

"잉그레이엄 박사님, 마침 오늘 수업에 그 내용을 다루려고 했습니다."

자말이 차분하게 대답했다.

"강의를 들으시고 여전히 미심쩍은 곳이 있으시면 나중에 조용하게 알려주시면 고맙겠습니다."

자말은 강의의 주도권을 뺏기지 않을 것임을 분명히 강조했다.

"여러분, 잉그레이엄 박사님께서 말씀하신 것은 파피루스 사본들 사이에 차이점들이 있다는 것입니다. 여기서 차이란 것은 신약성경의 사본들 사이에 다른 단어들이 사용된 경우들을 말합니다. 듀크 대학교의 바트 어만 박사에 따르면 신약성경의 원고들 사이에는 약 30만에서 40만 개 정도의 차이점들이 있다고 합니다. 헬라어로 된 신약성경 안에 대략 13만

8,000개 정도의 단어들이 있다는 것을 고려하면 그 세 배에 달하는 차이점들이 사본들 사이에 존재한다는 것은 얼핏 어처구니가 없을 정도죠. **하지만 내용을 알고 보면, 그렇게 차이점들이 많다는 것은 신약성경의 사본들이 그만큼 많다는 뜻이기도 합니다.** 사본들이 많을수록 당연히 그들 사이의 차이점들도 많을 수밖에 없겠죠. 거꾸로 사본들이 얼마 되지 않는다면 차이점들도 얼마 없을 것이고요. 그뿐만이 아닙니다. 그가 지적한 차이점들을 자세히 살펴보면 이런 결과를 알 수가 있습니다.[43]

자말은 슬라이드를 넘겼다.

"차이점들 중 가장 많은 경우는 철자의 차이입니다. 예를 들면 '요한John'의 스펠링 중 n이 하나만 들어가 있느냐 두 개가 들어가 있느냐 하는 차이 말입니다. 이런 차이들은 결코 본문의 내용에 영향을 주는 것들은 아니죠. 사본들 사이의 차이점이라고 지적된 내용의 75퍼센트 정도가 이런 유형입니다.[44] 즉 22만 5,000개에서 30만 건 정도가 이런 것들입니다. 다른 경우로는 사본 전체에 걸쳐 사용된 동의어들이 있습니다. 예를 들자면 어떤 사본들에서는 예수님을 그대로 예수님이라고 부르고 있는데 비해 어떤 사본에서는 '주님' 혹은 '그분'이라고 언급하고 있다는 것입니다. 그런 차이점들도 성경 본문의 내용이 바뀌는 위험요소는 아닙니다."[45]

닉은 마음 깊은 곳에서 기쁨이 솟아오르는 것을 느꼈다. 닉은 사람들의 반응을 알아보기 위해 강의실을 둘러보았다. 잉 그레이엄 박사도 자말이 이렇게 재치 있게, 지적으로 그의 주문에 대답하리라고는 생각하지 못했을 것이다.

"이 슬라이드를 한번 봐주세요."

자말이 화면을 흘끗 쳐다보고 말을 이었다.

"노먼 가이슬러Norman Geisler와 프랭크 튜렉Frank Turek 박사는 이렇게 말했습니다. 많은 사본과 인용문을 비교해 보면 비록 사본들을 만드는 과정에서 실수가 있었더라도 아주 정확한 원본을 재구성해 낼 수가 있습니다. 어떻게 그런 일이 가능하냐고요? 다음 예를 한번 보죠. 네 개의 문서에서 같은 부분에 제각각 차이가 있다고 칩시다. 예를 들면 빌립보서 4장 13절 같은 구절 말이죠. 다음 네 개의 사본들이 있다고 가정해 봅시다.

> 내게 능력 주시는 자 안에서 내가 모# 것을 할 수 있느니라.
> 내게 능력 주시는 자 안에서 내가 모든 #을 할 수 있느니라.
> 내게 능력 주시는 자 안에서 내가 모든 것# 할 수 있느니라.
> 내게 능력 주시는 자 안에서 내가 #든 것을 할 수 있느니라.

이런 사본들을 가지고 있을 때 원문을 추정하는 것이 그렇게 어려울까요? 전혀 그렇지 않습니다. 사본들을 비교하거나 추가로 다른 방법들을 사용하면 신약성경을 원본에 가깝게 재구성하는 것이 가능한 것입니다.[46] 모든 차이점을 고려해 보면 단지 1퍼센트만이 본문의 의미와 관련이 있습니다. 1퍼센트 말입니다! 하지만 이것마저도 과장된 측면이 있습니다. 예를 들면 요한일서 1장 4절이 '우리가 이것을 씀은 우리의 기쁨이 충만하게 하려 함이로라'가 맞는 원문인지 '우리가 이것을 씀은 너희의 기쁨이 충만하게 하려 함이로라'가 맞는 원문인지 같은 경우죠. 분명 본문의 내용에 차이점이 있기는 하지만 기독교 신앙의 근본 교리들에 영향을 미치는 것은 아닙니다. 그래서 『예수님의 재조명』(Reinventing Jesus)의 저자들이 "이러한 차이들 때문에 위기에 처한 신학적인 진리는 전혀 없다"라고 결론을 내린 것입니다.[47]

15
그냥 『일리아드』 같이 오래된 소설은 아닐까?

"질문들 있으세요?"

자말이 학생들에게 물었다. 닉은 잉그레이엄 박사를 흘끗 쳐다봤다. 박사는 아무 표정 없이 그저 자말을 지켜보고 있었다.

"안드레아, 말해요."

자말이 손을 든 안드레아에게 말을 했다.

"고맙습니다. 하지만 사본이 아무리 정확하다고 하더라도 그것이 바울, 마태, 누가, 기타 다른 성경의 저자들이 쓴 내용이 사실이라는 뜻은 아니잖아요? 어제 개인적으로 해주신 말씀으로는 호머의 『일리아드』의 사본은 600개가 넘지만 그가 쓴 모든 내용을 다 믿어야 하는 것은 아니라고 말씀하셨어요. 예를 들면 아킬레스가 발꿈치에 화살을 맞았다거나 그리스인들이 트로이의 목마에 숨었다는 이야기들 말이죠. 그 점에 관해 좀 더 설명을 해주시겠어요?"

"맞아요. 안드레아. 고서검증법은 단지 지금 우리가 가진 사본의 내용이 원래 쓰인 것과 같은지를 판단하는 방법이에요.[48] 그래서 이제 우리가 내적 비평이란 방법을 다루려는 이유이기도 하고요. 지난번 수업시간에 내적 증거 때문에 우리는 문서의 역사적인 내용들을 믿을 수 있다고 말했어요. 그 예로 누가가 데오빌로에게 보낸 사도행전에서 발견되는 여든네 개의 역사적인 사실들을 여러분에게 보여 주기도 했지요. 세 개의 박사학위를 포함한 십여 개의 학위를 지닌 존 워윅 몽고메리 John Warwick Montgomery 박사가 수년 전에 버지니아 북쪽 지역에 와서 진행한 세미나에 참석한 적이 있어요. 그는 다음과 같이 말했죠."

역사학자들과 저술가들은, '어떤 문헌을 대할 때는 그 문헌에 대한 비평보다는 문헌 자체를 우선 신뢰하라'는 아리스토텔레스의 정당하고 주목할 만한 선언을 따르고 있다…. 이 말은 그 문헌의 저자가 그의 글에 모순을 보이거나 부정확한 사실들을 언급하여 스스로를 부적격자로 만들지 않는 한 우리는 일단 분석의 대상이 되고 있는 문헌의 주장들에 귀를 기울여야 한다는 것이다.[49]

"지난 시간에 일부 보여 준 것처럼 사도행전 전체를 다룰 시간은 없지만 우리가 아직 다루지 않은 누가의 첫 번째 책에 관한 슬라이드 몇 장을 보여 줄게요. 누가복음 1장 1-4절을 좀 읽어 봅시다."

우리 중에 이루어진 사실에 대하여 처음부터 목격자와 말씀의 일꾼 된 자들이 전하여 준 그대로 내력을 저술하려고 붓을 든 사람이 많은지라. 그 모든 일을 근원부터 자세히 미루어 살핀 나도 데오빌로 각하에게 차례대로 써 보내는 것이 좋은 줄 알았노니 이는 각하가 알고 있는 바를 더 확실하게 하려 함이로라.

"안드레아, 많은 학자가 누가복음의 역사적인 정확성을 인정하고 있어요. 예를 들면 이 슬라이드는 휘튼 칼리지의 신약성경과 고고학 교수인 존 맥레이John McRay 박사가 의사이자 역사가였던 누가에 대해 한 말이에요."

그는 박식하고 뛰어난 언변을 가지고 있으며 그가 구사하는 헬라어는 거의 고전 수준이다. 고등교육을 받은 그가 쓴 글들의 정확성은 고고학적인 발견들을 통해 계속 반복적으로 증명되고 있다.[50]

"신약성경의 다른 저자들도 신중하게 알아보고 글을 썼다거나 다른 목격자들의 증언이라고 주장하며 글을 쓰고 있어요. 성경 가지고 있는 사람들 있나요?"

아무도 손을 들지 않자 자말이 다시 재촉했다.

"여러분, 성경책은 이번 강의의 필수 교재예요."

닉은 배낭에서 빨간 표지의 작은 성경책을 꺼내서는 자말에게 들어 보였다.

"좋아요. 닉. 베드로후서 1장 16절에서 17절을 읽고 베드로가 무슨 말을 했는지 좀 알아볼까요?"

언제나처럼 닉의 목소리는 의도했던 것보다 더 크게 나왔다.

우리 주 예수 그리스도의 능력과 강림하심을 너희에게 알게 한 것이 교묘히 만든 이야기를 따른 것이 아니요 우리는 그의 크신 위엄을 친히 본 자라. 지극히 큰 영광 중에서 이러한 소리가 그에게 나기를 이는 내 사랑하는 아들이요 내 기뻐하는 자라 하실 때에 그가 하나님 아버지께 존귀와 영광을 받으셨느니라.[51]

"고마워요. 닉. 자, 그러면 닉이 방금 읽어 준 구절에서 어떤 내용을 알게 되었나요? 네, 마이크. 말해도 좋아요."

"제가 보기에는 베드로와 그가 염두에 둔 독자들도 그 당시 널리 회자되고 있는 이야기들을 잘 알고 있었던 것 같아요. 하지만 베드로는 자신이 그리스도의 목격자였다는 증언을 함으로써 자신의 입장을 좀 더 확고히 하려는 것처럼 보이네요."

마이크가 말했다.

"좋아요. 그럼 마이크가 요한복음 19장 35절을 좀 읽어 주겠어요?"

마이크는 그의 옆자리에 앉은 여학생에게서 성경을 빌려 지시한 구절을 찾아 읽었다.

> 이를 본 자가 증언하였으니 그 증언이 참이라 그가 자기의 말하는 것이 참인 줄 알고 너희로 믿게 하려 함이니라.[52]

"고마워요. 마이크. 자, 그럼 오늘 수업시간에 배운 것과 지난 시간에 공부한 것을 한번 복습해 봅시다. 첫 번째, 고서검증법으로 지금 우리가 가지고 있는 성경이 원본을 정확히 재현하고 있다는 것을 확인할 수 있습니다. 두 번째, 내적 증거법으로 목격자임을 자처하거나 진실을 자세히 알아보았다고 주장하는 성경의 개별 저자들의 정확성을 알 수 있습니다."

뒤를 돌아본 닉은 안드레아와 제시카가 모두 흥미롭게 자말의 강의를 듣고 있는 것을 보았다. 그와 눈이 마주친 제시카는 미소를 보냈다. 그때, 잉그레이엄 박사가 다시 큰 목소리로 끼어들었다.

16
조지프 스미스나 무함마드는 뭐냐, 그럼?

"워싱턴 군! 자신이 직접 하나님께서 주신 감동을 받아 글을 썼다는 조지프 스미스Joseph Smith, 무함마드 외 기타 다른 이들이 쓴 종교 서적들이 부지기수네, 그렇다고 그들의 책이 사실인 것은 아니지 않나?"

"맞습니다. 교수님. 많은 사람이 직접 자신의 눈으로 목격했다고 주장하죠. 하지만 지난 시간에 토론한 것처럼 신약성경에 묘사된 그리스도의 이야기들은 그와 같은 시대를 산 사람들 사이에 알려진 이야기들이었습니다. 예수님과 동시대를 산 사람들은 그런 이야기들의 정확성을 확인하거나 부인할 수 있는 입장에 있었어요. 가장 심한 반대자들 앞에서도 신약성경의 저자들은 예수님에 관해 일반인들이 모두 알고 있는 사실들만을 거론할 뿐이었습니다. 여러분, 신약성경의 저자들은 '우리가 이것을 보았다. 우리가 그것을 들었다'라고 주장할 뿐만이 아니라 그들을 비판하는 사람들에게 '너희도 이런 사실들을 알고 있지 않느냐, 너희들도 그것을 보았다. 너희들 자신도 그것을 알고 있다'라고 반박하고 있습니다. 이런 내용을 담고 있는 구절을 혹시 알고 있는 사람들이 있나요?"[53]

학생들 중 손을 드는 사람이 아무도 없었다.

"좋아요. 미나가 얼굴에 미소를 띠고 있군요. 오늘 이 수업 시간에는 원래 수업을 듣는 학생들 외에도 몇 명의 손님들이 와 계십니다. 그중의 한 분인 미나 씨는 라이스 대학교 출신으로, 지금 우리가 수업하고 있는 이 내용에 관하여 논문을 써서 상을 받은 경력도 가지고 있습니다. 미나, 생각나는 구절이 있으면 좀 알려 주겠어요?"

"그러죠. 사도행전 2장 22절 말씀이 먼저 떠오르네요. '이스라엘 사람들아 이 말을 들으라 너희도 아는 바와 같이 하나님께서 나사렛 예수로 큰 권능과 기사와 표적을 너희 가운데서 베푸사 너희 앞에서 그를 증언하셨느니라.'[54] 다른 구절은 제가 좋아하는 말씀이기도 합니다. 사도행전 26장 24-26절 말씀이에요. '바울이 이같이 변명하매 베스도가 크게 소리내어 이르되 바울아 네가 미쳤도다 네 많은 학문이 너를 미치게 한다 하니 바울이 이르되 베스도 각하여 내가 미친 것이 아니요 참되고 온전한 말을 하나이다. 왕께서는 이 일을 아시기로 내가 왕께 담대히 말하노니 이 일에 하나라도 아시지 못함이 없는 줄 믿나이다. 이 일은 한쪽 구석에서 행한 것이 아니니이다.'"[55]

"여러분, 들으셨습니까?"

자말이 학생들에게 물었다.

"어떤 사람이 그의 대적들에게 '너희들도 이 사실을 알지 않느냐'라고 말하는 것은 정말로 그와 그의 대적들 사이에 그런 공통된 인식이 공공연하게 존재하지 않는다면 씨알도 먹히지 않을 이야기죠."[56]

'정말 적절한 지적이네. 여기에 대해서는 잉그레이엄 박사도 할 말이 없겠지?'

닉은 마음속으로 웃었다.

'하지만 할 말이 없기는 나도 마찬가지야. 지난 크리스마스 때 부모님께 마치 잉그레이엄 박사처럼 굴었으니까.'

자말은 강의를 이어갔다.

"맨체스터 대학교의 고성경문학의 권위자인 F. F. 브루스 교수는 신약성경이 최고의 자료로서 지니는 가치에 대해 다음과 같이 말했어요."

> 초기의 말씀 선포자들이 대면해야 했던 사람들은 그들에게 친절한 목격자들만이 아니었다. 그들은 예수님의 가르침과 죽음에 대해 잘 알고 있는 적대자들도 다루어야 했다. 그런 사람들 앞에서 말씀을 선포하는 사람들은(사실을 그들에게 유리하게 조작하는 것은커녕) 조금이라도 사실과 다른 말을 할 수가 없었다. 적들은 기다렸다는 듯, 바로 잘못을 지적하고 나

설 것이다. 하지만 이런 사실은 기대치 않은 결과를 가져왔다. 즉, 초기의 말씀 선포자들만이 가질 수 있었던 강력한 힘은 청중이 이미 알고 있는 사실에 의지해서 자신 있게 말씀을 전하는 것이었다. 그들은 "우리는 이러한 일들의 증인이다"라고 말했을 뿐만 아니라 "너희들도 알다시피"(사도행전 2장 22절)라고도 말할 수 있었다. 어떤 중요한 문제에 있어서든 말씀을 전하는 사람들이 사실에서 조금이라도 벗어나려고 했다 하더라도 그 모든 일들을 목격한 적대자들이 그들의 청중 속에 있을지도 모른다는 사실 때문에 그런 경향이 자리잡지 못했을 것이다.[57]

"결론적으로, 오늘날 우리가 읽는 신약성경이 원래의 원본과 다르지 않은 정확한 사본이라면, 그리고 그 원본 성경이 예수 그리스도와 그의 제자들이 말하고 행동한 것을 그대로 기록한 것이라고 한다면 그런 성경을 우리는 어떻게 대해야 할까요?"

자말은 말을 멈추고 잠시 강의실을 둘러보았다.

"여러분, 오늘 수업은 여기까지입니다. 혹시 질문들 있나요?"

"질문은 없지만." 잉그레이엄 박사가 말했다.

"한마디 하고 싶군. 미리 관련 분야에 대한 연구를 철저히 했구먼. 오늘 수업엔 나도 다시 생각해 볼 만한 내용도 있었음을 인정하겠네. 강의를 방해해서 미안했네. 학생 여러분, 여러분에게도 사과하겠습니다. 여러분의 강사는 오늘 아주 훌륭한 수업을 진행했어요."

박사의 말이 끝나자 학생들은 모두 자말에게 박수 갈채를 보냈다. 한순간 강의실 전체 분위기가 자말의 주장을 인정하는 분위기로 바뀌는 것 같았다. 닉은 안드레아와 제시카가 앉아 있는 쪽으로 눈길을 보냈다. 그와 눈이 마주친 두 사람은 모두 미소를 보냈고 닉도 미소로 대답했다. 닉의 마음은 요동치고 있었다. 이제 그는 신약성경이 믿을 수 있는, 역사적으로 정확한 문서임을 지적으로 확신할 수 있었다. 만약 성경이 그렇게 정확하고 내적 증거들에 합치하는 것이라면 그는 사과해야, 아니 회개해야 할 이유가 있었다. 하나님께 용서를 구하고 신약성경과, 아니 예수님과 새롭게 관계를 정립할 필요를 절실히 느꼈다.

17
닉, 그리고 제시카

두어 시간 후 닉은 기숙사 바닥에 무릎을 꿇고 기도하고 있었다.

"하나님, 잘못했습니다. 제가 모든 것을 잘못 알고 있었습니다. 모든 것을 부정하면서 당신에게서 도망치려 했습니다. 주님, 이제 저는 성경의 예수님께서 당신의 아들이시란 것을 압니다. 예수님이 제 죗값을 치르기 위해 죽으셨고, 그가 죄 없으심을 증명하기 위해 죽은 자들 가운데서 다시 사셨음을 믿습니다. 주님을 불신한 것을 용서하여 주세요. 음란하고 거짓말하고 오직 저만의 유익을 구한 것을 용서하여 주세요. 제 삶의 나머지는 당신을 위해 살기를 원합니다. 기도를 들어 주셔서 감사 드립니다. 아멘."

며칠이 지나서, 닉은 제시카에게 그녀를 불순하게 대한 것을 사과했다. 제시카는 그의 사과에 무척 놀라는 것 같았다. 부모님과 자신이 자란 모교회의 목사님에게도 전화해서 그가 회심했음을 알렸다. 목사님은 뛸 듯이 기뻐했고 어머니는 그 동안 수도 없이 드린 자신의 기도가 응답받은 것이 기뻐서 울음을 터뜨렸다.

다음 몇 번의 수업시간 동안 닉과 다른 학생들은 모두 자말의 강의에 푹 빠져 있었다. 닉은 지적으로 성장하고 있을 뿐만 아니라 하나님께 지속적으로 지혜를 간구하는 사이 자연스레 기도생활도 열심히 하게 되었다. 얼마 후 수요일 저녁에 닉에게 전화가 한 통 걸려 왔다.

"닉, 잘 지냈어?"

"제시카, 오랜만이야."

"네가 놀랄 만한 이야기가 있어. 미나 선배 알지? 얼마 전에 미나 선배와 차를 한잔 했거든. 그런데 그 선배는 왜 그렇게 상냥한 거니? 얘기를 하다 보니 영적인 문제에 대한 대화까지 나누게 됐어. 어쩐지 요샌 점점 이런 문제에 흥미가 느껴지거든. 종교 지도자들을 화나게 하고 가난하고 소외 받는 사람들에게 손을 내밀었던 예수님의 이야기를 들으면서 너도 그 자리에 같이 있었으면 하는 생각이 나더라. 예수님이 우물에 물을 길러 온 한 여인에게 말을 붙였던 이야기도 들었어. 유대인들이 멸시하고 같이 어울리지도 않았던 사마리아 여인이었는데 남자 관계가 복잡한 비참한 처지였대. 하지만 예수님께서는 정말로 그녀에게 관심을 가지고 계신 것처럼 보였고 그녀에게 희망을 주셨어. 나도 함께 희망을 받은 것만 같아서 참 좋았어. 내일 아침 아홉 시에 함께 대화한 일행들과 다시 만나려고 하는데 혹시 너도 오고 싶으면 오라고."

"일행? 누구 또 다른 사람이 오는 거야?"

"참, 말을 안 했구나. 안드레아도 오거든. 어떻게 할래? 올 수 있겠니?"

"당연히 가야지. 어디에서 모일 거니?"

"기숙사 앞 커피하우스야."

이게 무슨 일이지? 닉은 의아했다. 하나님에 대한 이야기를 하자고 제시카가 모임을 주선하다니? 닉은 마음 한구석에 희망과 의구심이 함께 생기는 것을 느꼈다. 그는 아직 제시카의 말을 완전히 믿을 수는 없었다. 그런데 이전에는 느낄 수 없었던 열의가 그녀의 목소리에 스며 있는 것 같았다. 그녀는 이미 미나 선배를 만났다고 말하지 않는가? 미나는 어떤 면에서 보더라도 제시카가 그동안 어울렸던 허울만 번지르르한 여자애들과는 달랐다. 그뿐만이 아니라 그녀는 안드레아까지 그 자리에 불렀다고 하지 않았나? 어쩌면 하나님께서 그녀의 삶에 무엇인가를 행하고 계신지도 모르겠다는 생각이 닉의 머리를 스쳐 지났다.

18
다시 커피하우스로

닉과 미나가 카페에 앉아 이야기를 나누고 있을 때 제시카와 안드레아가 같이 걸어 들어왔다.

"무슨 음료를 드시겠어요?"

웨이트리스가 물었다.

"전 그냥 커피 주세요."

안드레아가 말했다.

"저도요."

제시카가 따라서 주문했다.

"커피는 셀프로 제공되거든요. 직접 뽑아 오시면 됩니다."

잠시 일상에 얽힌 대화를 나눈 후 닉이 노트북 컴퓨터를 꺼내어 그동안 수업시간에 배운 내용을 나머지 사람들에게 전해 줬다.

"나는 어제 댈러스 신학대학에 가서 교수님들 몇 분을 만나고 왔어. 자말 선배가 같이 가지고 해서 따라갔었거든. 그다음엔 포트워스에 있는 사우스웨스턴 침례신학대학으로 가서 옥스퍼드에서 학위를 받으셨다는 교수님을 한 분 만났어. 그분과는 사도 요한의 친구들과 제자들에 관해 이야기를 했는데 복음서의 이야기들에 나오는 내적 증거를 확증한 사람들이지. 내가 몇 가지 읽어 주고 싶은 게 있어."

닉은 원하는 페이지를 찾아서 읽기 전에 간단한 설명을 했다.

"이 글은 130년경, 히에라폴리스의 감독이었던 파피아스 Papias라는 사람이 쓴 거야. 역사가였던 유세비우스Eusebius가 쓴 글에 인용문의 형태로 남아 있던 거지."

> 그 장로(사도 요한)는 이렇게 말하곤 했다. "베드로의 통역을 맡았던 마가는 베드로가 말한 것을 정확하게 받아 기록했는데… 왜냐하면 마가는 예수님의 말씀을 들은 적도, 그분과 동행한 적도 없었기 때문이다. 하지만 후에는, 내가 말한 대로, 베드로와 동행했는데, 베드로는 예수님의 말씀을 집대성한다기보다는 그의 가르침을 그때그때 상황에 맞추었다. 마가는 베드로가 이런 식으로 언급하는 것들을 그대로 받아 적

는 실수를 하지 않았다. 즉, 그는 자신이 들은 것들을 빠뜨리지 않으려 주의를 기울였지만 어떤 잘못된 말도 기록에 포함시키지 않으려 주의를 기울였다."[58]

"다음 말은 이레니우스Irenaeus가 한 거야."
닉이 말했다.
"이레니우스가 누구야?"
제시카가 물었다.
"이레니우스는 2세기의 교부였고, 사도 요한의 친구이자 서머나의 감독이었던 폴리갑의 제자들 중 한 명이었어. 그는 폴리갑의 가르침을 기록으로 남겼지."

베드로와 바울이 로마에서 복음을 전하며 교회를 세우는 동안 마태는 자신이 기록한 것을 유대인들을 대상으로 그들의 말로 펴냈다. 베드로와 바울이 세상을 떠난 후(믿을 만한 전승에 따르면 64년 네로의 박해 때였을 것이다) 베드로의 제자이자 통역사였던 마가는 베드로의 가르침의 요체를 기록으로 남겼다. 바울을 따랐던 누가는 그의 스승이 설파하던 복음을 책으로 썼다. 최후의 만찬 시에 예수님의 가슴에 기대어 앉았던 사도 요한(요한복음 13장 25절, 21장 20절)도 아시아의 에베소에 사는 동안 복음을 기록했다.[59]

"이야기할 게 더 있지만 우선 커피를 좀 리필해 와야겠어. 어떤 커피가 제일 맛이 좋지?"

안드레아가 어이가 없다는 듯 눈을 굴렸다.

"아무거나 뽑아 와. 난 질문할 게 있다고."

"가서 조금씩 맛을 다 보면 되잖아? 난 안드레아의 질문에 대답하고 있을 테니까."

미나가 장난스레 말했다.

"무슨 질문이지, 안드레아?"

"만약 이 사람들이 모두 요한의 친구들이라면 그들은 이미 어떤 선입견을 가지고 있지 않았을까요?"

"정말 좋은 질문이야. 그들이 이런 것들을 기록하고 있었을 때 아무래도 어느 정도 선입견을 가지고 있었을 거야. 하지만 초기의 제자들과 교부들의 증언이 없었다 하더라도 요세푸스나 타키투스의 역사책, 탈무드, 소 플리니우스 등의 기독교 외 기록들에 의해, 가령 예수님이 존재하셨고 유대인 선생이었다는 결론을 내릴 수 있을 거야. 많은 사람이 예수님이 병자들을 고치고 마귀를 쫓아내었다고 믿었다는 것, 그분이 유대인 지도자들에게 배척당했다는 사실도 말이야. 기독교 밖의 문헌들을 통해서도 우리는 예수님이 티베리우스가 로마를 지배할 때 본디오 빌라도 치하에서 십자가에 못박히셨다는 것을 알 수 있어. 그 수치스런 죽음에도 불구하고 예수님께서 아직 살아 계시다고 믿는 그의 추종자들이 팔레스타인 지방을 넘어 64년경에는 로마에까지 생겨났다고 비평가들조차 인정하고 있어. 2세기가 시작될 무렵에는 도시와 시골의 모든 계층의 사람, 남자와 여자와 노예와 자유민이 예수님을 하나님으로 예배하고 있었다는 사실도 말이야."[60]

19
제자들이 꾸며 낸 것은 아닐까?

미나가 기독교 밖의 자료들을 나열하고 있을 때 닉이 자리에 돌아와 앉았다.

"이 카페 진짜 마음에 드는 게 뭔지 알아? 커피 종류가 정말 엄청나게 많아. 내가 없는 사이에 무슨 말들을 하고 있었지?"

제시카가 미소를 지었다.

"미나 선배가 안드레아에게 대답해 주고 있었어. 그리스도인이 아닌 역사가들도 같은 내용을 기록하고 있는 만큼, 초기에 복음을 기록한 사람들이 거짓을 기록했을 가능성이 없다는 얘기지."

닉이 기다렸다는 듯 말문을 열었다.

"나도 그런 생각을 했어. 만약 제자들이 선입견을 가지고 있었다면 그들은 세부사항들을 의도적으로 혼란스럽게 기록해 놓았을 수도 있다고 말이야. 하지만 다시 곰곰이 생각해 봤지. 그들이 거짓말을 할 이유가 있었을까? 가령 그들이 부활 사건을 꾸며 내었다고 치자고. 과연 그런 일을 할 이유가 있었을까? 그렇게 해서 그들이 얻을 게 뭐가 있었지? 그들이 결국 얻은 것이라곤 오해와 배척, 핍박, 고문, 순교밖에는 없었잖아? 그런 것을 바라고 그런 일을 꾸며 내었을 리는 없지!"[61]

"정말 맞는 얘기네."

제시카가 말했다.

'정말 맞는 이야기라고? 제시카가 정말로 기독교에 관심을 갖게 된 건가?'

닉이 생각했다.

"댈러스 신학대학에서 만난 교수님은 리처드 닉슨 대통령의 특별 보좌관이었던 척 콜슨Chuck Colson이 지은 책에서 다음 구절을 인용해 주셨어. 콜슨은 워터게이트 사건 때문에 감옥에 간 사람이지. 그는 자신의 경험을 사도들의 경험과 비교해서 이런 글을 썼어.

> 워터게이트는 미국 대통령의 가장 가까운 측근들에 의해 저질러진 은폐 음모였다…. 그들은 대통령에게 철저하게 충성했다. 하지만 그들 중의 한 명, 존 딘은 닉슨에게 불리한 증언을 했다. 그의 말에 따르자면 "혼자만이라도 살아남기 위

해" 말이다. 진행 상황을 대통령에게 직접 브리핑까지 한 사람이 단 2주 후에 그런 짓을 한 것이다. 단 2주 후에! 워터게이트를 거짓으로 은폐하려는 노력은 단지 2주일밖에 버티지를 못했다. 그후에는 모두가 난파선에서 뛰어내리는 쥐떼처럼 대통령을 버렸다. 대통령 주변에 머물러 있다면 그들은 수치와 감옥행을 감수해야 했을 것이다. 하지만 실제로 목숨을 잃는다거나 할 일은 없었다. 하지만 예수님의 사도들은 어떠했던가? 아무 힘도 없는 열두 명의 평범한 사람들은, 자신들의 주장들을 굽히지 않는다면 수치와 정치적인 모욕 정도가 아닌 태형, 돌팔매질, 처형이 기다리고 있다는 것을 알고 있었다. 하지만 그들은 모두 그들의 숨이 끊어지는 순간까지 죽음 가운데서 육체로 다시 살아나신 예수님을 목도했다는 주장을 굽히지 않았다. 목이 잘리거나 돌팔매질을 당하기 전에 굴복한 사람이 단 한 명이라도 있지 않았을까? …한 사람도 그렇지 않았다.[62]

"그러면 한 사람을 제외하고 예수님의 제자들이 모두 믿음을 지키다가 죽임을 당했단 말이야?"

제시카가 물었다.

"믿음을 위해 기꺼이 죽었다고 말하는 게 맞겠지. 이 제자들은 자신들이 직접 목격한 것을 위해 죽은 거야."

"어쩌면 그들은 진짜로 속고 있었던 것은 아닐까?"

안드레아가 한마디 했다.

"장난하니?"

닉이 톡 쏘아 붙였다.

"만약 그들이 죽은 사람이 살아난 것을 목격했다는 주장을 꾸며 냈다면 그들은 목숨이 위태로운 순간에는 자백했을 거야. 적어도 그들 중 몇 명은 목숨을 부지하기 위해 자신들의 주장을 번복했겠지. 하지만 그런 일은 없었어. 야고보는 돌에 맞아서, 베드로는 십자가에 못박혀서, 바울은 목이 잘려 순교했어."

"글쎄, 난 그래도 왠지 믿기지가 않아."

안드레아가 대답했다.

"뭘 믿을 수 없다는 거지?"

닉이 물었다.

"그냥, 모든 게 의심스러워."

안드레아가 말했다.

"안드레아, 의심에도 한계가 있는 거야."

닉이 말했다.

"내 말은, 맹목적인 믿음을 가지지 않으려는 자세는 훌륭해. 하지만 그러다 보면 너무 의심이 지나칠 가능성도 있다는 거지. 네 주위의 모든 것을 다 의심한다면 어떤 일이 생기겠니? 가령 자동차의 내비게이션이나 네가 수강하고 있는 과목 같은 것들 말이야. 왜 그렇게 명백한 것들조차 받아들이려고 하지 않니? 어느 단계에서는 합리적인 것을 믿음으로 받아들이는 자세가 필요하지 않을까?"

안드레아는 팔짱을 낀 채 닉의 말을 듣고 있었다.

"안드레아, 너와 친구로 지낸 지 벌써 1년이 다 되어 가고, 너를 친구로서 정말 좋아해. 그런 만큼 내 느낌을 솔직히 이야기할게. 내가 보기에 너는 예수님을 향해 마음이 열려 있어. 그렇지 않다면 이 자리에서 우리와 이런 이야기를 하고 있지도 않을 거고 구태여 자말 선배의 수업을 참관하지도 않을 거야. 지난 몇 주 동안 내 삶에도 큰 변화가 있었어. 그렇다고 내가 아주 영적인 사람으로 바뀌었다거나 의심이 모두 사라졌다는 뜻은 아냐. 여전히 가끔 낙심하면서 그렇게 살지만 나는 하나님께서 신약성경을 통해 그의 아들을 우리에게 밝히 보여 주셨다고 생각해. 나는 그 의미를 모두 알지 못하지만 적어도 그리스도가 십자가에서 내 죗값을 치르기 위해 돌아가셨고 다시 살아나셨다는 것은 알아. 내 죄를 사해 달라고 기도했을 때 예수님께서 내 죄를 용서해 주셨다는 것도 말이야."

"네 행동이 달라진 것 같긴 하더라."

안드레아가 말했다.

"나도 그렇게 느꼈어."

제시카가 맞장구를 쳤다.

"무엇 때문인지는 모르지만 네가 너무 행복해 보여서 나도 네가 가진 것을 가지고 싶었어."

'방금 제시카가 한 말, 내가 잘못 들은 것은 아니겠지?'

닉은 깜짝 놀랐다.

"제시카, 예수 그리스도를 너의 삶에 모시겠다는 뜻이니?"

"그럴까 심각하게 고려 중이야."

제시카의 말에 닉은 흥분을 감출 수 없었다.

"예수님을 하나님의 아들이라고 믿고 그분께 네 죄를 사해 달라고 간구하는 것은 그리 간단히 결정할 문제가 아냐. 물론 네 삶이 더 행복해질 수는 있을지 몰라도 그 이유만으로 그렇게 하지는 마. 더 행복해지고 싶다면 좋은 영화를 보거나 마사지를 받는 게 더 나을지도 몰라. 예수 그리스도를 너의 인생의 인도자이자 모범으로 모시는 데엔 희생이 따르거든. 그렇게 사람들이 좋아할 만한 길은 아니야. 하지만 하나님이 너의 마음에 그렇게 하도록 요구하시면, 네 모든 의문에 답을 얻지 못했더라도 바로 그분의 명령을 따르도록 해."

"진지하게 고려해 볼게."

"나도 그럴게."

안드레아가 말했다.

"하지만 나는 아직도 해답을 얻어야 할 문제들이 있어."

제시카가 웃으면서 말했다.

네 명은 잠시 동안 예수님에 대한 이야기를 하며 커피를 마신 후 다시 만날 것을 기약하고 자리에서 일어섰다.

20
『다빈치 코드』의 거짓말

다음 번 자말의 수업에 들어갔을 때 닉은 강의실 뒷줄에 앉아 있는 안드레아를 보고 옆자리에 앉았다. 자말은 바로 수업을 시작했다.

"오늘은 성경의 정경에 대해 알아보겠어요. 정경이란 뜻의 'Canon'은 갈대라는 말에서 나온 단어예요. 'Cane'(지팡이, 줄기 식물)이라는 영어 단어의 헬라어가 kanon이죠. 오래 전에 갈대는 길이를 재는 지팡이로 쓰였고 '표준'이라는 의미를 지니게 되었어요. Canon이란 단어는 3세기에 활동하던 오리겐 Origen 교부에 의해 만들어졌는데 나중에는 '목록'이나 '색인'이라는 뜻으로도 쓰이게 되었죠.[63] 수업 시간에 사용하는 정경이라는 용어는 '공식적으로 인정받은 책들의 목록'이라는 의미입니다.[64] 댄 브라운의 『다빈치 코드』나 『로스트 심벌』을 읽어 본 사람들이 얼마나 되나 알아볼까요?"

학생들 중 3분의 1 정도가 손을 들었다.

"네, 나도 읽어 보았는데 꽤 재미는 있더라고요. 하지만 한 가지 꼭 명심해야 할 게 있어요. 그런 소설들은 모두 허구라는 거죠."

자말이 웃으며 말했다.

"브라운이 소설에 쓴 것과는 달리 콘스탄틴 대제는 정경과 아무 관련도 없어요. 여러분이 나를 미치광이처럼 생각할지도 모르지만 나는 교회가 정경을 만들었다는 것조차 믿지 않아요. 영감에 의해 쓰인 하나님의 말씀인 성경에 포함되어야 할 책들을 교회가 결정했다고 생각하는 것은 앞뒤가 맞지 않죠. 그보다는 교회는 어떤 책이 하나님의 영감에 의해 쓰인 것인지 인식했거나 발견했다는 것이 맞겠죠. 다시 한 번 분명히 말하지만 이 문제에 대한 내 입장을 분명히 숙지하기를 바래요. 하나님을 섬기는 사람들이 받아들였다고 해서 그 책이 하나님의 말씀이 되는 것은 아니에요. 그것이 하나님의 말씀이기 때문에 하나님을 섬기는 사람들이 받아들이는 거예요. 즉, 하나님께서 어떤 책에 신성한 권위를 부여하시는 것이죠. 사람들은 그저 하나님이 부여하신 신성한 권위를 깨닫는 것뿐이에요.[65]

가톨릭 신자 학우들은 교회가 정경 여부를 판단하는 규정자라고 생각할 거예요. 노먼 가이슬러와 윌리엄 닉스William Nix 박사는 이제까지 정경 여부를 결정하는 시금석이 되었던 '사도에 의한'apostolic이라는 말이 반드시 '사도가 저술했다'거나 '사도의 지도 하에 작성이 되었다'는 것을 의미하지는 않는다고 말했어요.[66] 바울의 친한 친구였던 누가는 사도가 아니었지만 사도 바울은 누가가 쓴 책의 권위를 인정했죠. 멍한 표정을 짓고 있는 사람들이 많이 보이는군요. 내 말이 잘 이해가 안 되나 보죠? 질문들 있습니까?"

닉과 다른 수업을 같이 듣는 학생 하나가 손을 들었다.

"강사님, 좀 정리가 안 되는 게 있어서요. 강사님이 신약성경은 사도들에 의해 인정받았다고 했는데요. 도대체 사도들의 정의가 뭐죠? 무슨 조건을 갖춰야 사도라 불릴 수 있는 건가요? 요샌 길거리의 교회 간판이나 광고판에 사도라는 말들이 넘쳐나는 것 같아서요."

"맞아요! 정말 좋은 질문이에요. 채드. 교회 간판들을 정말 제대로 관찰했군요. 요새는 많은 사람이 사도를 자처하죠. 우리 삼촌의 교회 신도들은 우리 삼촌을 '사도 워싱턴'라고 부르니까요. 물론 나는 우리 삼촌을 사랑하지만 결코 그를 베드로나 바울과 동급으로 여기지는 않아요. 어떤 사람들은 그 말을 좀 넓은 의미로 사용해서 교회의 평신도 지도자들, 교회 개척자들, 선교사들, 영적인 아버지들을 지칭할 때 사용하죠.

하지만 원래 사도들은 고유한 그룹이었어요. 그들은 예수님께 불려 파송을 받았던 열두 명을 말하죠. 그들은 예수님께서 사역하시는 동안 예수님과 같이 지내야만 했고 그의 부활의 목격자가 되어야만 했던 사람들이에요. 사도 바울은 독특한 경우예요. 열두 사도들과는 달리 그는 예수님의 공생애 이후에 그리스도를 만나는 경험을 했어요. 그는 고린도 교회에 첫 번째 편지를 보내면서 자신의 사도직을 주장했죠. 그는 '내가 사도가 아니라고? 내가 우리 주 예수 그리스도를 뵙지 않았는가?'[67]라고 항변했어요. 다른 말로 하면 부활하신 주님을 뵙고 복음을 전하라고 부름 받은 경험이 그를 사도로 확증한다는 주장이었던 거죠."

자말은 강의실 앞을 가로질러 걸었다.

"사도들은 '하나님을 대신해 말하는' 역할을 맡았죠. 신약의 책들은 이들 사도들이 받아들이고 인정한 것들이에요. 그리고 대부분의 책들도 사도들이 썼어요. 이제 사도들에 대한 궁금증이 좀 해소되었나요?"

"예, 고맙습니다."

"자, 또 질문 있는 사람? 로드리게즈, 말해요."

"강사님이 요한복음에 기록된 그리스도의 말을 언급하셨는데요. 사도들은 자신이 하나님을 대신해 말하고 있다고 생각했다는 것을 암시해 주는 내용이 있나요?"

"잠깐만요. 여러분이 모두 볼 수 있도록 목록을 화면에 올릴게요."

닉은 안드레아가 노트에 자말의 강의를 부지런히 받아 적고 있는 것을 보았다. 새 파워포인트 슬라이드를 화면에 올린 후 자말은 말을 이었다.

"이 목록은 노먼 가이슬러와 그의 동료 프랭크 튜렉 같은 학자들이 만든 것을 조금 편집한 거예요."

- 요한은 초기의 신자들이 사도들은 "하나님께 속하였다"고 믿었다고 기록했다. (요한일서 4장 6절)
- 요한은 요한계시록을 "예수 그리스도의 계시라 이는 하나님

이 그에게 주사"라는 말로 시작하고 있다. (요한계시록 1장 1절)

자말은 다음 슬라이드를 화면에 올렸다.

- 바울은 자신의 서신을 가리켜 "성령이 가르치신 것"이라고 주장했다. (고린도전서 2장 13절)
- 바울은 자신의 글들이 "주의 명령"이라고 주장했다. (고린도전서 14장 37절)
- 데살로니가 교회에 보낸 그의 첫 편지에서 바울은 교인들에게 자신의 말을 "하나님의 말씀으로 받음이니 진실로 그러하다"라고 기록했다. (데살로니가전서 2장 13절)
- 바울은 마태와 누가의 복음을 "성경"이라 부르며 인용했다.

자말의 다음 슬라이드에는 오래 전에 그려진 사도 베드로의 초상화가 있었다.

- 베드로는 바울의 서신들을 (모두 13개가 있다) 참조했고 그것들이 하나님의 영감으로 쓰였다는 것을 인정했다. 그는 그 책들을 "다른 성경책들"에 비교했다. (베드로후서 3장 15-16절, 디모데후서 3장 16절)[68]

"여러분이 나중에 다시 살펴볼 수 있도록 이 메모들을 게시

판에 올려 놓겠어요. 다른 질문?"

"이전에 강사님과 나누었던 대화에 대해서 질문을 좀 드릴게요."

안드레아가 말했다.

"만약 사도들과 하나님의 사람들이 강사님이 말씀하신 대로 아주 일찍부터 이 책들을 받아들였다면 왜 이것들을 한 권으로 묶는 데 그렇게 오랜 시간이 걸린 거죠?"

"안드레아, 나도 모든 문제에 대한 답을 가지고 있는 것은 아니에요. 하지만 합리적으로 추론해 볼 수는 있어요. 우선 이 이야기의 배경으로 391년에 있었던 히포 회의에 이르러서야 통일된 교회가 지금 우리가 가지고 있는 정경을 인정했다는 것을 알아두세요. 안드레아, 신약 정경이 지금의 성경에 이르기까지 거의 3세기가 걸린 데에는 한 가지 실제적인 이유가 있었어요. 지금의 책들과는 달리 두루마리로 된 책은 굉장히 부피가 컸죠. 그래서 모든 책을 한 장소에 보관하는 것이 힘들었어요. 가장 학식이 높다는 사람들도 겨우 두루마리 몇 개를 가지고 있을 정도였죠. 수천 권의 책들을 킨들에 넣고 다닐 수 있는 지금에 비하면 참 꿈과 같은 이야기죠.

이런 까닭에 초기의 그리스도인들에게 신약성경 27권을 모두 소유한다는 것은 꿈도 꾸지 못할 일이었을 거예요. 두 번째 이유는 박해와 관련이 있어요. 313년까지 기독교는 로마제국에서 거의 불법이었어요. 초기 그리스도인들은 핍박을 피해 자주 피난했죠. 그들은 지금처럼 지역의 대학교에서 회의를 개최해서 정경을 논의할 수가 없었어요. 대부분의 논의는 은밀하게 이루어졌고 그들은 조심스럽게 두루마리들을 숨겨서 보관해야 했죠.

초기부터 그리스도인들은 4복음서들과 사도행전, 바울의 서신들을 정경으로 받아들인 것처럼 보여요. 2세기 중반에 만들어진 것으로 보이는 무라토리 정경Fragment of Muratori을 보면 23권의 신약성경의 책들과 이레니우스의 글, 2세기 초의 글들, 신약성경 27권 중 24권에서 인용한 글들이 들어 있어요. 첫 3세기 동안 몇 명의 신학자들은 유다서나 요한이서, 삼서 등의 크기가 작은 책들에 의문을 가지고 있었죠. 하지만 4세기에 교회 지도자들이 마침내 그런 문제를 공론화했을 때 하나님의 영감을 받아 쓰인 책들이 어떤 것인지 모두에게 명백해 보였어요. 가이슬러가 설명하듯이 '모든 증거가 한 테이블 위에 올려졌을 때 27권의 신약성경의 책들은 모두가, 그리고 그 책들만이 진정한 하나님의 말씀으로 인식되었다'는 것이죠.[69]

정경에 대한 설명을 잠시 더 한 후에 마지막 보고서에 들어가야 할 사항들을 알려준 후 자말은 수업을 마쳤다. 닉은 안드레아와 같이 강의실을 나왔다.

"오늘 수업 들은 느낌이 어때?"

"한 잔 해야 할 것 같아."

"그럼 커피하우스에 가서 커피 한 잔 하면서 이야기를 좀 할까?"

"아니, 그런 말이 아니고. 내 말은, 자말 선배의 이야기는 정말 설득력이 있어. 하지만 지금은 더 이상 그 생각을 하기는 싫어. 만약 그가 해준 말들이 다 사실이라면 그건 나한테는 진짜 천지가 뒤집힐 만한 일이거든!"

안드레아를 압박하는 대신 닉은 성령님이 나머지 일을 하시도록 기도하기로 했다.

21
페터슨 교수를 위로하다

포틀랜드에서 거행된 페터슨 교수의 누이, 바바라 페터슨의 추도식장에는 추모객들로 발들일 틈이 없을 지경이었다. 추도예배의 설교는 그녀가 출석하던 장로교회의 목사가 맡았다. 앞줄에 앉아 슬픔에 잠긴 가족들을 쳐다보며 목사가 입을 떼었다.

"고인의 가족 되시는 루스, 윌리엄, 제가 말씀 드리고 싶은 것은 바바라 페터슨이 여러분을 모두 진정으로 사랑했다는 것입니다. 페터슨 교수님, 바바라는 언젠가 제게 자신이 어렸을 때 형제자매가 모두 어울려 자전거를 타던 추억과 만우절에 오빠를 속여 먹은 일들을 웃으며 이야기해 준 적이 있었습니다. 윌리엄, 루스, 두 사람을 위해 매일 기도했노라고 바바라가 전해 달라고 하더군요."

시선을 들어 나머지 추모객들을 쳐다보며 목사가 말했다.

"바바라는 평생 독신으로 지냈고 그래서 자신의 아이들은 한 명도 없지만 그녀가 낳은 영적 자손들은 수없이 많습니다. 지금 이곳에 앉을 자리가 모자라 많은 사람들이 뒷자리에 서 있어야만 하는 것을 보아도 그녀가 어떤 삶을 살아 왔는지 알 수 있을 것입니다. 그녀는 말하곤 했습니다. '제 생명은 제 것이 아니에요. 저는 예수님의 소유입니다.' 지난 6년 동안 그녀는 매해 여름마다 두 달 동안 나이지리아에서 고아들을 돌보며 보냈습니다. 그녀를 만난 영혼들은 하나님과 더 가까워지게 되었습니다. 그녀가 하늘로 가기 전 제가 추도식에서 어떤 말을 했으면 좋겠냐고 물은 적이 있었습니다. 그녀는 '예수님과 그분의 부활을 통해 우리가 갖게 된 희망'에 대해 설교해 달라고 했습니다. 그래서 저는 오늘 사도 바울이 고린도 교회에 보낸 첫 번째 서신인 고린도전서 15장 말씀을 읽겠습니다."

> 이 썩을 것이 반드시 썩지 아니할 것을 입겠고 이 죽을 것이 죽지 아니함을 입으리로다. 이 썩을 것이 썩지 아니함을 입고 이 죽을 것이 죽지 아니함을 입을 때에는 사망을 삼키고 이기리라고 기록된 말씀이 이루어지리라. 사망아 너의 승리가 어디 있느냐 사망아 네가 쏘는 것이 어디 있느냐 사망

이 쏘는 것은 죄요 죄의 권능은 율법이라. 우리 주 예수 그리스도로 말미암아 우리에게 승리를 주시는 하나님께 감사하노니."⁷⁰

손수건으로 눈물을 훔치던 페터슨 교수가 눈을 돌려 참석한 사람들을 훑어보았다. 수많은 얼굴을 가로지르던 그의 눈이 뒤에 서 있는 한 무리의 사람들에게로 향했다.

'이 많은 사람들이 모두 어디에서 온 거지? 잠깐, 저게 누구야? 말도 안 돼!'

눈을 가늘게 뜨고 좀 더 자세히 쳐다보았다. 그가 잘못 본 것이 아니었다.

'세상에! 텍사스에서 여기까지 일부러 왔단 말인가?'

한 시간 후 추모객들이 돌아가기 시작할 즈음, 닉은 페터슨 교수를 만났다.

"페터슨 교수님, 상심이 크시겠어요."

"닉, 나중에 학교에서 조의를 표해도 될 텐데 비행기를 타고 이 멀리까지 왔나? 학교 수업은 어떻게 하고."

"교수님, 교수님은 제게 많은 것을 베풀어 주셨어요. 지난 학기만 해도 교수님과 사모님께서 저녁식사에 저와 제시카를 불러 주신 게 몇 번인데요. 그냥 가만히 있을 수는 없었어요. 더구나 교수님이 누이 분과 아주 가까우시다는 것을 알고 있었거든요."

"그랬지, 그 애는 내게 참 특별한 존재였어. 누이가 지금은 더 좋은 곳에 있을 것을 믿네."

닉의 얼굴에 놀란 표정이 떠올랐다.

"지금 혹시 천국을 말씀하신 거예요, 교수님? 교수님은 천국을 실제로 존재하는 것이라기보다는 단지 마음의 상태 정도로 알고 계신 줄 알고 있었는데요?"

"글쎄, 나도 정확히는 모르겠네, 닉. 하지만 만약 성인이라는 존재가 실재한다면 내 누이는 성인이라 불려도 될 만한 사람이었지. 이런 상황에서는 천국이 실제로 존재한다고 믿고 싶군."

정말 천국이 존재하기를 바라기라도 하듯, 눈물이 고인 눈으로 교수는 닉에게 윙크를 했다. 장소가 장소인 만큼 슬픔에 잠긴 교수에게 무슨 말을 해야 할지 잘 알 수 없었지만 페터슨 교수의 뜻밖의 말에 놀란 닉은 가슴에 담고 있던 말을 불쑥 내놓고 말았다.

"교수님, 천국이 진짜로 있다는 것을 교수님도 알 수 있어요. 지난 달에 저는 성경이 진짜라는 것을 알게 되었고 예수님을 따르는 삶을 살기로 했거든요. 저는 천국이 실제로 있다는 것을 확신해요."

페터슨 교수는 무슨 얘기인지 알겠다는 듯 닉의 어깨에 손을 얹었다.

"닉, 그동안 내 조교 자말과 시간을 많이 보낸 모양이군. 나도 자네만큼 자말 군을 좋아하고 존중하지만 신학적인 이야기는 학교로 가서 하도록 하세."

"죄송합니다. 교수님. 제가 쓸데없는 말을 한 것 같네요."

"아니, 괜찮네. 나도 요새 몇 가지 생각을 좀 하고 있는 중일세. 그나저나, 이 멀리까지 찾아와 주어서 너무 고맙네. 이제껏 내가 만나 온 학생들 중에 가장 마음이 따뜻한 친구 같군."

22
페터슨 교수의 후회

2주 후 페터슨 교수 부부는 댈러스로 돌아왔다. 페터슨 교수는 나머지 학기 동안 휴가를 내기로 결정했다. 며칠 후, 페터슨 교수와 그의 부인 수전은 닉과 제시카를 다시 저녁에 초대했다. 닉은 페터슨 교수에게 자신과 제시카는 더 이상 연인 관계는 아니지만 그녀가 부인과 마음이 아주 잘 맞아서 교수의 초대에 같이 응하는 게 전혀 부담스럽지 않다고 말했다. 식사를 하는 동안 대화를 나누다가 고인이 된 교수의 누이 바바라로 화제가 옮아갔다.

"나는 우리 시누이만큼 자신의 믿음을 삶으로 살아 낸 사람을 본 적이 없어요."

수전이 말했다.

"그녀는 자신의 삶을 아프리카의 고아들에게 바쳤죠."

"누이는 진짜로 아름다운 마음을 가진 사람이었지."

교수가 그릴에 구운 닭을 한 입 베어 물며 말했다.

"신념은 또 얼마나 대단했는지. 닉과 제시카도 우리 시누이가 남편에게 이야기하는 것을 한번 보았더라면 참 좋았을 텐데. 시누이는 남편을 아주 사랑했어요. 그래서 기회만 있으면 마음속에 품고 있던 이야기를 남편에게 꺼내 놓곤 했지요."

"무슨 이야기였는데요?"

닉이 웃으며 물었다. 그러자 수전이 웃음을 참으며 말했다.

"그냥, 믿음이란 문제를 가지고 두 사람이 아주 생기 있는 토론을 벌이곤 했다는 정도로 해두죠. 비록 우리가 그녀와는 반대 입장이기는 했지만 그녀와 토론하는 건 정말 재미있었어요. 정말 그녀가 그리울 거예요."

"이제 생각해 보니 그녀의 말이 내가 생각했던 것보다 옳았을 수도 있다는 생각이 들어요."

페터슨 교수가 말을 받았다.

"뒤늦은 이야기지만 누이에게 좀 더 다정하게 대하지 못한 게 후회가 많이 되오. 특히 우리가 다른 복음서들에 관해 이야기를 나누었을 때 말이오."

"어떤 이야기를 나누셨는데요?"

제시카가 물었다.

"나도 사실은 다른 복음서들이 4복음서만큼 믿을 만하다고 생각하지 않았거든. 그런데 나는 그때 내가 누이보다 더 박식하다는 것을 증명해 보이고 싶었던 것 같아. 누이의 견해가 너무 편협해 보이기도 했고."

닉이 포크를 내려놓았다.

"교수님이 첫 수업시간에 신약에 있는 복음서들보다 다른 복음서들이 더 신빙성이 있다고 말씀하시지 않았나요?"

"닉, 나는 성경 외의 복음서들에 오랫동안 흥미를 느껴 왔네. 하지만 그런 책들이 대부분 2, 3세기 영지주의의 영향을 많이 받은 것들이어서 그것들에 관해 논문을 쓰거나 하지는 않았지. 안식년 휴가 때 연구를 더 해본 후 그 책들의 신뢰성에 의문을 가지게 된 거야. 정직히 말하자면, 그리고 만약 신약성경의 복음서들이 정말로 맞는 말들이라면 성경엔 사후세계에 대한 암시들이 아주 많아."

"교수님들 중에 몇 분들이 자말 선배가 신약성경을 역사적으로 틀림이 없는 책이라고 가르치는 것에 반대한다는 얘길 들었는데, 교수님께서는 자말 선배의 주장에 완전히 반대하시는 입장은 아니군요?"

"자말에게 그 일을 맡겼을 때 나는 어떤 일이 벌어지리라는 것을 충분히 알고 있었네. 더 솔직히 말하자면, 누이의 죽음을 겪고 나니 요샌 성경에 대한 내 생각을 다시 한 번 정리해 봐야겠다는 생각이 드는군. 영지주의의 복음서들도 연구할 가치가 있지만 그것들이 성경에 있는 4복음서의 토대를 흔든다는 것은 어불성설일세."

"어째서죠?"

제시카가 물었다.

"그럼, 다들 내 서재로 자리를 옮길까? 내가 몇 가지 보여줄 게 있네."

23
다른 종류의 복음서들

저녁 식사를 마치고 일행은 페터슨 교수의 서재로 자리를 옮겼다.

"와, 서재가 엄청 크네요!"

책들이 빽빽하게 꽂힌 서가를 둘러보며 닉이 탄성을 질렀다.

"이쪽에 영지주의 복음서들의 사본이 있네."

페터슨 교수가 말했다.

"이들 중 진리의 복음서, 도마복음서, 빌립복음서, 애굽인 복음서, 마리아 복음서 같은 책들은 1977년에 영어로 출판된 나그함마디 문서 Nag Hammadi library에 포함되어 있지.

"영지주의라는 게 정확히 뭐죠?"

제시카가 박사에게 물었다.

"영지주의는 비밀스런 지식을 통해 구원을 얻으려는 철학사조일세. 엄격히 말하자면 사실은 단순히 하나의 사조는 아니지. 영지주의의 저술들 가운데 가장 인기 있는 것들로는 도마복음서와 '도마에 의한 유년기 복음'을 들 수 있지. 여기 그 책들을 모아 놓은 것이 있네. 한번 구경들 하게나."[71]

페터슨 교수가 대답했다. 그는 조그만 책을 집어 제시카에게 건네 주었다. 제시카는 페이지를 넘기며 책을 살펴보았다. 미소를 띤 얼굴로 교수가 말했다.

"망설이지 말고 몇 줄을 크게 한 번 읽어 보게나, 닉."

"예수께서 말씀하시되, '사람에게 먹히는 사자에게 복이 있을지니 이는 그 사자가 사람이 됨이라. 사자에게 잡아먹히는 사람은 저주를 받을지니 이는 그 사자가 사람이 됨이라.'"[72]

"이게 무슨 말이죠? 전혀 이해가 되지 않는데요?"

닉이 말했다.

"마침 자네가 그 말을 하니 참 재미있군, 닉. 사실 나도 자네와 같은 생각이네. 몇 년 전에 이런 주제로 프린스턴의 학자 한 분과 함께 강의를 해달라는 초청을 받은 적이 있었지. 재미있던 것은 청중 중에 있던 꽤 많은 페미니스트 신학자들이 영지주의의 복음서들은 성경의 복음서들보다 여성들을 더 존중한다는 견해를 받아들이고 있다는 것이었지. 당시에는 나도 그들의 의견에 동의했지만 왠지 그렇게 딱 맞아떨어지는 느껌은 아니었어. 제시카, 내가 보여 줄 게 있네. 도마복음서의 마지막 부분을, 여기 있군! 좀 읽어 보게나."

책을 받아 든 제시카가 큰 소리로 읽기 시작했다.

"시몬 베드로가 그들에게 말했다. '우리들 중에서 마리아를 가게 하자, 여자들은 살 가치가 없으니까.' 예수님이 말씀하시되 '보라, 내가 그녀를 인도하여 그녀가 너희 남자들처럼 살아 있는 영이 되도록 남자로 만들겠다. 스스로를 남자로 만드는 여자들마다 천국에 들어갈 것이다.'"[73]

제시카는 책을 읽다가 멈췄다.

"교수님께서 무슨 말씀을 하시는 건지 감이 오네요. 세상에, 천국에 들어가려면 저도 남자가 되어야겠어요."

"이런 복음서들은 언제 쓰인 거죠?"

닉이 물었다.

"좋은 질문이네, 닉. 사도 도마가 진짜로 도마복음서를 썼다고 생각하는 사람은 아무도 없지. 학자들은 도마복음이 2세기가 시작된 한참 후에 쓰였다고 생각한다네. 도마에 의한 유년기 복음도 그보다 빠르지는 않을 것으로 추정되고 심지어는 작성 시기를 3세기로 잡는 사람들도 있지."[74]

"그럼, 예수님의 생애 후 거의 100년이 지난 다음이겠네요?"

"적어도 그 정도는 되었겠지."

페터슨 교수가 고개를 끄덕였다. 수전 페터슨 여사가 후식이 준비되었다고 알려줬다.

"체리파이와 커피를 준비해 놨어요."

"맛있겠네요."

닉이 말했다.

24
새로운 장

"정말 맛있어요."

제시카가 파이를 한 입 문 채 말했다. 닉은 게눈 감추듯 자신의 파이를 해치우곤 말문을 열었다.

"그런데 교수님, 잘 이해가 안 되어서요. 작년 가을에 교수님이 추천해 주신 바트 어만 같은 학자들이 쓴 책과 교수님의 강의를 듣고 난 후 저는 성경에 대해 심각한 회의가 들었거든요. 하지만 자말 선배와 지난 몇 달 동안 이 문제를 연구하고 댈러스, 리디머, 사우스웨스턴 신학교의 교수님들과 이야기를 해본 결과 저는 신약성경이 역사적으로 믿을 만한 책이라고 확신을 갖게 되었어요. 일단 성경책을 믿을 만하다고 생각하니까 인간 예수 그리스도와 십자가, 부활에 대해 다시 생각할 필요가 느껴졌고요. 교수님께서는 예수님이 교수님의 죄 때문에 십자가에서 돌아가시고 다시 살아나신 하나님의 아들이라는 것을 믿으시나요?"

"글쎄, 아직 거기까지는 잘 모르겠네."

페터슨 교수가 대답했다.

"교수님, 그냥 믿으시기만 하면 돼요. 구원은 우리의 노력으로 얻는 것이 아니라 예수님의 신성과 그분의 돌아가심, 부활을 믿음으로 하나님께서 은총으로 허락하시는 것이니까요."

"글쎄, 그게 그렇게 간단하지가 않다네."

"아니에요. 교수님! 복잡할 게 하나도 없어요!"

닉이 확신에 찬 목소리로 대답했다.

"교수님이 누이는 천국에 있을 거라고 말씀하셨어요. 천국은 어떻게 믿으시는 거죠?"

문득, 자신이 교수에게 너무 무례한 것은 아닌지 염려가 된 닉은 말을 멈췄다.

"사실, 나보다는 우리 집사람이 성경이나 교회에 대해서는 긍정적인 입장이지. 나는 아직도 지적으로 납득이 가지 않는 몇 가지 점들과 씨름하고 있다네. 그렇다고 내가 수업 시간에 당혹감을 표시할 수는 없잖은가?"

"힘들어하시는 문제가 정확히 어떤 거예요?"

닉은 페터슨 교수가 자신이 감당할 수 없는 어려운 이야기를 꺼내지 않기만 바라며 질문했다.

"나는 사본들 사이의 차이점들이 계속 마음에 걸리는군."

"그건 저도 마찬가지예요. 교수님. 하지만 다니엘 월리스를 아세요? 그는 성경에 있는 원본들의 주장을 믿을 수 있다고 결론지었어요."

"물론 나도 다니엘 월리스를 잘 알고 있네. 그의 책도 모두 읽어 보았지. 닉, 나는 항상 자신의 주장을 거리낌 없이 말하고 의문이 있으면 답을 찾으려 애쓰는 자네의 태도를 높이 사 왔지. 자네를 보면 마치 젊은 날의 나를 보는 것 같기도 하고 말일세."

"교수님, 자신의 죄를 회개하고 교수님을 위해 예수님께서 십자가 위에서 당하신 일을 믿으실 건가요?"

닉이 페터슨 교수를 집요하게 물고 늘어졌다. 페터슨 교수가 웃음을 터뜨렸다.

"자네는 정말 하고 싶은 말이 있을 때는 물러섬이 없군. 마치 젊은 빌리 그레이엄 목사 같아."

"여보, 닉의 말에도 일리가 있어요."

수전이 말했다.

"저도 조만간 다시 성경을 읽어 봐야겠다는 생각을 하고 있었거든요. 젊었을 때는 예수님과 자주 대화를 하곤 했었죠. 그때처럼 다시 그분과 대화를 나누고 싶어요. 그래서 다시 교회를 나갈까 생각 중이에요."

닉은 대화가 옆으로 흘러가는 것을 원치 않았다.

"물론 교회에 다시 나가는 것도 중요하지요. 하지만 구원은 하나님의 은총이라는 것을 잊지 마셔야 해요. 최근에 제가 로마서에서 외운 구절이에요. '일하는 자에게는 그 삯이 은혜로 여겨지지 아니하고 보수로 여겨지거니와 일을 아니할지라도 경건하지 아니한 자를 의롭다 하시는 이를 믿는 자에게는 그의 믿음을 의로 여기시나니.[75] 페터슨 교수님, 저는 교수님이 교회사를 저보다 훨씬 잘 아시고 로마서를 헬라어로 읽으실 수도 있다는 것을 알아요. 하지만 그리스도가 교수님의 죄를 대속하시기 위해 십자가에서 돌아가셨다는 것을 믿어 보신 적은 있으세요?"

"이보게, 닉. 자네는 내가 평생 동안 연구해 온 것을 하루아침에 포기할 수 있을 것 같나?"

"저는 잘 모르죠. 하지만 성령님이 교수님의 양심을 움직이신다면 거역하지는 마세요."

"해석의 여지는 별로 없이 무조건 받아들여야만 한다고 하는 것이 너무 많아."

페터슨 교수가 한숨을 쉬었다.

"여보, 고정하세요."

수전이 말했다.

"아니, 닉도 내가 얼마나 자기를 사랑하고 아끼는지 잘 아니까 괜찮아요. 자, 다들 들어 봐요. 이제 내가 뭔가 삶의 중요한 부분을 재고하고 있다는 것을 모두 알게 되었을 거예요. 하지만 그렇다고 해서 거짓으로 그리스도인들이 말하는 예수님과 관계 맺는 척하고 싶지는 않아요. 나는 학문적으로 찾아낸 역사 속 그리스도가 그리스도인들이 신약성경에서 만나는 그리스도와 다를지도 모른다고 생각하니까."

"하지만 교수님도 신약성경이 목격자들과 목격자들을 면담한 사람들의 기록이라는 것은 알고 계시잖아요. 아닌가요?"

"닉, 이 문제는 다음에 더 이야기하도록 하지."

닉은 모처럼 찾아온 기회를 놓치고 싶지는 않았지만 페터슨 교수가 학문적으로 인정하지 않는 것을 우격다짐으로 밀어붙일 수는 없었다.

"좋아요."

닉이 미소 지으며 말했다.

"나중에 다시 말씀 드리죠."

페터슨 교수는 화제를 미국 프로농구로 돌렸고 닉과 제시카는 잠시 이야기를 나누다가 페터슨 교수의 집을 나섰다. 그동안 특별히 따로 만난 적이 없었기 때문에 닉은 그날 제시카를 데려오면서도 좀 어색한 느낌이 들었다. 교수와 이야기를 하다가 자신이 너무 목소리를 높인 것은 아닌가 걱정도 되었다. 혹시라도 그의 공격적인 질문들이 교수를 질리게 만들지는 않았을까? 감히 노학자에게 주제넘은 설교를 한 것은 아닐까? 좀 더 요령 있게 달리 말했으면 좋았을 말들이 그의 머리에 두서없이 떠올랐다. 공연히 쓸데없이 말을 많이 해서 좋은 기회를 망쳐 버린 것 같아 그는 속이 편치 않았다. 자말에게 전화를 해서 도움을 요청해야 했을까?

하지만 닉은 교수가 그에게만 들려준 개인적인, 어쩌면 다른 이들에게는 숨기고 싶었을지도 모르는 이야기를 함부로 누설할 수는 없었다. 닉은 제시카를 그녀의 아파트 앞에 내려줄 때조차 자신에 대한 실망감으로 정신이 멍한 상태였다. 잠시 후 일어날 일은 꿈에도 상상하지 못한 채.

30분 후 제시카는 미나에게 전화를 걸었다.

"선배와 하나님에 관해 이야기를 좀 하려고요."

"그래, 얼마든지."

미나가 대답했다.

"닉이 자신 때문에 내가 이런다고 생각할까 염려가 돼서 선배하고 통화를 해야 할 것 같아요. 저도 선배처럼 예수님을 믿고 싶어요."

"제시카, 일단 네 마음만 준비가 되었다면 그건 아주 간단한 일이야. 자신의 입으로 하나님께 죄를 고백하기만 하면 돼. 나를 예로 들자면 내가 처음 하나님께 기도 드릴 때 나는 내가 자기 중심적이고 교만한 수다쟁이이고 하나님보다는 남자애들과 물질을 섬긴 죄인이라고 고백했어."

"선배가 그런 삶을 살았다니 전혀 믿기지 않아요."

"말도 마. 네가 생각하는 것 이상이었으니까! 하지만 하나님의 은혜로 나는 그런 죄들로부터 자유를 얻었어. 로마서 3장 23절, '모든 사람이 죄를 범하였으매 하나님의 영광에 이르지 못하더니'란 말씀의 '모든 사람'이 바로 나와 제시카 같은 사람들이야. 몇 장 뒤에 보면 '죄의 삯은 사망이요'란 말씀도 있어. 죄가 정말 심각한 문제인 만큼 하나님께 우리의 첫걸음을 떼어놓을 때에는 진실하게 우리의 잘못을 인정하고 그분의 용서를 구해야 하는 거지."

"선배 말이 맞아요. 저는 정말 저 자신만을 위해 살았고 다른 이들에게는 못되게 굴었어요."

"제시카, 다행스러운 소식은 우리 죄가 아무리 중하다 하더라도 하나님께서는 우리를 사랑하신다는 거야. 로마서 5장 8절에 보면 '우리가 아직 죄인 되었을 때에 그리스도께서 우리를 위하여 죽으심으로 하나님께서 우리에 대한 자기의 사랑을 확증하셨느니라'란 말씀이 있지. 그리스도께서 너를 위해 돌아가시기까지 하신 거야. 그게 바로 요한복음 3장 16절의 말씀 '하나님이 세상을 이처럼 사랑하사 독생자를 주셨으니 이는 그를 믿는 자마다 멸망하지 않고 영생을 얻게 하려 하심이니라'란 말씀이 뜻하고 있는 거지."

"그 말씀, 정말 마음에 들어요."

"만약, 원한다면 지금 전화상으로 나랑 같이 기도해도 좋아. 어때?"

"좋아요."

제시카는 가슴이 두근거리고 손에 진땀이 흥건해지는 것을 느꼈다. 이제껏 살아오면서 가장 중요한 결정을 눈앞에 두고 있다고 느껴졌다. 전능하신 하나님께 어떤 말을 해야 할지 망설이는 제시카의 입에서 좀처럼 기도가 나오지 못하자 그녀의 마음을 눈치 챈 미나가 걱정을 덜어 주었다.

"제시카, 하나님께 기도할 때 완벽하려고 노력할 필요는 없어. 자신에게 다가오라고 부르시는 자애로운 하나님 아버지를 기억해. 너의 죄를 고백하고 우리를 위해 십자가를 통해 그분이 행하신 일을 인정하면서 마음에서 우러나는 대로 말씀을 드려."

"알았어요. 이제 기도를 드릴게요."

잠시 후 제시카의 꾸밈없는 목소리가 수화기에서 흘러나왔다.

"하나님, 저는 제 삶에 하나님을 모시고 싶습니다. 미나 선배의 말이 옳아요. 저는 죄인입니다. 제가 하나님의 기대를 저버리고 수도 없이 하나님을 외면했다는 것을 압니다. 거짓말을 했고 남의 뒤에서 험담을 했습니다. 술에 취했고 여러 명의 남자친구들과 잠도 잤습니다. 닉을 포함해 하나님을 믿는 사람들을 조롱하기도 했습니다. 그런데 **하나님, 저는 이제 하나님의 말씀이 사실임을 믿습니다. 저는 그리스도가 하나님의 아들이시고 예수님이 제 삶의 구원자이시자 주인 이시기를 원합니다.** 제 죄를 속하기 위해 죽으신 예수님, 고맙습니다. 미나 선배가 얘기해 줬던 우물가의 여인처럼 제게도 자비를 베풀어 주세요. 하나님, 감사합니다. 아멘."

제시카의 아파트로 단숨에 딜려온 미나는 제시카를 얼싸안았고 두 사람은 새벽 두 시가 되도록 웃음꽃을 피우며 이야기를 나누었다. 제시카는 이제껏 그녀가 가봤던 어떤 파티나 축하연보다 그 밤이 훨씬 기분이 좋았다. 그녀는 이제껏 맛볼 수 없던 깊은 평화를 느낄 수 있었다. 마치 많은 고통과 슬픔, 혼란으로 가득했던 긴 이야기에서 새로운 장을 넘긴 것 같은 기분이 들었다. 실제로도 그 밤은 "이와 같이 죄인 한 사람이 회개하면 하나님의 사자들 앞에 기쁨이 되느니라"[76]란 성경의 말씀대로 제시카에게 새로운 시작이었고 땅에서만큼 하늘에서도 큰 기쁨과 축하가 열리고 있었다.

01
상황이 달라졌어

늦은 9월, 텍사스 주 댈러스, 오팔 대학교

인도주의 자원봉사단체가 주최한 만찬에 수백 명의 학생들, 교직원들, 후원자들이 참석했다. 강당은 입추의 여지가 없이 만원이었다. 연설 순서가 되자 오팔 대학교의 명예교수이자 자원봉사단체장인 윌리엄 페터슨 교수가 열렬한 환호를 받으며 무대로 나와 강대상에 메모를 펼친 후 청중과 눈을 맞추었다.

"이렇게 과분한 환영을 해주시니 몸 둘 바를 모르겠군요. 하지만, 저보다는 이 행사를 기획한 학생들이 진짜로 치하를 받아야 할 것입니다. 잠시 후에 그들 중 한 명이 이 자리에서 발표를 할 것입니다. 그에 앞서 곧 학교에서 치러질 중요한 행사를 하나 소개하겠습니다. 우리 학교에서는 10월 8일부터 바로 이곳 웨슬리 강당에서 '역사 속의 그리스도 : 진짜 예수님, 자리에서 일어나 주시겠습니까?'란 강의를 개설하기로 했습니다. 우리 학교의 교수님 두 분을 포함한 세 분의 교수님들이 역사 속의 그리스도에 대해 여러분과 함께 탐구하고 토론할 것입니다. 놓치면 두고두고 후회할지도 모르는 강의라는 것을 말씀드립니다."

앞자리에 앉아 있던 닉은 연단 위에 앉아 있는 자말 워싱턴에게 눈짓으로 인사했다. 그는 오늘 연설을 하기로 되어 있었다. 속마음을 터놓을 수 있는 선배이자 그의 수업을 지도하고 있는 조교인 자말의 연설이 무척 기대가 되었다. 페터슨 교수는 계속해서 여름 방학 동안 세계의 여러 나라에서 고아들과 난민들을 돌보고 돌아온 학생 봉사대원들의 수고를 치하한 후, 오른편에 앉아 있던 제시카 프리슨을 연단으로 불러 여름 동안 그들이 펼친 봉사활동을 소개하도록 부탁했다. 무대를 가로질러 연단으로 걸어 나오는 제시카를 보는 닉의 가슴은 마구 방망이질치기 시작했다. 오늘따라 더욱 아름다워 보였다. 머리를 내린 모습이 좀 낯설게 느껴졌지만 최근 마라톤 연습을 열심히 한 덕분인지 그녀는 더욱 건강하고 빛나 보였다.

'그때 조금만 요령 있게 처신했더라면 여전히 그녀와 사귀고 있었을 텐데….'

그는 생각에 잠겼다.

'아마도 그때 나는 이렇게 했어야 할…, 응?'

옆자리에 앉은 친구 자렛이 생각에 빠져 있는 닉의 팔꿈치 아래로 종이쪽지를 찔러 넣었다.

"야, 이 얼간아. 침 좀 그만 흘리고 입 좀 닫아라"고 쓰여 있었다. 닉은 겸연쩍게 웃고는 다시 제시카 쪽으로 눈을 돌렸다. 다섯 달 전에 예수님을 영접한 후 그녀는 전혀 다른 사람으로 변한 것 같았다. 입만 열면 예수님에 관해 이야기했고 친구들과 어울려 술집을 전전하던 일도 그만두었다. 한번은 그녀가 좋아하는 레스토랑으로 식사하러 가자는 닉의 데이트 신청까지 거절했을 정도다. 닉은 이해할 수가 없었다. 공연히 말을 꺼냈다가 딱지를 맞은 것 같아 적잖이 속이 상했다. 제시카는 예수님을 영접하도록 도와준 닉에게 진심으로 고마워하고는 있었지만 닉의 입장에서는 제시카가 예수님과 더욱 친밀한 교제를 나누게 될수록 자신과 멀어지는 것처럼 보였다. 사실, 실제로 제시카는 항상 시간에 쫓기는 형편이었다. 지난 학기는 19학점이나 신청한 데다 여학생들의 수단 선교 프로젝트 리더도 맡았고 그것도 부족한지 마라톤 연습까지 하고 있었기 때문이다. 닉이 그녀를 만날 수 있는 시간은 주중에 한 번, '예수님 먼저'란 주제로 진행되는 캠퍼스 성경 공부 시간이 전부였다. 몇 달 전만 해도 두 사람 사이에서는 제시카보다 닉이 더 소극적이었다. 제시카가 예수님에게 좀처럼 흥미를 보이지 않았기 때문이다. 하지만 지금은 그녀가 닉을 피하는 것처럼 느껴질 정도다. 얼마나 상황이 달라졌는지 닉은 때로 어이가 없다는 생각이 들었다.

제시카는 여름방학 동안 수단으로 선교여행을 떠났던 오팔 대학교 학생들의 이야기를 마무리 지으며 발표를 끝냈다. 그녀의 이야기에 감동을 받은 청중은 우레와 같은 박수갈채를 보냈다.

페터슨 교수가 강의하는 동안에도 닉은 내내 제시카를 쳐다보며 그들이 함께한 시간들을 떠올렸다. 잠깐 둘의 눈이 마주치기도 했지만 그녀는 살짝 미소만 한 번 지어 보이고는 다시 페터슨 교수의 이야기로 빠져들었다. 그녀는 눈부시게 성장하고 있었다. 닉은 자신도 그녀보다는 수단의 어린이들을 생각하는 데 더 집중해야 하는 것은 아닐까 양심의 가책을 느꼈다.

02 전설의 록밴드, KORN을 탈퇴하다

화요일 밤, 커피하우스는 '예수님 먼저' 성경공부로 모인 200여 명의 학생들로 가득 들어찼다. 밴드와 함께 열정적인 찬양을 올린 후 사람들이 자리를 잡고 앉는 동안 닉이 연단 위로 올라갔다. 그는 검은 바탕에 흰 글씨로 선명하게 '예수님 먼저'라고 쓰인 티셔츠를 입고 있었다. 마이크를 든 닉은 확신에 찬 목소리로 말을 시작했다.

"저는 나중입니다. 그리고 여러분도 마찬가지입니다. 우리는 나중입니다. 왜냐하면 그리스도가 먼저이기 때문입니다!" 이 간단한 고백에도 학생들은 뜨거운 반응을 보냈다. 적어도 이 모임의 열정만은 알아줘야 했다.

닉은 말을 이었다.

"이번 주의 영상 자료를 보기 전에 이제껏 예수님을 묘사한 글 중에서 제일 뛰어난 것을 여러분께 읽어 드리겠습니다. 바울이 골로새 교인들에게 쓴 서신에 나오는 글입니다."

> 그는 보이지 아니하는 하나님의 형상이시요 모든 피조물보다 먼저 나신 이시니 만물이 그에게서 창조되되 하늘과 땅에서 보이는 것들과 보이지 않는 것들과 혹은 왕권들이나 주권들이나 통치자들이나 권세들이나 만물이 다 그로 말미암고 그를 위하여 창조되었고 또한 그가 만물보다 먼저 계시고 만물이 그 안에 함께 섰느니라. 그는 몸인 교회의 머리시라 그가 근본이시요 죽은 자들 가운데서 먼저 나신 이시니 이는 친히 만물의 으뜸이 되려 하심이요 아버지께서는 모든 충만으로 예수 안에 거하게 하시고 그의 십자가의 피로 화평을 이루사 만물 곧 땅에 있는 것들이나 하늘에 있는 것들이 그로 말미암아 자기와 화목하게 되기를 기뻐하심이라.[1]

닉이 성경 봉독을 마치자 제시카가 무대 위로 올라와서 대표기도를 드렸다. 기도가 아멘으로 끝을 맺자 조명이 어두워지며 '예수님 먼저' 비디오가 시작되었다. 닉은 마음 한구석에서 흥분이 느껴졌다. 이 감동적인 이야기를 보고 회원들은 어떤 반응을 보일까?

조명을 모두 끈 방에서 음산한 음악과 함께 비디오가 시작되었다. 으스스한 조명이 흰 의자에 비추더니 밴드 '콘'korn 의 전 리드기타리스트였던 브라이언 헤드 웰치Brian Head Welch의 음성이 카메라 앵글 밖에서 들리기 시작했다. 그리고 곧 어둠에 둘러싸인 채 의자에 앉아 있는 문신투성이의 그가 화면에 들어왔다. 오른쪽 눈 가장자리에 작은 십자가 문신이 있었다. 브라이언이 진지하게 이야기를 시작하자 학생들은 모두 조용히 귀를 기울였다.

"인생이 아주 행복하게 느껴질 때가 있었죠. 특히, 딸 제나가 태어났을 때는 정말 행복했어요. 평생 동안 그 행복이 지속될 것 같았죠. 평소 나는 스스로 '정신적인' 존재라고 생각했어요. 하지만 항상 맨정신일 수가 없었죠. 나는 나락까지 떨어졌었어요. 다시는 필로폰에 손을 대지 않겠다고 맹세했어요. 아내가 어떻게 되었는지를 내 눈으로 똑똑히 보았으니까요. 아내는 아무 감정을 느끼지 못하게 되었고 결국에는 아이까지 남겨둔 채 우릴 떠났죠. 난 아내가 차라리 죽기를 바랐어요. 아니, 내 손으로 그녀를 죽이고 싶었죠. 그녀가 쓰레기처럼 보였으니까요. 어떻게 마약이 자신을 그렇게 망치도록 내버려 둘 수가 있었던 거죠? 나는 다시는 필로폰을 하지 않을 생각이었어요. 하지만 나는 결국 매일매일 필로폰에 취해서 살아가는 처지로 다시 돌아왔죠. 아내에게 일어났던 모든 일들이 내게 그대로 벌어지고 있었죠. 나는 상상할 수도 없었던 수렁으로 빠졌어요. 아이와 있을 때조차 마약에 취해 있었어요. 마약이 없으면 아예 거동을 못했으니까요. 아침에 일어나서 피넛버터와 젤리를 바른 샌드위치를 한 조각 먹고는 필로폰을 들이마시고 아이를 학교에 데려다 줬죠. 말 그대로 마약 중독자였어요. 내 삶은 나 자신도 어떻게 손을 쓸 수 없을 정도로 망가져 가고 있었어요. 언젠가 연주 여행에 딸 제나가 따라온 적이 있었죠. 그런데 어느 날 보니, 제나가 마당에서 뛰어놀면서 우리 그룹이 부르던 '하루 종일 나는 섹스를 꿈꾸지'란 노래를 따라하고 있더군요. 그 순간 정신이 번쩍 들었죠. '내가 지금 뭘 하는 거지? 나는 마약쟁이인데다 내 딸은 하루 종일 섹스를 꿈꾼다는 노래나 부르고 있고, 이대로 가다가는 아마 나는 제 명을 다 살지도 못할 거야.'"

브라이언은 계속 말을 이었다.

"그리고 내가 알고 지내던 부동산 중개업자인 에릭이 내게 이런 말을 해주더군요. '브라이언, 내 말을 오해하거나 이상하게 듣지 않았으면 좋겠어. 그냥 너를 생각하니까 문득 이 성경 말씀이 떠올라서 말해 주는 것뿐이야. 나도 이제까지 이런 말을 해본 적이 없어서 어떻게 말을 꺼내야 하는지도 잘 모르겠어. 하지만 이 말이 네게 의미가 있을 것 같아. 마태복음 11장 28절 말씀이야.'

수고하고 무거운 짐 진 자들아 다 내게로 오라 내가 너희를 쉬게 하리라.

나는 지금도 그 순간이 기억이 나요. '수고하고 무거운 짐'이 무슨 말인지 알아보기 위해 사전을 뒤져보았죠. 그리고는 성경을 찢어 버렸어요. 물론 나도 당시 내가 '수고하고 무거운 짐 진 사람이었고 내 영혼에 안식이 필요하다'고 인정하고 있었지만 말이죠. 진심에서 우러나온 말인지 장난인지 분간이 안 갔지만 몇 주 후엔 정말로 교회에 나오라는 초대를 받았어요. 예배 시간에 그곳에서 말하는 대로 예수님을 영접하기 위해 기도를 하기는 했지만 집에 돌아갈 무렵에는 여느 때의 저와 별로 다름이 없었죠. 딸애는 들여다보지도 않고 마약부터 곱게 간 후 들이마시려다 무슨 생각에선지 기도를 했어요. '예수님, 제발 이 짓을 그만두게 해주세요. 나를 한 번 돌아봐 주세요. 내 영혼을 살펴 주세요.' 분명 무슨 일인가가 내게 일어났어요. 마치 하늘에서 아버지가 베풀어 주는 사랑 같은 게 느껴졌어요. '나는 너를 정죄하지 않는단다. 나는 너를 사랑한다. 너를 사랑한다.' 그냥 순수한 사랑이었어요. 순간적으로 하나님의 사랑이 내 안으로 들어온 거죠. 그 느낌이 너무 강렬해서 다음날로 나는 마약들을 모두 내다버리고 콘에서도 탈퇴를 했어요. 콘 활동을 그만두고 내 아이를 바르게 키우고 싶었어요. 하나님의 사랑이 내 안에 들어와서는 다시 내 아이에게로 흘러갔어요. 그 사랑이 나를 변화시켰죠. 내 마음이 새로워졌고 나는 딸에게 말했어요.

'제나야, 이제부터 아빠는 너와 함께 집에 있을 거야. 아빠는 일을 모두 그만두었어.' 딸의 얼굴이 환해지며 묻더군요.

'나를 위해요?' 그 애가 더욱 내게 특별한 존재로 느껴졌어요. 하나님께서 그 애를 사용하신 거죠. 나를 구하시기 위해, 그리고 결국엔 그 애를 구하시기 위해."[2]

방에 다시 불이 켜질 때 닉은 무대 위로 올라갔다. 그는 손에 들고 있던 작은 가죽 커버 성경에서 신중하게 말씀을 골랐다.

"아마 여러분도 자신이 모두 수고하고 무거운 짐 진 사람처럼 느껴질 겁니다. 솔직하게 말하자면 우리 모두는 지쳐 있습니다. 저도 작년만 해도 밤 늦게까지 술을 먹고 아침에는 숙취로 고생하는 생활을 반복하면서 제 삶에 심각한 회의를 느끼고 있었습니다. 아니, 지금도 저는 학업과 여가활동의 사이에서 애를 먹고 있습니다. 게다가 카페인에도 중독되어 있고요. 우리는 대부분 무거움 짐을 진다는 것, 큰 부담감을 가지고 산다는 것이 어떤 것인지 잘 알고 있습니다. 만약 여러분이 그런 처지라면 여러분이 알아야만 할 사실이 하나 있습니다. 바로, 문제를 모두 해결해야 예수님을 만날 수 있는 게 아니라는 것입니다. 방금 시청한 브라이언 헤드 웰치의 이야기에 공감하는 분들이 있을 겁니다. 마약에서 정말 벗어나기 어렵죠. 과음하는 습관도 마찬가지고요. 아니, 중독성이 있는 모든 활동이 마찬가지일 겁니다. 방금 브라이언이 자신이 어떻게 자유를 얻었는지 이야기하는 것을 들으셨으니 짐작이 갈 겁니다. 혹은, 비디오를 다 보고 난 후에도 '비록 완벽하다고는 말 못하겠지만 나는 저 친구가 겪었던 문제들과는 상관 없어. **나는 이 정도면 괜찮은 사람이고 나름대로 만족한 삶을 살고 있고 하나님을 향해서도 별로 거리낄 게 없어. 그런 내가 왜 내 삶을 예수님께 내놓아야 한다는 거지?**'라고 생각하는 사람들도 있을지 모릅니다. 몇 가지 질문을 하겠습니다. 이제까지 거짓말을 해본 적이 있으신가요?"

닉은 미소를 지었다.

"맞습니다. 저도 숱하게 거짓말을 했어요. 저와 여러분은 거짓말쟁이들입니다. 마음에 음욕을 품어 본 적은 없나요? 음탕한 마음을 품은 눈으로 누군가를 바라본 적은 없나요? 예수님께서는 음탕한 마음을 품은 사람은 이미 마음으로 간음했다고 말씀하셨습니다. 예수님을 영접하기 전까지는 저도 음란물에 둘러싸여 살았습니다. 술에 취해 자매들에게도 함부로 행동했죠. 이건 어떤가요? 이제까지 누구를 미워한 적이 있나요? 예수님은 누구든지 형제나 자매를 미워하는 사람은 마음속으로 이미 살인한 것과 마찬가지라고 말씀하십니다. 결국 우리는 모두 거짓말쟁이, 간음꾼, 살인자의 처지를 벗어날 수 없는 것입니다. 모두 마태복음 5장에 나오는 내용이니까 직접 확인해 보셔도 좋습니다. 우리는 대부분 각자 선행도 많이 하고 선한 의도를 가지고 살아갑니다. 하지만 완벽한 존재이신 그분의 선하심과 온전하심을 생각할 때 우리의 어떤 선행도 감히 비교가 될 수 없습니다. 거룩하신 하나님 앞에 설 수 있으려면 한 가지 방법밖에는 없습니다. 그분께서 여러분을 용서하게 하시는 것입니다. 바로 오늘 여러분은 그리스도를 영접할 수 있습니다. 그분은 자신의 죽음으로 여러분의 죗값을 치렀습니다. 그분이 값없이 주시는 선물을 받아들이고 그분을 최우선으로 살아가십시오. 바로 지금이 예수님에 관해 여러분이 결정을 내릴 절호의 기회입니다. 우리는 내일 일을 알 수 없습니다. 오늘 이 자리를 마친 후 귀가하는 길에 음주 운전자의 자동차에 사고를 당한다 가정합시다. 하나님 앞에 서서 당신의 일생을 돌아볼 때 당신은 의인으로 설 수 있겠습니까? 아니면 죄인으로? 당신은 천국에 갈 자신이 있습니까? 아직 예수님을 모르신다면 지금 그분과 대화를 나누시길 권합니다. 여러분의 죄를 고백하고 그분께 용서받고 여러분의 삶의 주도권을 그분께 맡기십시오. 여러분 대신 죽기까지 하신 예수님께서는 여러분을 용서하시고 여러분의 모든 죄를 깨끗이 씻어 주실 것입니다!"

03
무신론자 클럽의 공격

닉이 말을 마친 순간, 얼마 전만 해도 그와 친하게 지내며 수업도 같이 들었던 여학생 한 명이 일어서서 소리쳤다.

"닉, 그건 그저 네 생각일 뿐이야!"

모든 사람이 고개를 돌려 그 여학생을 쳐다보았다. 그녀의 밝은 색 티셔츠에는 **'결국 하나님 같은 건 없을걸? 허튼 소리 말고 인생을 즐겨라'**는 슬로건이 굵직하게 박혀 있었다. 닉은 순간적으로 당황했지만 곧 냉정을 되찾았다.

"안드레아, 여긴 웬일이야? 그리고 지금 그 말은 무슨 말이니? 너도 내가 지금 말한 사실들이 그저 내 개인의 단순한 의견이 아니라는 것을 알고 있잖아? 내가 말한 이야기는 모두 역사적인 사실과 부합하는 것들이야."

닉의 말이 끝나기 무섭게 검은 바탕에 빨간 글씨로 '무신론자'라고 쓰인 티셔츠를 입은 다른 학생 한 명이 자리에서 일어섰.

"예수는 사람이었어! 그 이상도 이하도 아니라고! 왜 그가 인류의 다른 스승들보다 낫다고 생각하는 거지?"

닉은 그를 쳐다보며 대답했다.

"네 말도 맞아. 예수님은 사람이었어. 하지만 그분은 동시에 하나님이시기도 했지. 그분은 부활하심으로 자신의 신성을 증명하셨어."

다른 학생이 소리를 질렀다.

"닉, 헛소리는 집어치워."

닉이 짜증이 섞인 목소리로 대답했다.

"우선 이름부터 밝히고 말을 할 순 없을까?"

그 학생이 아무 대답을 하지 않자 닉이 재차 질문을 했다.

"방금 나보고 헛소리를 그만두라고 한 친구, 이름을 좀 알려 줄래?"

'주님, 닉에게 지혜를 허락해 주세요.'

제시카는 마음속으로 기도했다.

"샘이다. 왜?"

그가 대답했다.

"좋아, 샘. 내 말의 어느 부분이 헛소리인지 말을 좀 해줄래?"

"예수는 그냥 사람이었을 뿐이야…. 그게 다라고. 너처럼 어수룩하고 속기 쉬운 사람들이 따르던 한낱 이상주의자였고, 바로 너 같은 사람들이 말도 안 되는 초인적인 능력을 억지로 부여해 놓은 존재, 그게 네가 말하는 예수야."

"그렇다면 왜 그렇게 많은 사람이 그에게 그런 초자연적인 능력이 있다고 말하는 것 같니?"

닉이 반박했다. 샘 대신에 무신론자 티셔츠를 입은 다른 학생이 끼어들었다.

"당시에 쓰인 책들 중 그의 신성을 언급한 책들은 얼마 되지 않아. 예수가 인기 있는 인물이었을지는 몰라도 신적인 존재는 아니었던 거지."

닉은 본격적인 흥분 상태로 접어들었다.

"너희야말로 아무 근거도 없는 주장들을 하고 있어. 그리고 나는 샘에게 질문했어."

샘이 큰 소리로 대꾸했다.

"예수는 심지어 좋은 스승도 아니었어. 어려운 말로 사람들을 미혹하고 자신의 말에 동의하지 않으면 지옥에 간다고 협박하고 정죄한, 자기도취에 빠진 얼간이였지."

닉은 샘을 쳐다보았다.

"우선, 넌 네 말에 모순이 있다는 것을 알고 있니? 예수님이 네 말대로 이상주의에 빠진 선생이고, 어려운 말로 사람들을 속이는 얼간이였다면 왜 그를 목격한 사람들이 그분의 기적들을 간증하는 걸까?"

"너는 기독교라는 미신에 빠졌을 뿐이야!"

다른 학생 하나가 흥분한 목소리로 외쳤다.

"하나님 같은 건 없어. 뱀이 말하다니! 처녀가 아기를 낳는다는 것도 그렇고. **차라리 유니콘이 있다는 사실을 믿으라고 하지 그래!**"

사태가 걷잡을 수 없이 흘러가고 있었다.

'안드레아가 모임을 방해하기 위해 무신론자 클럽의 학생들을 모두 데리고 오기라도 한 것일까?'

닉은 이런 생각까지 들었다. 그 순간 그의 머릿속에 아이디어가 하나 떠올랐다.

"좋아, 나도 왜 너희가 화를 내는지 충분히 이해할 수 있어. 나도 불가지론자의 입장에서 너희랑 똑같은 생각을 한 적이 있었으니까. 나도 하나님이라는 말조차 참기 어려울 때가 있었어. 너희의 입장을 이해해. 하지만 오늘 우리 모임에 배정된 시간이 얼마 남지 않았기 때문에 내가 제안을 하나 할게. 오늘 밤 집회에서는 더 이상 소란을 피우지 않았으면 좋겠어. 이렇게 감정적인 말싸움 대신 토론을 하자고. 마침 3주 후에 우리 모임의 인도자인 자말 워싱턴이 '역사 속의 그리스도'라는 주제로 공개토론회를 열 예정이야. 자말이 유신론자의 편에서 토론을 이끌 것이고 교회역사가인 유르겐 히츠필드 박사가 불가지론자를, 과학철학자인 프랭크 구프란 박사가 무신론자를 대표할 거야. 나는 너희를 이 토론회에 초청하겠어. 오늘은 이만 기도로 집회를 마치고 밴드와 함께 찬양을 몇 곡 한 후 일정을 마칠 거야. 그러니까 우리 모임을 존중해 주고 더 이상 소란을 일으키지 않았으면 좋겠어. 그리고 안드레아, 모임 후에 잠깐 얘기 좀 할 수 있을까?"

안드레아는 나머지 시간 동안 무표정한 얼굴로 자리를 지키다가 찬양이 끝났을 때는 이미 자리를 뜨고 없었다. 닉은 미나나 제시카, 아무라도 안드레아를 붙들고 있기를 바랐지만 그녀는 누구와도 말할 기분이 아니었던 것 같았다. 모임을 방해하려 내지른 질문들에 더 적절한 대답들을 내놓지 못한 것, 소란을 일으킨 무리들을 제대로 통제하지 못한 것에 좌절감을 느끼며 닉은 커피하우스를 나섰다. 닉이 막 차를 향해 몸을 돌렸을 때 오토바이 헬멧을 손에 든 학생이 그를 불러 세웠다.

"닉, 난 브렛이라고 해. 잠깐 이야기 좀 할 수 있어?"

"어, 그래. 물론이지!"

"아까 '예수님 먼저' 성경공부 시간에 본 비디오가 꽤 흥미롭더군. 언제 시간을 좀 내줄래? 너하고 얘기를 좀 하고 싶은데."

"그럼, 당연하지. 그런데 지금도 뭔가 할 얘기가 있는 것 같은데, 아니니?"

"우선, 내 무신론자 친구들이 오늘 무례하게 행동한 것을 사과할게. 물론 나도 미심쩍은 내용들도 많고 하고 싶은 질문들도 많았지만 그런 식으로 너희 모임을 망치지 말았어야 해."

"괜찮아. 그리스도인들도 때로는 아주 무례한 경우가 있으니까."

닉이 대답했다.

브렛은 이해해 줘서 고맙다는 듯 고개를 끄덕이며 말을 이었다.

"나는 생물학과 의예과를 복수전공하고 있어. 나름 논리적인 사고의 소유자라고 자처하고 있지. 이곳 텍사스에는 기독교라면 열광적인 반응을 보이는 아이들이 많잖아? 하지만 나는 이곳에서 성장하지 않았어. 우리 아버지는 MIT대 교수야.

어려서부터 우리에게 맹목적이고 감정적인 믿음을 피해야 한다고 가르치셨지. 브라이언 헤드 웰치의 이야기가 감동적이기는 하지만 개인적인 증언은 한계가 있는 법이야. 그런 현상을 확증편향이라고 하던가? 보통 그런 이야기들은 그리스도인들에게만 의미가 있기 마련이고 그들이 이미 믿고 있는 것을 더 굳건하게 해주는 역할을 하는 거지."

"무슨 말인지 알겠어."

닉이 대답했다.

"나도 개인적인 간증이 하나님을 옹호하는 가장 지적인 수단이라고는 생각하지 않아. 하지만 그렇다고 그것이 실제적인 가치가 없다는 주장도 틀린 말이지."

"닉, 너는 그리스도인이기 때문에 그의 간증이 네게는 의미가 있었을 거야. 하지만 나처럼 논리적이고 이성적이며 과학적인 사고방식을 가진 사람에게는 아무 의미도 없어."

닉은 커피하우스 마당에 있는 의자와 테이블을 가리켰다.

"잠깐 앉아서 얘기할까?"

04
회의주의자가 역사적 증거를 요구하다

"닉, 내겐 테레사 수녀가 신의 존재에 대해 회의를 표시하면서 사실 그녀 자신은 평생 동안 하나님의 임재를 느껴 본 적이 없다고 자인하는 비디오 자료가 있어. 내가 네게 그것을 보여 준다고 네 견해가 바뀔까? 만약 그렇지 않다면 내 얘기가 맞는 거야. 마찬가지로 리처드 도킨스가 기독교로 전향한 후 '제겐 예수님이 최우선입니다'라고 고백하는 비디오를 내게 보여 준다 해도 나로서는 별다른 느낌을 느끼지 못할 거야. 크리스토퍼 히친스Christopher Hitchens도 말했듯이 '여러 명'의 저자들이 복음서를 기록했지. 그런데 그들 모두 예수님이 십자가에서 처형된 후 수십 년이 지나서야 복음서들을 쓰기 시작했고 중요한 사건에 대해서는 각자 얘기들도 모두 달라.³ **만약 진짜로 내가 예수님을 믿게 하고 싶다면 먼저 역사적인 증거들을 제시해야 할 거야.** 물론 그런 다음에도 나는 여전히 소위 '기적들'이나 '예수님이 곧 하나님'이라는 주장은 받아들이기 힘들겠지만."

"내가 역사적인 증거를 제시한다 해도 왜 계속 회의가 들 거라 생각하는 거지?"

"왜냐하면 그건 예수님이 역사상 실제로 존재했다는 사실만을 확인하는 것이니까. 지금으로서는 그것도 아주 의심스럽지만 말이야. 버트런드 러셀Bertrand Russell도 '그리스도의 존재는 역사적으로 아주 가능성 없는 일이지만 혹여 그가 실재했다 하더라도 우리가 그에 대해 알 수 있는 것은 거의 없을 것이다'[4]라고 말한 적이 있지."

"브렛, 너도 알고 있겠지만 러셀은 수학자였지 역사가는 아니었어. 히친스도 초자연적인 것이라면 무조건 색안경을 쓰고 보기 때문에 많은 역사적인 사실을 무시하고 있다고 생각해. 하지만 히친스와 러셀이 무슨 말을 했건 그리스도가 역사적인 존재였다는 사실을 뒷받침하는 부정할 수 없는 많은 증거가 있어. 그에 대해 얼마든 너와 이야기를 나누어도 좋지만 문제는 내가 그 분야의 전문가는 아니라는 점이지. 불과 1년 전만 해도 나도 너 못지않은 회의주의자였거든. 네가 가진 모든 의문에 만족할 만한 대답을 해줄 수 없을 거야. 혹시 내 친구들 몇 명하고 대화해 볼 생각은 없니? 친구들 덕분에 작년에 내가 이런 문제들의 해답을 찾을 수 있었거든."

브렛이 헬멧을 집어 들며 말했다.

"만나보는 거야 상관없지만 무슨 근거로 그들이 너보다 더 나은 대답을 해줄 수 있다고 생각하는 거지?"

"그들은 모두 나보다 오랫동안 이 문제를 연구해 오고 있었거든. 자말은 박사과정에 있는데 학부생들도 지도하고 있어. 미나는 철학을 공부한 후 다시 법학과에 입학했는데 이미 몇 권의 책을 출간한 적이 있을 정도지. 안드레아도 그 두 사람과 친분이 있으니까 함께 올 수 있으면 좋겠어. 다음에 네가 무신론자 친구들을 데려올 때 말이야."

닉이 웃으며 말했다.

"우리는 매주 수요일 밤에 커피하우스에서 모임을 가지고 있어. 바로 내일 저녁인데 올 수 있겠니?"

"그럴 수 있을 것 같아. 무신론자 클럽에 있는 석사과정 친구들을 불러서 같이 갈게."

닉은 제시카, 자말, 미나에게 전화해서 브렛과 있었던 일의 자초지종을 이야기했다. 브렛 역시 역사학 박사과정의 스콧과 의대 3학년생인 로렌에게 전화해 수요일 모임에 참석하겠다는 확답을 받아 냈다.

05
위기의 안드레아

닉의 전화를 받은 후 제시카와 미나는 안드레아가 다음날 저녁 모임에 참석할 마음이 들 수 있도록 간절히 기도했다. 미나는 무릎을 꿇었다.

"주님, 안드레아가 자신에게 향한 당신의 크신 사랑을 깨닫게 해주세요. 당신이 친히 그녀를 아시고 그녀와의 교제를 간절히 원하신다는 것도요. 아버지, 저는 분명한 이유를 알지 못하지만 마음을 다친 안드레아는 당신을 믿지 않기로 작정했다고 합니다. 그녀의 마음과 생각을 열어 주세요. 예수님의 이름으로 기도합니다. 아멘."

지난 여름 동안 안드레아는 완전히 무신론으로 기울었고 닉, 자말, 미나, 제시카와 어울려 영적인 토론을 벌이는 일에도 흥미를 잃었다. 몇 달 전 그녀의 사촌이 세상을 떠난 것이 그녀에게 어떤 식으로든 영향을 미친 것은 아닐까 걱정되어 닉이 물어보았지만 그저 자신은 진실에 눈을 떴을 뿐이라는 대답이 돌아왔다. 닉은 그녀가 걱정이 되어 제시카, 미나와 함께 가능한 그녀와 자주 어울리려고 노력해 왔다. 2주 전, 자말의 집에서 그들과 어울려 미식축구 경기를 보던 안드레아는 아주 편안해 보였는데 그날은 그들이 하나님에 관한 대화를 별로 할 기회가 없었기 때문인지도 몰랐다.

06
무신론자 클럽과 다시 만나다

학교 앞 커피하우스는 언제나 만원이었다. 새벽 두 시에 들르더라도 공부에 몰두하고 있는 대학원생들이나 술집을 전전하다가 술을 깨기 위해 들른 학부생들을 어렵지 않게 찾아볼 수 있었다.

자말이 몇 분 늦게 모임에 도착했을 때 가게 안의 시선들이 전부 그에게 쏠렸다. 그의 수려한 얼굴을 본 여학생들이 서로 눈짓을 보내며 관심을 보였다. 커피를 받아 든 자말이 일행들의 자리로 오자 닉은 모인 사람들에게 그를 소개했다. 안드레아가 미나, 제시카와 함께 와 있었고 브렛이 그의 무신론자 친구들인 스콧과 로렌을 대동하고 참석했다. 닉은 살짝 주눅이 들었지만 그보다 오늘 나누게 될 이야기들에 대한 기대가 더 컸다.

"오늘 이 자리는 새로운 친구 브렛과 함께 역사 인물인 예수님에 관해 대화를 나누고자 마련되었습니다. 저는 그 주제에 대해 충분하고 만족할 만한 대답을 할 능력이 없어서 여기 자말 선배와 미나 누나에게 참석을 부탁했습니다. 작년에 제가 회의에 빠져 있을 때 두 사람이 도와주었거든요. 브렛, 먼저 네 이야기를 들어보는 것으로 모임을 시작하면 어떨까?"

"좋아."

자말을 쳐다보며 브렛이 입을 열었다.

"닉에게도 말했지만 버트런드 러셀이나 크리스토퍼 히친스 같은 유명한 무신론자들은 예수님의 역사성을 공개적으로 의심해 왔죠. 히친스는 예수님의 존재가 '아주 의심스럽다'[5]고 까지 말하고 있어요. 예수님이 실재했다는 것을 우리가 어떻게 알 수 있다는 거죠?"

"브렛, 좋은 질문이에요. 나는 히친스와 러셀의 생각이 틀렸다고 생각해요. 가령, 호머 같은 몇몇 고대의 인물들이 실제로 존재했는가를 논의하는 역사가들조차 대부분 예수님이 실재했다는 점은 인정하고 있어요. **소크라테스나 알렉산더 대왕, 카이사르와 같은 인물들이 존재했다고 믿는 사람은 당연히 예수님이 역사적으로 실재하셨다는 것도 믿어야만 할 거예요.** 만약 어떤 인물의 역사성이 그와 거의 같은 시대에서 작성된 여러 건의 문서들에 의해 확증된다면 예수님의 역사성은 다른 누구보다 더 확실한 증거를 가지고 있다고 할 수 있어요. 예수님의 역사성은 그리스도인들뿐만 아니라 그리스, 로마, 이스라엘의 문헌들에 의해서도 증명되고 있죠."[6]

브렛과 함께 온 의대생 로렌이 컵을 탁자에 내려놓으며 자말의 말에 끼어들었다.

"잠깐만요. 원래 그리스도인들은 항상 믿음이 중요하다고 말하지 않나요?"

그녀의 질문에 자말이 곧바로 대답하기 시작했다.

"맞아요. 로렌. 많은 그리스도인은 거의 맹목적으로 신앙생활을 하죠. 하지만 안셀무스Anselm of Canterbury나 아퀴나스처럼 위대한 기독교 사상가들 중엔 그렇지 않은 경우들도 있어요. 예수님에 대한 그들의 믿음은 실제로 일어났던 역사적 사건에 기초하고 있죠. 즉, 예수님의 부활이라는 사건 말이에요. 바울도 고린도 교회의 교인들에게 보낸 편지에서 '그리스도께서 만일 다시 살아나지 못하셨으면 우리가 전파하는 것도 헛것이요 또 너희 믿음도 헛것이며'[7]라고 밝힌 적이 있어요."

자말은 다시 자신이 하고 있었던 이야기로 되돌아갔다.

"브렛, 유명한 역사가인 오토 베츠Otto Betz는 이런 말을 했어요. '이제까지 어떤 진지한 역사가도 감히 예수의 역사성을 의심하는 사람은 없었다'[8]라고요."

"잠깐만요. 자말 선배!"

안드레아가 다시 그의 말을 끊었다.

"예수님이 실존 인물이었는지는 사실 중요하지 않아요. 문제는 그가 존재했다 하더라도 신은 아니었다는 거예요. 아주 위대한 스승이든지 아니면 광신자이든지 둘 중 하나였겠죠."

안드레아가 그동안 샘과 너무 어울려 다녔던 것 같다고 닉은 생각했다.

"좋아, 안드레아. 그럼 그 방향으로 생각을 좀 해보지. 방금 안드레아는 예수님이 위대한 스승이든지 혹은 광신자이든지 둘 중 하나일 것이라고 말했어. 우선 그분이 위대한 스승이었다고 생각해 보자고. 실제로 그분은 심원한 철학적 사고와 뛰어난 의사소통 능력을 지닌 분이었지. 초기 변증론자들은 예수님이 하신 말씀의 아름다움과 지혜가 소크라테스나 플라톤, 아리스토텔레스의 가르침보다 뛰어나다고 주장했을 정도야. 그중에도 나는 스탠퍼드 대학교의 연구원이었던 디네쉬 드소

자Dinesh D'Souza의 의견이 제일 마음에 들어. '영국에서는 셰익스피어를 가장 위대한 극작가라고 주장하지만 그의 작품을 통틀어도 예수님처럼 뛰어난 언변을 자랑하는 인물을 찾아볼 수 없다'[9] 예수님이 하신 유명한 말씀들을 생각해 봐. '그들의 열매로 그들을 알리라', '네 보물 있는 그 곳에는 네 마음도 있느니라', '우리에게 죄 지은 자를 사하여 준 것같이 우리 죄를 사하여 주시옵고', '누구든지 네 오른편 뺨을 치거든 왼편도 돌려 대며', '사람이 떡으로만 살 것이 아니라', '온유한 자는 복이 있나니 그들이 땅을 기업으로 받을 것임이요', '누구든지 제 목숨을 구원하고자 하면 잃을 것이요 누구든지 나를 위하여 제 목숨을 잃으면 찾으리라.'"[10]

박사과정을 밟고 있는 스콧이 자말의 말을 막았다.

"자말, 당신 말대로 예수님이 위대한 스승이었을지도 몰라요. 하지만 역사를 공부한 내 의견으로는 예수님을 따르는 무리들이 세상에 없었더라면 이 세상은 훨씬 살기 좋은 곳이 되었을 거예요. 기독교가 인류에게 미친 영향이라면 우선 떠오르는 게 종교전쟁, 여자와 소수민족들을 향한 증오, 과학과 학문의 억압, 이런 것들뿐이잖아요?"

"예수님의 이름으로 사악한 일들이 자행되어 왔다는 것에는 변명의 여지가 없어요."

자말이 대답했다.

"스콧, 그럼 내가 질문 하나 하죠. 당신은 인류가 선하다고 생각하나요? 혹은 원래부터 인간은 악하다고 생각하나요?"

"대부분의 경우에는 선하다고 생각해요."

스콧이 대답했다.

"내 생각엔 당신들이 믿는 신이 악한 존재일 뿐이죠."

안드레아가 그녀의 노트북 컴퓨터를 열었다.

"스콧, 나도 그 말이 맞다고 생각해요. 신과 종교가 모든 악의 근원이에요. 자말 선배, 닉, 나도 좋아하는 리처드 도킨스의 말을 한마디 읽어 줄게요. 그의 책 『만들어진 신』에 나오는 구절이에요. 아마 두 사람도 들어본 내용일 거예요. '구약에 나오는 신은 아마도 허구로 꾸며진 모든 이야기 중에서도 가장 불쾌한 존재라고 할 수 있을 것이다. 그는 질투심이 가득하며 그런 자신을 자랑스러워한다. 편협하고 공평하지 못하고 관용을 베풀지도 않았으며 인간의 모든 행동을 통제하려 든다. 당한 만큼 꼭 갚으려 하고 피에 굶주린 인종 말살자, 여성혐오자, 동성애혐오자, 인종차별주의자, 광신자, 학살자, 자식살해자의 면모를 가지고 있으며, 역병을 일으키기 좋아하고 과대망상의 소유자며 가학·피학적인 성격에 변덕이 죽 끓듯하는 악의에 찬 악당이 바로 구약에 나타난 신의 모습이다.'"[11]

미나가 그녀의 말을 받아 말문을 열었다.

"안드레아, 내 생각엔 네가 모든 인간은 기본적으로 선한 존재라고 주장하는 '신무신론자'의 주장에 동조하는 것 같은데, 어때?"

안드레아가 고개를 끄덕였다.

"만약 네 주장대로라면 네 이야기에 모순이 있는 것 아닐까? 예를 들면 도킨스의 말처럼 신이 순전히 허구적인 존재라면 종교 때문에 저질러지는 악행은 누구 책임이지? 만약 신이 존재하지 않는다면 이런 사악한 종교를 만들어 내는 인간들이 최종적인 책임을 져야 하겠지. 네 말대로 신이 허구상의 존재라면 하나님에게 화를 낼 이유도 없는 것 아니야? 그렇다면 역사를 통해 벌어진 모든 살육을 고려해 볼 때 인간이 원래 선하다는 주장을 어떻게 정당화할 수 있겠어?"

"그건 살육을 저지른 사람들이 대부분 신을 믿었기 때문이죠."

"네 말은 역사적인 사실이 아냐."

미나가 바로 대답했다.

"하지만 그 문제는 잠깐 접어두고 네 말대로 이제까지 벌어진 모든 살인을 신을 믿는 사람들이 자행했다고 치면 무신론자들이 인간에 대해 낙관할 근거도 없어지는 것 아닐까? 어떤 허구를 그들이 믿던 간에 살해를 저지르는 것은 어쨌든 사람들, 바로 인류이니까."

"내 생각엔 우리는 신이 아니라 과학을 받아들여야 한다고 생각해."

로렌이 한마디 거들었다.

"둘 다 받아들이면 안 되는 걸까?"

미나가 대답했다.

"나도 과학을 좋아하지만 과학에는 한계가 있지. 과학은 자연세계를 설명할 수는 있지만 도덕이라든가 선에 관한 간단한 질문에조차 대답을 제공하지 못해. 지난 100여 년간 과학이 발달했다고 해서 우리가 좀더 평화롭게 살 수 있게 되었니? 결코 그렇지는 않아. 모든 역사를 통틀어 인간들은 서로에게 악한 일들을 계속 행해 왔어. 스티븐 호킹 같은 무신론 과학자가 '인류가 멸망하지 않고 살아남으려면 서로에게서 떨어져서 다른 행성들로 뻗어가야만 한다'고 주장하는 것도 이런 이유에서일거야."

"그것도 괜찮은 생각이네."

안드레아가 대답했다. 미나가 바로 말을 이었다.

"좀 전에 살인을 저지르는 사람들은 대부분 신을 믿는 사람들이라는 주장에 답해 볼게. 지난 100년 간의 역사를 돌이켜보면 스탈린이나 히틀러, 모택동 같은 무신론자들의 정권이 수백만 명 이상의 사람들을 살해해 왔어. 지난 수백 년 간 종교적인 광신자들에게 희생되어 온 사람들의 수는 무신론을 주장하는 이런 악당들에게 희생된 사람들의 1퍼센트도 되지 않아.[12] 히틀러가 그리스도인이었다고 주장하는 블로거들도 있지만 그건 역사적으로 근거도 없는 주장일 뿐이고. 히틀러 자신도 '농부들을 통해 기독교를 없앨 수 있을 것이다'[13]라고 주장하기도 했었지. 그는 기독교를 발명해 냈다고 유태인들을 비난했던 사람이야."

"내 생각에도 히틀러는 진정한 그리스도인은 아니었던 것 같아."

스콧이 말을 받았다.

"블로거들은 아마 히틀러가 지은 자서전 『나의 투쟁』[14]에 나오는 한 구절, '나는 주의 일을 이루기 위해 투쟁한다'는 말을 자신들의 주장의 근거로 삼는 것 같은데 그건 대중들의 마음을 얻기 위한 히틀러의 선전에 불과했지. 물론 기독교가 존재하지 않았다면 이 세상이 훨씬 더 살기 좋은 곳이었으리라는 내 생각에는 변함이 없지만 말이야."

"그쪽이 그런 이야기를 하다니 정말 의외예요. 스콧."

미나가 그의 말에 대꾸했다.

"역사학도니까 얼마나 많은 좋은 일들이 기독교 때문에 가능했었는지도 잘 알 텐데요."

"예수와 그의 추종자들이 세상을 위해 공헌한 것은 아무것도 없어요."

안드레아가 쏘아붙이듯 말했다.

"안드레아, 그건 사실이 아니야."

미나가 그녀에게 대답했다.

"도킨스조차 과학은 종교에서 생겨 나왔다고 말하잖아? 뉴욕 대학교에서 박사학위를 받은 제임스 케네디D. James Kennedy는 그의 책에서 '만약 그리스도가 세상에 오시지 않았다면 이 세상은 지금과 아주 다른 형편없는 곳이 되었을 것이다.[15]라고 기록했어.

우선, 기독교는 인간의 삶의 가치를 향상시켰어. 예를 들면 고대 로마와 그리스 시대에서는 영아 살해가 합법이었을 뿐만 아니라 일부 지도자들이 칭송하는 일이었거든. 그런 관행을 없앤 것은 초기 교회들이었어. 기독교는 어린이들을 귀하게 여겨 왔지. 아직 태어나지 않은 아이들까지."

"그래서 낙태 반대 운동을 벌이는 거잖아요?"

로렌이 불만스럽다는 듯 입을 열었다.

"기독교는 산모의 생명 따위에는 관심이 없어요. 항상 여자들을 하찮게 여겨 왔죠."

"그건 사실이 아니에요. 로렌."

미나가 로렌을 향해 대답했다.

"만약 내 말이 틀린다면 언제라도 지적해 줘요. 스콧. 고대에는 아내가 남편의 소유였죠. 아리스토텔레스는 '여자들은 자유민과 노예의 중간쯤에 해당하는 존재'라고 말했어요. 인도의 일부 지방에서는 남편이 죽으면 아내도 산 채로 화장을 시켰죠. 로렌, 역사를 살펴보면 그런 오랜 잘못된 관습들과 생각을 버리게 된 배후에는 선교사들의 영향이 컸다는 것을 알 수 있을 거예요."

"거기에 대해 질문이 있어요."

브렛이 말했다.

"그리스도인들은 항상 다른 사람들에게 연민을 품으라고

말하죠. 하지만 미국을 건국한 사람들은 모두 그리스도인임을 자처했지만 각자 노예들을 소유하고 있었잖아요? 그건 어떻게 설명할 건가요?"

"2분짜리 대답을 원하나요? 아니면 열두 시간짜리?"

자말의 대답에 모두가 웃음을 터뜨렸고 덕분에 격렬한 토론으로 형성된 팽팽한 긴장이 좀 누그러들었다. 몇 명이 커피를 리필하러 카운터로 간 사이에 제시카는 마음속으로 안드레아를 위해 기도했다. 닉과 브렛은 화장실을 향했다.

"바쁘지 않아?"

닉이 브렛에게 물었다.

"아직은 괜찮아. 이야기가 너무 광범위하게 펼쳐지는 것 같긴 하지만 흥미진진해. 그건 그렇고 너와 같이 온 친구들은 정말 뛰어난 사람들인 것 같아. 참, 어제 그의 이름을 들었을 때 물어보려고 했는데, 혹시 자말이…."

"노터데임 대학 출신이냐고?"

닉이 말하자 브렛이 고개를 끄덕였다.

"맞아. 그 선배의 놀라운 간증을 들은 적도 있지. 물론 간증을 시간 낭비라고 생각한다면 네게 쓸데없는 얘기지만."

닉이 장난스런 표정을 짓자 브렛도 웃으며 그의 팔을 장난스레 툭 쳤다.

07
역사 속의 예수

모두가 테이블로 돌아오자 자말은 조금 전 이야기가 멈췄던 곳에서 다시 이야기를 시작했다.

"사람들은 자신에게 익숙한 상황을 편하게 여기죠. 신실한 그리스도인들이지만 온전하지 못한 사회제도 안에서 생활하고 또 그런 사회제도에 기여해 온 사람들이 항상 있게 마련이에요. 별로 자랑스러운 이야기는 아니지만 부정하지 않겠어요. 내 조상들 중에도 이곳 미국에서 노예였던 분들이 있어요. 그런 만큼 나는 이 문제를 진지하게 많이 생각해 봤죠. 하지만 더 주목해야 할 점은 그리스도인들이 노예를 소유했다는 사실보다 미국에서든 신약시대의 로마제국에서든 노예제도가 끝나게 된 데는 기독교의 역할이 컸다는 사실이에요. 예를 들자면 미국 남북전쟁 바로 전에 활동했던 영국의 복음주의 정치인 윌리엄 윌버포스는 나라 간의 노예 매매를 금지시키는 데 중요한 역할을 담당했죠. 1835년 설립된 미국의 노예폐지협회 회원들의 3분의 2는 목사들이었고요."

"그래도 나는 예수의 가르침이 여성들과 교육, 과학을 억압했다고 생각해요."

안드레아가 주장했다.

'그렇게 생각하고 싶은 거겠지.'

뻐딱한 안드레아의 말에 닉도 뻐딱하게 속으로 중얼거렸다.

'주님, 안드레아가 자신을 향한 당신의 사랑을 확신할 수 있도록 도와주세요.'

제시카는 마음속으로 기도했다. 이유를 모르겠지만 안드레아의 마음이 꽁꽁 얼어붙어 있는 것 같았다. 미나는 안드레아의 말에 대답을 하려다가 잠깐 뜸을 들였다. 자신이 안드레아의 말을 매번 공격하는 것처럼 보이기 싫었기 때문이었다. 하지만 안드레아가 근거도 없는 이야기를 하고 있는 것은 확실했다.

"너는 식민지 시대 미국에 설립되었던 123개 대학교들 중 단 한 곳만 제외하고 모두가 기독교 관련 시설이었다는 것을 알고 있니? 현대 과학을 출범시킨 케플러Johannes Kepler, 보일Robert Boyle, 파스퇴르, 뉴턴 같은 과학자들도 그리스도인들이었지. 거기서 기독교가 과학을 억압했다는 증거를 찾아볼 수 있겠어?"

"잠깐만."

닉이 약간 목소리를 높여 끼어들었다.

"미나 누나, 그리스도의 이름으로 자행된 일들이 좋건 나쁘건 간에 이쯤에서 우리는 오늘의 원래 주제, '역사속의 그리스도'로 다시 돌아가야 할 것 같아. 나는 누나와 자말 선배가 작년에 내게 설명해 주었던, 예수님이 실제로 역사 속에 존재했다는 증거를 다시 한 번 설명해 주었으면 해. 먼저, 아까 브렛이 말했던 러셀과 히친스의 말에 대답해 줄 수 있을까? 예수님께서 존재하셨다는 사실을 어떻게 알 수 있는 거지?"

"저도 동감이에요."

브렛이 말했다.

"나는 성경 말고, 예수님이 역사상의 인물이라는 다른 증거를 좀 볼 수 있었으면 좋겠어요. 조작되었다고까지는 말할 수 없을지 몰라도 나는 성경이 상당히 의심스럽거든요."

"성경 외의 다른 증거들도 얼마든지 말해 줄게요."

자말이 대답했다.

"하지만 브렛, 신약성경에 포함되어 있는 27권의 개별적인 책들을 단지 성경 안에 들어 있다고 해서 정확하지 않다고 의심하는 것은 역사학적으로 정당하지도, 옳지도 않은 편견이에요. **기독교에 회의를 품고 있다는 것과 성경이 신뢰할 수 있는 역사적인 문서라는 것은 별개의 사실**이라는 거죠."[16]

브렛이 고개를 끄덕이자 자말은 말을 이어 나갔다.

"미국 독립운동가들 중의 하나인 토마스 페인은 기독교를 멸시하는 사람이었어요. 하지만 그조차 나사렛 예수의 역사성을 문제 삼지는 않았죠. 예수님의 신성을 언급하는 성경을 신화라고 여겼지만 그는 예수님이 실제로 살아 계셨다고 주장했어요. '(예수 그리스도는) 덕망이 있고 친절한 사람이었다. 그가 설파하고 실천한 도덕은 아주 자비로운 것이었다. 비록 공자나 몇몇 그리스 철학자들, 그리고 모든 세대의 선인들이 비슷한 도덕을 주장하긴 했지만 모두 그의 도덕을 넘어서지는 못했다.'"[17]

"내가 작년에 연구 과제를 위해 조사하다 발견한 인용문인데 잠깐 읽어 볼게."

닉이 말했다.

"맨체스터 대학교의 성경비판과 주석학 교수인 신약학자 F. F. 브루스의 말이야. '어떤 작가들은 성경 속 예수가 '그리스도 신화'라는 생각으로 조롱한다. 그러나 아무 편견이 없는 역사가라면 그리스도의 역사성은 율리우스 카이사르의 역사성만큼이나 자명한 것이다. 역사가들은 '그리스도 신화'를 퍼뜨리지 않는다.'[18]"

"좋아요."

브렛이 자말에게 말했다.

"그럼 조금 전에 말했던 증거를 보여 주세요!"

자말은 기다렸다는 듯 대답했다.

"브렛, 몇 주 후 있을 토론회를 위해 내가 조사한 자료들을 우선 좀 가져왔어요. 노트북에 저장되어 있는데 괜찮다면 내가 읽어 줄 수도 있고 브렛이 읽어도 좋아요."

브렛이 어서 설명을 계속하라고 자말에게 고개를 끄덕였다. 닉은 브렛이 말보다는 행동을 중시하는 타입이란 것을 깨달았다. 그래서 오토바이를 타는 건가, 닉은 속으로 생각했다.

"좋아. 그럼 예수님의 역사성에 대한 세상 학자들의 견해부터 살펴봅시다. 여기서 세상이라는 말은 그리스도인이 아니고 유대인도 아니며 일반적으로 기독교에 대해 부정적인 견해를 가지고 있는 사람들이란 의미로 사용할게요. 먼저 코르넬리우스 타키투스의 예를 들어보죠. 그는 대여섯 명의 황제들을 지켜본 로마 역사가였어요. 고대 로마의 '가장 위대한 역사가'라고 불려 온 그는 학자들 사이에서도 도덕적으로 고결하고 선하다고 인정받는 사람이었죠."[19]

"스콧, 자말 씨가 지금 하는 말이 맞는 이야기야?"

브렛이 물었다.

"맞는 말이야."

스콧이 대답했다.

"타키투스의 가장 뛰어난 저서로는 『연대기』(Annals)와 『타키투스의 역사』가 있지. 『연대기』는 주후 14년 아우구스투스의 사망부터 68년 네로의 사망까지의 시기를, 『타키투스의 역사』는 네로의 사망부터 도미시안 황제의 사망 때까지를 다루고 있어."[20]

"누가 타키투스의 글을 좀 읽어 줄 수 있을까요?"

자말이 사람들을 향해 물었다.

"제가 할게요."

제시카가 처음으로 입을 열었다.

오늘 모임에서 그녀가 공개적으로 말하는 건 지금이 처음이었다. 자말이 그녀에게 노트북 컴퓨터를 건넸다.

사람이 할 수 있는 어떤 위로로도, 군주가 하사할 수 있는 어떤 보화로도, 신에게 바칠 수 있는 어떤 속죄 제물로도, 그는 로마 대화재의 주범이라는 오명에서 벗어날 수 없었다. 로마 시민들은 그가 화재를 일으켰다고 믿고 있었다. 그래서 그는 자신에 관한 풍문을 잠재우기 위해, 당시 끔찍한 일들을 저지른다는 의심을 받으며 사람들로부터 배척받던 그리스도인이라 불리는 사람들에게 죄를 뒤집어 씌우고 거짓 자백을 받아내려 끔찍한 고문들을 가했다. 그들의 이름이 유래한 그리스도라는 인물은 티베리우스의 행정장관 빌라도에 의해 처형되었는데 그와 관련된 유해한 미신은 얼마 동안 억압을 받아 잠잠해졌다가 본거지인 유대 지방 전역뿐만 아니라 로마 시에까지 크게 번졌다.[21]

"타키투스는 그리스도인 같지는 않네요."
제시카가 말했다.
"하지만 우리가 예배시간에 외우는 사도신경 중 '본디오 빌라도에게 고난을 받으사'란 구절을 그의 글에서 확인할 수가 있군요."
"정확한 지적이야. 제시카."
컴퓨터를 돌려받은 자말은 다른 역사가의 자료를 화면에 불러냈다.
"우리는 지금 그리스도가 역사상의 인물이라는 것을 확인하고 있는 중이에요. 기독교에 가장 적대적인 역사가들조차 그리스도에 관한 몇 가지 사실들을 인정하고 있죠. 가령 그의 죽으심 같은 사실들이에요. 2세기 그리스의 풍자작가였던 루시안은 그리스도와 그의 추종자들을 조롱했지만 자신이 조롱하는 대상들이 허구라는 주장을 한 적은 없었어요. 브렛, 루시안의 『페레그린의 죽음』(*The Death of Peregrine*)에서 나오는 이 두 페이지 중 한 부분을 읽어 줄 수 있겠어요?"

브렛이 노트북을 받아 들고 읽기 시작했다.

> 그리스도인들은 그들의 신기한 의례들을 소개하고 십자가에 못박혀 죽은 그 유명한 인물을 오늘날까지 숭배한다.[22]

"어? 여기 다음 구절에 그리스도인들이 '오도'되었다는 내용이 나오네요?"

브렛은 계속 노트북 화면의 내용을 읽었다.

> 이들 오도된 무리들은 모두 자신이 불멸의 존재들이라는 확신을 가지고 있는데 죽음을 무시한다든지, 자발적으로 자기희생을 감수한다든지 하는 행태를 보인다. 그들은 자신들에게 새 법을 부여한 이에게 깊은 감동을 받은 나머지, 기독교로 개종한 바로 그 순간부터 서로를 형제, 자매로 여기며 그리스의 신들을 부인하고 십자가에 못 박힌 그 현자를 숭배

하며 그의 법에 따라 살아간다. 그들은 이 모든 것을 믿음으로 받아들이며 마침내 세속의 모든 재물들을 귀히 여기지 않고 그것들을 단지 공동의 소유로 여긴다.[23]

"브렛, 지금 방금 읽어 준 부분을 같이 한 번 생각해 볼까요? 루시안은 그리스도를 따르는 사람들이 오도되었다고, 즉 미혹되었다고 여기고 있어요. 하지만 그는 그리스도가 십자가에 못 박힌 사실과 그를 추종하는 사람들이 그를 섬기고 서로에게 선행을 베풀었다는 역사적인 사실들을 부정하지는 않고 있죠."

노트북을 받아 든 자말은 다른 문서를 화면에 띄웠다.

"하드리아누스Hadrian 황제 당시의 로마 역사가이자 궁궐의 관리였고 황실의 연대기를 작성하던 수에토니우스Suetonius는 그의 저서 『클라우디우스의 생애』(Life of Claudius)에서 다음과 같은 기록을 남겼어요."

크레스투스Chrestus(Christus의 다른 표기)의 선동을 받은 유대인들이 계속 소란을 일으켜서 클라우디우스는 그들을 로마로부터 추방시켰다.[24]

"누가도 기원 후 49년에 일어난 이 사건을 사도행전 18장 2절에서 언급하고 있어요. 수에토니우스는 기원 후 64년, 네로

치세 하에 로마를 휩쓸었던 화재의 책임을 기독교에 뒤집어 씌워서 네로가 '사악한 신흥 미신 종교인 기독교를 믿는 사람들을 처벌했다'[25]고도 기록했죠."

"소 플리니우스가 예수에 대해 기록한 것은 읽어 보았지만 수에토니우스가 이런 내용들까지 기록했다는 건 몰랐어요."

스콧이 말했다.

"정말 흥미롭군요."

안드레아는 그게 뭐 대수냐는 듯 눈을 굴리며 옆에 앉아 있는 브렛을 쳐다봤다. 브렛이 그녀 쪽으로 몸을 기울이고 속삭였다.

"소 플리니우스가 누구지?"

"자말 선배, 소 플리니우스가 누구예요?"

안드레아가 불쑥 질문을 던졌다. 자신도 모르게 자말을 쳐다보았던 브렛은 이내 그로부터 눈길을 돌렸다. 그는 소 플리니우스가 많은 그리스도인을 살해했다는 사실을 알고 있었기 때문에 비그리스도인들이 행한 악행들을 끄집어내어 다루고 싶지는 않았다.

"응, 소 플리니우스는 기원 후 112년에 소아시아, 비두니아 지방의 총독이었던 사람이야. 그는 트라야누스Trajan 황제에게 그리스도인들을 어떻게 다루어야 할지 자문을 구하는 편지를 썼었지. 그는 편지에서 자신이 남자건 여자건 어린이들이건 눈에 띄는 대로 그리스도인들을 죽여 왔지만 무차별적으로 계속 살해하기에는 그 수가 너무 많아서 앞으로도 계속 그리스도인으로 드러나는 사람들을 모두 죽여야 할지 아니면 선별적으로 살해해야 할지 방침을 내려달라고 요청했어. 그는 그리스도인들을 트라야누스 황제의 상 앞에 절을 시키고 진짜 그리스도인들인지 여부를 판단하기 위해 그들에게 그리스도를 저주하라고 시켰다고도 했지.[26]

소 플리니우스가 심판을 받는 그리스도인들에 대해 언급하고 있는 편지에서 몇 구절을 읽어 줄게요."

> 하지만 그들은 그들의 잘못, 혹은 치명적인 실수를 시인했는데 그것은 그들이 새벽 미명, 정해진 시간에 모임을 가지고 그들의 신인 그리스도에게 찬양을 드렸다는 것이다. 그들은 사기, 도적질, 간음, 거짓 증언 등 어떤 악행도 하지 않고 그들의 신뢰를 기대하는 사람들을 저버리지 않는다는 엄숙한 맹서도 한다.[27]

08
역사 상의 자료들을 믿긴 믿는 거야?

"그게 기껏 가지고 있다는 자료들 다예요?"
로렌이 자말에게 물었다.

"그게 자료들 다냐고?"

스콧이 못마땅한 눈으로 로렌을 쳐다봤다.

"무슨 그런 말이 다 있어? 역사가 증명하는 사실들을 믿으려는 마음이 있긴 있는 거니? 무신론자도 좋고 회의주의자도 좋아. 예수가 실제로 존재했고 십자가에서 죽었다든가, 어리석은 무리였을지는 모르지만 그를 충실히 따르는 사람들이 있었다는 사실들은 인정해야 하지 않을까? 그게 그리 큰 문제니? 러셀이나 히친스, 그리고 엄정한 학문적인 수준에는 결코 이르지 못할 블로거들까지 모두 예수의 역사성을 부정하는 것은 오히려 우리에게 불리한 결과를 초래한다고 생각해. 그런 태도 때문에 마치 우리가 기본적인 조사조차 하지 않는 사람들인 것처럼 보이잖아."

"그것으로 부족한 것 같으면 몇 가지 예를 더 들어 줄게요, 로렌."

자말이 제안했다.

"그럼, 부탁할게요."

로렌이 스콧을 맞받아 노려보며 말했다.

"그리스도에 대해 처음으로 언급한 사람들 중에 기원 후 52년경의 탈루스Thallus[28]란 사람이 있어요. 그는 트로이 전쟁부터 자신의 동시대까지 지중해 동부 세계의 역사를 기록했던 사람이었는데 지금은 불행하게도 다른 사람들의 글에 인용된 형태로 부분적으로만 그의 글을 접할 수 있어요. 탈루스의 글을 인용한 작가들 중에 221년경 활동한 율리우스 아프리카누스Julius Africanus라는 기독교 저술가가 있었는데 그가 예수님이 십자가에서 돌아가신 늦은 오후에 세상을 덮었던 어둠을 묘사한 탈루스의 글을 인용했어요. 즉 3세기에 활동했던 기독교 작가 율리우스 아프리카누스를 통해 탈루스의 말을 듣는 셈이죠. 안드레아가 그 대목을 좀 읽어 줄 수 있을까?"

"아니, 사양하겠어요. 선배."

자말은 안드레아에게 미소를 짓고 자신이 직접 글을 읽기 시작했다.

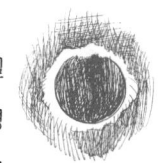

탈루스는 역사를 다룬 그의 세 번째 책에서 그 어둠을 일식 현상으로 설명했다. 하지만 일식이라고 주장한 그의 설명은 설득력이 없어 보인다. 왜냐하면 보름달 무렵에는 일식이 일어날 수 없는데, 예수님이 돌아가신 때는 유월절 보름달 무렵이었기 때문이다.[29]

"아프리카누스가 탈루스의 말을 인용한 게 무슨 의미가 있다는 거죠?"

브렛이 질문을 던졌다.

"그것은 기독교 초기의 비그리스도인이 그리스도를 언급했다는 면에서 의미가 있는 거죠. 방금 인용한 말은 예수님이 십자가에서 돌아가신 후 암흑이 대지를 덮었던 사실이 비단 성경에만 언급된 것이 아니라 비그리스도인들 사이에서도 잘 알려진 사실일뿐더러 그들 나름대로 과학적인 설명을 시도했던 현상이었다는 거예요. 즉, 탈루스는 예수님의 십자가 처형이나 그후 일어난 기이한 일들을 모두 인정하고 있는 것이죠. 그 자신도 그런 현상들에 대해 나름의 해석을 시도했고 기본적인 사실들의 존재는 의심하지 않고 있는 거예요."[30]

"새로운 사실들을 알려줘서 고마워요."

브렛이 말했다.

"신약성경 외에도 그렇게 많은 자료들이 있다는 것은 몰랐거든요. 물론 이런 자료들 어느 것도 그가 신이었다는 것, 아니 그가 선한 사람이었다는 것조차 증명해 주지는 않지만 말이죠. 신약성경에 묘사된 예수는 사람들을 함부로 정죄하는가 하면 성전에서 상인들을 채찍으로 때려 몰아내고 열매를 맺지 못한다고 무화과나무에게 저주하는 사람으로 그려져 있죠. 그가 존재했다는 사실은 이제 충분히 설명이 된 것 같아요. 하지만 그는 여전히 내가 추종하고 싶은 사람은 아니에요."

"충분히 그렇게 생각할 수도 있겠죠."

자말이 대답했다.

"우선, 지금까지 나눈 대화를 통해 그리스도가 존재했다는 역사적 사실은 확인할 수 있었다고 생각해요. 다음에는 예수님이 정말로 좋은 분이었는지. 지금 브렛이 제기한 내용들을 천천히 한 가지씩 살펴보기로 할게요."

시계를 들여다보고 시간을 확인한 브렛이 대답했다.

"좋아요."

"1세기의 이교도 작가들 중에서도 예수님을 선하게 여긴 이들이 있었어요. 그리스도인도, 유대인도 아니었고 아마도 스토아파 철학자였던 것 같은데, 시리아인 마라 바-세라피온 Mara Bar-Serapion이 감옥에 수감되어 있던 중 자신의 아들에게 지혜를 추구할 것을 당부하는 편지를 쓴 적이 있어요. 그 중에 몇 줄을 좀 읽어 볼게요. 들어보면 알겠지만 그는 예수님을 소크라테스나 피타고라스 같은 철학자들과 비교하고 있어요. 닉, 좀 읽어 줄래?"

벌써 내용이 궁금했던 닉은 선뜻 노트북 컴퓨터를 받아 들고 글을 읽기 시작했다.

소크라테스를 처형함으로써 아테네인들이 이익을 본 것이 무엇이었니? 그들이 저지른 범죄의 결과는 기근과 역병뿐이었지. 사모아 사람들이 피타고라스를 화형에 처한 결과는? 얼마 지나지 않아 그들의 땅은 모래로 덮여 버렸어. 자신들의 현자 왕을 처형한 유대인들은 어떻고? 그들의 나라가 세상에서 사라졌지. 신은 그들 세 명의 현인들을 없앤 세상 사람들에게 정당한 보복을 하신 거야. 아테네인들은 기근으로 죽어갔고 사모스 섬 사람들은 바다에 휩쓸렸어. 유대인들이 살던 땅은 파괴되었고 그나마 그들은 그곳에서 살지도 못하고 쫓겨나 전 세계로 흩어졌지. 하지만 소크라테스는 영원히 죽은 게 아냐. 그는 플라톤의 가르침을 통해 계속 살아남아 있는 거야. 피타고라스도 마찬가지고. 그는 헤라의 동상을 통해 지금도 살아 있어. 유대인의 현자 왕도 그가 가르친 교훈들을 통해 여전히 우리 곁에 살아남아 있는 거야.[31]

"이런 글들에서 알 수 있는 사실은 무엇일까요?"

자말의 물음에 브렛이 대답했다.

"마라 바-세라피온은 철학자들을 좋아했던 것 같네요. 유대인들이 전 세계로 흩어졌다고 언급한 사실이나 글이 쓰인 시기가 기원 후 70년경이었다는 점, 현자 왕이 그 이전에 살아 있었다고 기록한 것을 보면 그가 말하는 '현자 왕'은 그리스도를 말하는 게 분명한 것 같아요. 다만, 예수를 소크라테스나 피타고라스와 동급으로 취급한 것을 보면 마라 바-세라피온이 그리스도인은 아니었을 것 같네요."

"나도 너와 같은 생각이야."

닉이 말했다.

"예수님이 부활을 통해 살아 계신다고 말하지 않고 그의 교훈을 통해 살아 계신다고 말한 것을 보면 네 말이 맞는 것 같아. 하지만 그는 예수님을 해친 유대인들이 신의 벌을 받았다고 생각할 만큼 예수님을 선한 사람으로 평가하고 있어. **예수님께서 실제로 살아 계셨는지 여부는 의심의 여지도 없었**

고 말이지."

안드레아가 목소리를 높였다.

"그래, 예수가 실제로 존재했다는 것이 증명되었다 치자고. 그게 뭐 대수야? 그가 실존했다는 것이 그가 신이었다는 것을 증명하는 것은 아니잖아? 가령, 처녀에게서 태어났다든지, 수많은 기적들을 일으켰다든지, 죽었다가 다시 살아났다든지. 이런 것들을 증명할 수 있냐고? 말만 많았지 오늘 새로 알게 된 사실은 하나도 없어."

그때 자말이 끼어들었다.

"안드레아, 지난 봄에 네가 내 사무실에 들렀을 때 예수님의 기적들, 특히 그분의 부활에 관한 약간의 증거들을 내가 알려줬던 거 기억하니? 괜찮다면 그때의 이야기들을 다시 반복하고 싶은데."

"어떡하죠? 난 지금 이곳을 떠나야 할 것 같은데."

브렛이 말했다.

"여자친구와 만나 저녁을 먹기로 했거든요. 어쨌든 자말, 그리스도가 실제로 세상에 있었다는 역사적인 증거들을 자세히 설명해 줘서 고마워요. 몇 주 안에 있을 토론회에도 꼭 참석할게요."

자말이 브렛과 악수를 하기 위해 일어서자 안드레아가 일어서며 말했다.

"나도 그만 가 보는 게 좋겠어요."

모임이 끝나는 분위기가 되자 사람들이 서로 작별인사를 나누었다. 안드레아는 차분하면서도 설득력 있게, 그러면서도 친절하게 브렛과 그의 친구들에게 예수님의 존재를 변호하던 자말의 모습이 새삼 인상에 남았다. 로렌이 웃으며 말했다.

"세상에, 자말. 도대체 키가 얼마나 되는 거예요?"

'로렌, 제발 그런 속이 뻔한 수작은 그만두지? 그런 여우짓은 자말 선배에게 먹히지 않는다고.'

안드레아가 마음속으로 혼자 중얼거렸다. 그녀의 무신론자 친구들조차 자말을 보면 항상 호감을 표시하곤 했다.

"2미터가 조금 못 돼요. 텍사스에서는 평균 키죠, 뭐. 여러분, 언제 시간 나면 여기서 한 번 더 만나는 건 어때요? 3주 후에 있을 토론회에서도 모두 볼 수 있었으면 더 좋겠고요."

"그 얘기는 벌써 우리 무신론자 모임에 공지해 놓았어요."

"고마워요, 브렛. 그리고 만나서 반가웠어요. 브렛, 스콧, 로렌. 시간을 내줘서 고마워, 안드레아."

09
자말의 토론회

안드레아는 그리스도에 대한 그녀의 마음을 정할 수 없었다. 지난 1년 동안 닉과 제시카가 예수님을 영접하고 헌신적인 삶을 살고 있는 것도 실감나지 않았다. 사실 동정녀 탄생이라든가 예수님의 신성, 부활 등의 문제보다는 예수님만이 유일한 구원의 길이라는 주장이 받아들이기 어려웠다. 그렇다면 미처 복음을 듣지도 못하고 죽는 아기들은 구원을 얻지 못한다는 것일까? 예수님을 알지 못했다는 이유만으로 아기들이 지옥에 떨어진다는 것은 잘못돼도 뭔가 크게 잘못된 것이다.

적어도 지적으로는 정직한 사람들이 모여 있겠거니 하는 기대를 가지고 무신론자 클럽을 찾아갔지만 안드레아는 그곳에서도 구성원들끼리 갈등과 모순을 겪는 것을 목격했다. 최근에는 그녀가 따르던 교수였던 윌리엄 페터슨 교수조차 기독교에 대해 좀더 포용적인 자세를 보이고 있었다. 그가 자말의 의견을 들으면 어떤 반응을 보일지, 오늘 밤 열릴 히츠필드 박사와 구프란 박사의 토론회 때 그가 자말에게 어떤 질문들을 할지 궁금했다.

늦게 도착한 안드레아는 웨슬리 강당 근처에 주차할 곳을 찾을 수가 없었다. 마침내 그녀가 강당에 도착했을 때엔 이미 토론회가 시작된 지 40분이 지난 후였고 비어 있는 좌석 하나 보이지 않았다.

"세상에!"

그녀가 혼잣말로 중얼거렸다. 좌석 맨 앞줄에 닉, 미나, 제시카가, 그들의 바로 뒷줄에 그녀의 친구들인 브렛, 로렌, 스콧이 함께 자리 잡고 앉아 있는 것이 보였다. 무대에서는 페터슨 교수가 발표자들 중 한 명으로부터 마이크를 건네받으며 악수를 나누고 있었다.

"고맙습니다. 히츠필드 박사님. 이번에는 자말 워싱턴을 소개합니다. 자말, 예수님에 관한 증언들의 역사적 신빙성에 관한 히츠필드 박사의 주장에 답변할 시간을 15분 주겠습니다."

검은 양복에 근사한 안경을 낀 자말이 마이크 앞으로 나섰다. 운동으로 다져진 그의 몸매와 학자 풍의 태도는 자연스럽게 강당을 압도했다. 이러니 친구들이 모두 그에게 홀딱 반할 만도 하다고 안드레아는 생각했다.

짧은 인사말을 마친 후 자말은 바로 대답을 시작했다.

"히츠필드 박사님, 그 자료들에 초기 그리스도인들이 박해받은 사실들이 담겨 있다는 것까지는 인정하지만 예수님이 살아 계셨고 십자가에서 처형 당하신 후 다시 부활해서 많은 사람 앞에 나타나셨다는 내용을 담고 있기 때문에 그것을 역사적 자료로 인정할 수 없다는 박사님의 견해에 이의를 제기합니다. 초기 그리스도인들은 이런 일들이 실제로 벌어졌다는 것을 증거함으로써 자신들이 손해를 봤으면 봤지 이익이 되는 것이 아무것도 없었습니다. 이런 이유로도 그들의 주장은 아주 의미 깊은 역사적인 자료로 볼 수 있습니다."

자말은 청중을 향했다.

"이제 제가 드릴 말씀에 주의를 기울여 주십시오. 아주 흥미로운 대목이니까요. 성경학자들은 신약성경 안에 문자로 기록되기 전부터 구전되어 오던 초기 그리스도인들의 신앙고백의 일부가 포함되어 있다는 사실을 발견했습니다. 게리 하버마스 박사의 설명에 의하면 이들은 '기원 후 30-50년 사이에 만들어진 것으로 예수님에 관한 내용들을 담고 있기에 그 고백들은 신약성경 이전의 자료들을 담고 있는, 예수님의 생애에 관한 가장 초기의 자료들'[32]이라는 것입니다. 이들 자료들은 당시 사람들이 외워서 입에서 입으로 전해 준 것들이죠."

자말은 노트북 컴퓨터의 화면을 넘기며 잠깐 훑어보았다.

"옥스퍼드, 캠브리지, 프린스턴 대학교의 뛰어난 학자들이 찾아낸, 신약성경에 묻혀 있는 이들 신앙고백의 증거들을 살펴보자면 누가복음 24장 34절, 로마서 1장 3-4절, 로마서 4장 24-25절, 로마서 10장 9-10절, 디모데전서 3장 16절, 빌립보서 2장 6-11절, 디모데후서 2장 8절, 베드로전서 3장 18절, 요한일서 4장 2절, 고린도전서 11장 23-26절 등을 들 수 있습니다."

자말은 말을 이었다.

"아이비리그 연구소에서 가장 진보적인 학자들을 포함해서 지난 30년 동안 예수님의 부활 사건을 다룬 저자들의 90퍼센트는 고린도전서의 기록 시기를 주후 53년과 57년 사이로 잡고 있습니다. 그들은 바울이 그 책을 기록한 저자라는 사실에도 의견을 같이합니다. 미시간 주에서 박사학위를 받은 게리 하버마스 박사는 고린도전서에서 예수님의 만찬을 언급하는 대목*이 당시에 공관복음서 외의 자료들에 기초해서 이미 별도로 자리 잡고 있던 전승을 말하고 있는 것이라고 지적하기도 했습니다.[33] 예레미아스Joachim Jeremias는 이 말씀 중 '전한 것'이나 '받은 것'이란 표현은 바울이 통상 자주 사용하던 말이 아니라 랍비들의 전승을 사람들에게 전할 때 특별하게 사용하던 용어라고 주장했습니다. 그는 이런 전승은 '아주 초기, 적어도 바울 이전의 시기'에 작성된 바울 이전의 형식이라고 주장하였습니다. 즉, 바울은 그 말씀으로 '예수님 자신에 이르기까지 연원이 미치는 끊김없는 전승의 연결'을 가리키고 있는 것입니다.[34]

순전히 역사적인 관점에서 학자들은 바울이 이미 존재하던 자료들을 사용하고 있다는 것을 인정하고 있습니다. 이들 자료들의 일부는 그의 서신들보다 시간상으로 앞서는, '신앙고백'이라고 불리는 것들입니다. 고린도전서에 있는 예를 하나 들어 보겠습니다. '내가 받은 것을 먼저 너희에게 전하였노니 이는 성경대로 그리스도께서 우리 죄를 위하여 죽으시고 장사 지낸 바 되셨다가 성경대로 사흘 만에 다시 살아나사 게바에게 보이시고 후에 열두 제자에게와 그후에 오백여 형제에게 일시에 보이셨나니.'[35]

자말은 고개를 들어 페터슨 교수를 한번 쳐다본 후 히츠필

---

* 내가 너희에게 전한 것은 주께 받은 것이니 곧 주 예수께서 잡히시던 밤에 떡을 가지사 (고린도전서 11장 23절)

드 박사와 구프란 박사에게 차례로 시선을 준 후 말을 이어 나갔다.

"이런 자료들이 바울의 회심 이전에 이미 존재했다는 증거는, 바울이 11절에서 자신이 한 말은 사도들이 흔히 선언하던 내용이었다고 밝히는 데서 찾을 수 있습니다. '그러므로 나나 그들이나 이같이 전파하매 너희도 이같이 믿었느니라.'[36]

여러분, 제가 서두에서 언급한 마가복음과 마찬가지로 이 말씀들은 호머나 다른 고대의 시인들의 글처럼 윤색되어 있지 않습니다. 신앙고백을 인용한 후 바울은 예수님의 부활을 보기 전까지는 그를 믿지 않았던 예수님의 동생 야고보 등 특정인의 이름을 언급했습니다. 야고보는 왜 예수님을 갑자기 믿게 된 것일까요? 왜냐하면 그는 자신의 눈으로 목격했기 때문입니다. 바울은 계속해서 500여 명의 형제들 앞에 예수님이 나타나셨다고 덧붙였습니다. '그후에 오백여 형제에게 일시에 보이셨나니 그중에 지금까지 대다수는 살아 있고 어떤 사람은 잠들었으며.' 자, 이 부분이 중요합니다. 바울은 '신앙고백'을 소개하고 그것을 옹호하고 증인들의 말을 소개하며 증인들이 대부분 아직 살아 있다고 말하고 있습니다. 그는 '만약 내 말을 못 믿겠다면 500여 명의 증인들에게 물어보시오. 그들은 부활하신 주님을 보았다고 여러분에게 말해 줄 것입니다'라고 그의 평판을 걸고 말하고 있는 것입니다. **바울은 그**

를 따르는 무리들을 맹신으로 이끄는 것이 아니라 역사적인 사실, 예수님의 부활에 기초한 믿음으로 안내하는 것입니다. 이제 제게 주어진 시간이 다 되었습니다."

　페터슨 교수는 잠잠히 자말의 말을 경청하고 있었다. 토론의 진행자로서 그는 연사들에 대한 자신의 개인적인 감정을 노출시키지 않으려 조심하고 있었지만 내심 자말의 연설이 만족스러웠다. 그는 지난 30년 동안 예수님의 부활을 부인해 왔지만 최근에 그 사건의 근본적인 진실성에 승복했다. 자말이 방금 인용한 초기의 자료들 때문에 몇 달 전 그는 자신의 신념을 바꾸었고 그후 개인적으로 연구한 결과 예수님의 부활을 인간적인 시각으로 설명하기는 불가능하다고 확신하게 되었다. '그리스도는 사실 십자가에서 죽은 게 아니었다'거나 '제자들이 집단 환각을 일으켰다', '제자들이 그의 시신을 훔쳤다', '애초에 그리스도는 동굴에 묻히지 않았다'는 등 그리스도의 부활을 합리화하려는 많은 주장이 지금 그에겐 아무 지적인 설득력이 없었다. 페터슨 교수의 회심을 아는 유일한 사람은 그의 아내 수전뿐이었다. 그는 적당한 시기에 자신의 회심을 학생들에게도 공개할 생각이었다. 오랜 세월 동안 한창 감수성이 강한 학생들을 기만하고 결국 그리스도를 등지게 만든 것에 대한 죄책감 때문에라도 그렇게 하지 않을 수 없었다.

10
구프란 박사의 반박

피터슨 교수가 마이크를 들었다.

"자말 워싱턴 씨, 수고했습니다. 프랭크 구프란 박사님, 부활 사건에 대한 워싱턴 씨의 독창적인 변론에 반박할 수 있도록 15분의 시간을 드리겠습니다."

구프란은 거두절미하고 자말을 공격하기 시작했다.

"자말, 분명히 당신이 인용한 자료는 다시 살아난 예수님을 봤다는 아주 오래된 증언을 담고 있어요. 그 부분은 인정할게요. 하지만 최고의 교육을 받은 나 같은 사람에게 그 자료로 부활 사건이 실제로 일어났다는 사실을 확신시킬 수는 없어요. 내가 주장하고자 하는 것은 기적에 대해 그리스도와 그의 추종자들이 어떤 주장을 하건, 그것들에 관해 당신이 어떤 증거를 제시하건, **신이 존재한다든가 예수가 신이라든가 그가 죽었다가 다시 살아났다는 것은 불합리하고 비이성적인 주장이라는 거예요.**

이 문제와 관련해 저명한 철학자 데이비드 흄의 주장을 소개할게요. 그의 주장은 제가 아는 한 어떤 그리스도인에게도 제대로 반박받은 없죠. 우선 그의 글을 좀 읽고 그에 관한 제 의견을 약간 덧붙이겠어요.

기적은 자연세계의 법이 깨지는 것이다. 이런 법들은 확실하고 변경 불가능한 경험에 의해 만들어진 것이므로 자연법의 성질에 비추어 볼 때 기적이 존재하지 않는다는 증거는 상상할 수 있는 경험에 근거한 어떠한 주장만큼이나 완전하다 할 것이다. …자연계 안에서 일어나는 일은 기적이라 여겨질 수 없다. 평소 건강이 좋지 않아 보이던 사람이 갑자기 사망한다면 그것은 기적이 아니다. 왜냐하면 다른 일상적인 죽음들보다 드물기는 하지만 그런 죽음들도 가끔 발생하는 사례가 관찰되었기 때문이다. 하지만 죽은 사람이 살아난다면 이는 기적이라 할 수 있다. 그런 사례가 어느 나라, 어느 시대에도 관찰된 적이 없기 때문이다. 따라서 기적이라고 주장되는 현상들은 그것을 거스르는 일관된 경험들이 있어야만 한다. 그렇지 않다면 그것은 기적이라고 불릴 수 없다. 이런 일관된 경험들은 완전한 증거에 다름이 아니므로 기적이 일어나려면 이런 완벽한 증거가 파기되든지 혹은 더 우월한 반대 증거들에 의해 기적이 신뢰할 수 있는 영역으로 옮겨지든지 해야 한다.[37]

교수님들, 학생 여러분, 그리고 이 자리에 참석하신 여러분, 흄은 신을 믿는다고 주장하는 사람들은 자연의 질서를 믿어야만 한다고 주장해요. 그렇지 않으면 자연 질서의 예외, 즉 그들이 기적이라고 믿는 현상을 인지할 수도 없을 것이기 때문이죠. 이어서 흄은 그리스도인들이 주장하는 자연법의 교란이라는 현상이 발생할 확률은 지금까지 실제로 예외적 현상들이 발생한 가능성보다 반드시 더 작아야 한다고 말했어요.[38]

페터슨 교수님, 워싱턴 씨, 이제 청중을 위해 흄의 주장을 제가 다시 요약해 볼게요.

1. 기적은 정의상 흔치 않은 사건이다.
2. 자연세계의 법은 반복해서 일어나는 일들을 말한다.
3. 반복해서 일어나는 일은 흔치 않은 일이 발생할 가능성보다 언제나 크다.
4. 현명한 사람이라면 언제나 더 큰 가능성을 신뢰해야 할 것이다.
5. 그러므로 현명한 사람은 기적을 믿어서는 안 된다.[39]

여러분 중에 그리스도인들은 생각할 겁니다. '비록 기적에 대한 흄의 철학적인 논증이 훌륭하기는 하지만 우리는 예수님이 신이라는 것을 믿는다!' 즉, 그리스도인들이 동정녀 탄생이라든지, 뱀이 말한다든지, 예수의 부활 등을 믿는다고 할 때 그들이 내세울 수 있는 유일한 근거는 그들의 '믿음'뿐인 것 같습니다. 분명히 말씀드리지만 맹신은 지식이라고 할 수 없습니다. 맹신을 선택한 사람은 자신의 진실성을 주장할지 모르지만 지적으로 정직한 태도라고 볼 수는 없습니다. 종교 철학자 윌리엄 제임스William James는 '믿으려는 의지'라는 강의를 한 적이 있습니다. 그는 신실한 그리스도인들, 특히 마을마다 대교회들이 들어선 이곳 남부 지방에 거주하는 이들에게 큰 영향을 미친 인물처럼 보입니다. 제임스는 그리스도인들이 믿음에 의지할 수만 있다면 증거를 무시하는 것도 괜찮다고 생각했습니다. 즉, 그리스도인들이 지식이나 진리의 증거는 가지고 있지 못할지라도 신을 향한 믿음만 있다면, 그래서 가정이 평안하고 결혼생활이 순조롭고 인간관계가 충실해진다면, 믿음만 가지고 있는 것도 괜찮다는 것입니다. 저는 윌리엄 제임스의 맹신은 비논리적이라고 생각합니다. 그것을 용납할 이유도 없다고 생각합니다. 만약 그리스도인들이 진정한 자세로 삶을 살고 싶다면 그들은 이성을 믿고 오감을 신뢰하며 기적이라 불리는 일들을 부정해야 할 것입니다. 감사합니다."

11
믿지 않기 위한 더 큰 의지

연단으로 돌아온 페터슨 교수가 자말에게 말했다.

"이제는 워싱턴 씨에게 프랭크 구프란 박사의 주장에 대답할 시간을 15분 드리겠습니다."

자말이 입을 열었다.

"구프란 박사님, 수많은 기독교 철학자가 흄의 주장을 반박해 왔습니다. 로욜라 대학에서 철학박사 학위를 받은 노먼 가이슬러 박사의 주장을 인용해 보겠습니다. 그는 흄이 '일관된' 경험을 언급할 때에 그의 주장은 선결문제 요구의 오류를 범하고 있거나 특별변론의 오류에 빠져 있다고 주장했습니다. 흄은 증거를 보기 이전에 가정을 하고 있으므로 선결문제 요구의 오류를 범한 것입니다. 우리가 과거, 현재, 미래에 가능한 경험을 모두 알 수 없는 한 그의 주장대로 모든 가능한 경험이 자연의 진리를 확증한다고 우리가 어떻게 알 수 있겠습니까? 혹은, 만약 흄이 사용하는 '일관된' 경험들이라는 말이 기적을 만나보지 못한 일부 사람들의 선별적인 경험들을 의미한다면 그는 특별변론의 오류에 빠진 것입니다."[40]

자말은 말을 이어나갔다.

"가이슬러 박사의 주장에 의하면 흄은 기적의 증거들을 제대로 살펴보기보다는 기적에 대한 반대의 증거들을 그저 모아놓았을 뿐이라는 것입니다. 기껏 한두 번이나 일어날까 말까 한 부활을 부정하는 증거로서 흄은 이제까지 반복해서 일어난 모든 죽음을 대치시켜 놓았습니다. 하지만 여기에는 부활의 주인공, 가령 나사렛 예수가 부활했다는 증거를 진지하게 고려하는 과정은 결여되어 있습니다. 그저 부활이 일어나지 않은 모든 사례를 모아 예수님이 죽은 자들 가운데서 다시 살아난 증거를 압도하려는 것뿐입니다.

게다가, 그의 주장은 증거들의 양을 어떤 사건의 가능성과 동일시하고 있습니다. 그의 주장은 사실 우리는 언제나 가장 가능성이 높은 것을 믿어야만 한다는 것입니다. 하지만 이것은 어리석은 주장입니다. 이런 논리라면 어떤 사람이 골프 경기 중 홀인원을 했더라도 현명한 사람이라면 가능성이 아주 낮다는 이유만으로 그 사실을 믿지 말아야 할 것입니다. 흄이 간과한 것은 현명한 사람들은 그들의 믿음의 근거를 가능성이 아니라 사실에서 찾는다는 것입니다. 때로는 과거의 관찰에 근거할 때, 일어날 가능성이 아주 작은 사건이라 할지라도 현재의 관찰이나 증언이 명백하다면 그런 사건이 발생했다는 사실에 힘이 실릴 수 있습니다. 구프란 박사님, 데이비드 흄의 주장은 증거의 양을 증거의 질과 혼동한 것뿐입니다. **증거는 고려되어야지 합쳐져서 양으로 간주되어서는 안 됩니다.**[41]

자말은 웃으면서 페터슨 교수와 앞줄에 앉아 있는 교수진들을 바라보았다.

"지금 생각난 이야기이긴 하지만, 페터슨 교수님과 제가 지난 봄에 체이스 하인드리히 교수님과 골프를 치러 간 적이 있었습니다. 그런데 놀랍게도 하인드리히 교수님께서 그날 홀인원을 하셨죠. 여러분, 이게 믿어지십니까?"

"아니요!"

앞줄에 앉아 있던 하인드리히 교수의 동료 교수들이 소리쳤다. 청중은 하인드리히 교수를 쳐다보며 폭소를 터뜨렸다. 몇 명의 학생들은 "체이스 교수님, 최고!" 하고 고함을 질렀다. 자말이 말을 이었다.

"구프란 박사님, 박사님도 하인드리히 교수님의 골프 실력을 아신다면 아마 제 말을 믿지 못하실 겁니다. 하지만 하인드리히 교수님의 과거의 골프 성적에도 불구하고 그 자리에 있었던 두 명의 증인들이 있었기에 비록 기적 같은 일이었지만 그런 일이 발생했다는 사실에 의심의 여지가 없는 것입니다. 즉, 페터슨 교수님과 저는 하인드리히 교수님이 홀인원을 했다는 사실을 분명히 알고 있습니다. 여기서 다시 흄의 주장으로 돌아가자면, 그는 역사적인 사건이 일어날 가능성과 자연과학 법칙을 구성하는 데 과학자들이 사용하는 가능성을 혼동하고 있습니다. 시라큐스 대학교에서 박사학위를 받은 로널드 내쉬 Ronald H. Nash 박사의 글을 한 대목 읽어 보겠습니다.

> 흄의 비판자들은 그의 주장이 가능성에 대한 그릇된 견해에 기초하고 있다고 말한다. 우선, 흄은 기적 같은 역사적 사건들이 일어날 가능성을 과학의 자연법칙이 이끌어 내는 반복적인 사건들의 가능성처럼 다루고 있다. 자연법칙의 경우에서 가능성은 발생 빈도와 결부되어 있다. 비슷한 조건에서 비슷한 일들이 일어나는 경우를 더 많이 관찰할수록 그러한 사실에서 형성되는 자연법칙이 옳을 가능성이 더 큰 것이다. 하지만 기

적을 포함한 역사적인 사건들은 경우가 다르다. 역사적인 사건들은 고유하고, 반복해서 발생하지 않는다. 그러므로 과학자들이 그들의 법칙을 만드는 데 사용하는 가능성의 개념으로 기적을 포함하는 역사적인 사건들을 다루는 것은 두 대상 사이에 존재하는 본질적인 차이를 무시하는 것이다.[42]

마지막으로, 박사님께서는 윌리엄 제임스의 '믿으려는 의지'를 언급하셨지만, **제 생각엔 사실 믿지 않는 데 더 큰 의지가 필요하지 않을까 생각합니다.** 제가 이전에 말씀드렸던 마가복음과 고린도전서 15장에 드러난 예수님의 생애에 관련된 초기 신조를 비롯해 역사적으로 증명 가능한 기록들의 존재, 설화나 전설들에 윤색이 존재하지 않는다는 점, 수많은 증인들의 목격담을 고려한다면 말이죠. 게다가 사도들의 변화된 삶은 어떻게 설명해야 하겠습니까? 예수님께서 부활하셨다는 사실과 기적의 가능성을 제대로 다루려 하지 않는 것은 예수님의 부활의 역사적 증거를 회피하고 기적이 없다는 것을 의지적으로 믿으려는 태도일 뿐입니다."

잠시 말을 멈추었던 자말은 구프란 박사의 연설을 들으면서 자신이 기록했던 메모를 읽기 시작했다.

"제 말을 반박하시면서 박사님은 '자말, 분명히 당신이 인용한 자료는 다시 살아난 예수님을 봤다는 아주 오래된 증언을 담고는 있어요. 그 부분은 인정할게요. 하지만 최고의 교육을 받은 나 같은 사람에게 그 자료로 부활 사건이 실제로 일어났다는 사실을 확신시킬 수는 없어요'라고 하신 후 '내가 주장하고 싶은 것은 당신이 보여 준 증거들이나, 그리스도와 그를 추종하는 사람들의 기적에 관한 주장에도 불구하고 신이 존재한다는 것이나 예수님이 신이라는 것, 그가 죽음에서 부활했다는 것을 믿는 것은 불합리하다는 것'이라고 말씀하셨습니다. 제 생각엔 교수님은 증거를 신중하게 조사하기보다는 **초자연주의에 대한 부정으로 편향**되어 있습니다. 이것은 허심탄회한 역사적 증거의 고찰이라기보다는 신이나 기적, 부활의 부정을 '믿으려는' 태도입니다. 감사합니다."

자말이 자리로 돌아오자 강당이 떠나갈 듯한 박수가 쏟아졌다. 안드레아는 로렌과 스콧, 브렛 쪽을 쳐다보았다. 그들 역시 박수를 보내고 있었다. 인정하고 싶지는 않았지만 안드레아도 자말이 논리적으로 그의 두 논적들을 압도했다는 것을 부정할 수 없었다. 잠깐이었지만 자말의 주장이 사실은 아닐까 하는 생각이 그녀의 머리를 스쳐 지나갔다.

장내를 진정시킨 페터슨 교수는 사회자로서 중립성을 잃지 않으려 노력하며 교수들과 학생들로부터 몇 가지 추가 질문들을 받았다. 하지만 그동안에도 그는 마음속으로 자말이 제시한 역사적인 부활 사건의 증거를 다시 돌이켜 생각해 봤다. 페터슨 교수는 발표자들에게 감사를 표하고 토론 시리즈의 다음 행사를 발표한 후 참석해 준 청중에게 치하했다.

강당 뒤에서 안드레아를 발견한 미나와 제시카는 곧장 그녀 쪽으로 다가왔다.

"안드레아, 오랜만이야!"

미나가 소리를 높였다. 오래 전에 그랬듯, 그녀는 팔을 벌려 그녀를 포옹했다. 안드레아는 짐짓 무관심한 척하려 했지만 입꼬리에 미소가 걸리는 것은 어쩔 수가 없었다. 그녀도 미나와 제시카를 만난 것이 내심 반가웠던 것이다. 닉이 스콧과 로렌, 브렛에게 인사하려 다가가자 브렛이 먼저 인사했다.

"닉, 자말 선배가 말한 모든 내용에 다 동의하는 것은 아니지만 오늘의 토론만큼은 그의 압승이었다는 것을 인정해야겠어."

"압승한 것은 아니지."

로렌이 이의를 표했다. 브렛이 로렌을 쳐다보며 대답했다.

"구프란 박사는 마치 증거를 회피하면서 뭔가를 억지로 믿으려는 사람처럼 보였어"

로렌이 동의를 구하듯 스콧을 쳐다보며 물었다.

"선배 생각엔 누가 오늘 토론회에서 승리했다고 생각해요?"

"글쎄, 나는 언제나 히츠필드 교수님을 존경해 왔지만 자말이 사도 바울의 초기 신조에 사용된 말과 부활을 목격한 사람들의 이야기를 이용해서 주장한 내용은 역사적인 관점에서도 아주 설득력이 있었어. 하지만 나는 아직도 구약의 윤리나 악의 문제에 대해서는 의문의 여지가 많다고 생각해. 비록 자말이 오늘 토론회에서 승리했다 하더라도 나는 여전히 불가지론자로 남아 있어야 할 것 같아."

닉은 의외라는 듯 스콧을 쳐다보며 말했다.

"불가지론자가 아니라 무신론자 아니었어?"

"둘 다야."

스콧이 싱긋 웃으면서 겸연쩍은 듯 시선을 돌렸다.

12
페터슨 교수의 변화

"여보, 토론회를 정말 훌륭하게 이끌었어요."

수전 페터슨이 치하했다.

"고맙소, 수전."

재킷와 넥타이를 벗으며 페터슨 교수가 대답했다.

"자말이나 닉에게 당신이 예수님을 믿게 된 것을 말해 주었나요?"

수전이 남편에게 블루베리 아이스크림이 담긴 조그만 그릇을 건네며 물었다.

"아니, 아직은 말하지 않았소. 내가 회심한 사실을 알고 있는 사람은 당신뿐이에요."

"아니, 왜요?"

페터슨 교수는 망설이는 듯 잠시 아무 대답이 없었다.

"나 외엔 아직 아무에게도 말하지 않았다고요? 그리스도를 영접하겠다고 서원한 지가 벌써 한 달이 넘었잖아요?"

"그냥, 내 생각엔 지금이 적절한 시기가 아닌 것 같아서예요. 지난주에도 그렉 목사님에게 말하려고 했지만 너무 바쁘신 것 같아서 적당한 기회를 찾을 수가 없었소."

"사람들의 반응을 두려워하는 것은 아니죠? 조만간 친구 분들에게도 밝히는 편이 낫다고 생각해요. 자말과 닉은 정말 뛸 듯이 기뻐할 거예요. 물론 학교 동료 교수님들 중에서는 못마땅해 하시는 분들도 있겠지만 결국은 모두 당신의 결정을 존중해 줄 거구요. 그리고 무엇보다 중요한 것은, 하나님께서 기뻐하실 거예요. 예수님도 말씀하셨잖아요? '누구든지 사람들 앞에서 나를 인정하면 나도 하늘의 아버지 앞에서 그를 인정하리라. 하지만 누구든지 사람들 앞에서 나를 부인하면 나도 하늘의 아버지 앞에서 그를 부인하리라.'[43] 당신은 아주 오랫동안 예수님에 관한 잘못된 견해를 사람들에게 전해 왔어요. 이제라도 당신이 회심한 것을 알리고 당신이 가르쳐 온 내용들 중 잘못된 부분이 있었다고 겸손히 시인해야 한다고 생각해요. 이제부터라도 역사 속에 존재하셨던 진정한 그리스도를 선포하기 시작해야죠."

"수전, 당신의 말이 전적으로 맞소."

페터슨 교수는 두 사람의 아이스크림 그릇에 아이스크림을 덜어넣으며 잠시 말을 멈추었다가 다시 말을 시작했다.

"하지만 나는 적어도 오늘 저녁은 지나고 나서 말하려고 했어요. 토론회의 사회자로서 사람들의 관심이 내게 쏠리는 것을 피해야 했기 때문이었소. 청중이 내가 편견을 가지고 있을지 모른다는 생각을 할까 봐 걱정도 되었고. 그보다는 따로 적당한 시기에 그리스도에 대한 내 생각의 변화를 교수진들과 학생들에게 밝히는 게 나을 것 같아서…. 사실 얼마 전부터 웨슬리 강당을 예약해서 '예수님은 자신이 신이라고 주장했을까?'란 주제로 강의하면 어떨까 생각 중이오. 나는 복음이 부끄럽지도 않을뿐더러 이번 기회가 예수님에 대한 내 생각을 밝힐 좋은 기회라고 믿어요."

수전이 손을 뻗어 남편을 포옹했다.

"전 당신을 믿어요. 하나님이 당신의 간증을 들어 쓰실 거예요."

"나도 나를 비판하는 사람들이 있을 것이라는 사실을 각오하고 있소. 당신 말대로, 그렇게 오랫동안 외골수로 많은 젊은 이들을 잘못된 길로 이끌었다는 것을 생각하면 그 정도쯤 감내하는 것은 약과일지도 모르오. 다만 하나님의 은총만을 구할 수밖에."

"여보, 교회를 박해했던 다소의 사울을 사용하셔서 신약성경의 대부분을 쓰게 하신 하나님이시라면, 분명 당신에게도 지혜를 주실 거예요. 오팔 대학교에 선한 영향을 끼칠 수 있도록 말이에요."

13
제시카의 데이트

제시카가 전화를 받자 닉의 목소리가 들려왔다.

"제시카? 나야, 닉."

"응, 닉."

"지난 여름에 네가 나랑 데이트를 하고 싶지 않다고 한 말을 기억하고 있어. 그런데 혹시 그동안 마음이 바뀌어서 이번 금요일에 저녁이나 같이 먹을 수 있을까 해서."

"그래, 좋아."

"정말? 내 생각엔 멕시코 음식을 좀 먹고 라이브 클럽에 갈까 해. 밴드가 와서 공연을 한대. 거기 티켓도 두 장 있어. 어때?"

"좋아, 닉. 기대된다!"

사흘 후 제시카를 태우고 식당으로 가는 차 안에서 닉이 물었다.

"어젯밤 '예수님 먼저' 성경공부 후 자매들만 모인 토론회는 어땠어?"

"괜찮았어. 하지만 내가 성경을 한 구절 읽자 어떤 여학생이 '나는 종교 얘기, 그중에서도 예수 얘기는 정말 질색이야'라고 소리를 질렀어. 그래서 내가 '그래? 그럼 성경공부에는 왜 참석한 거니?'라고 물으니까 뭐라는 지 알아? 자기는 뱀파이어 소설 작가인 앤 라이스 팬인데 우리가 그 여자의 영화를 보여 주는 줄 알았대. 그래서 내가 재차, 그럼 그 영화에 대해서 어떤 생각을 가지고 있냐고 물어보니까 아무 대답도 못하더라고. 닉, 작년에 내가 아직 예수님을 영접하기 전에 말이야. 우리가 데이트를 하다가 네가 예수님 얘기만 꺼내면 내가 화제를 바꾸려 했던 것 기억나? 그때 내가 한 짓을 용서해 줄 수 있니?"

"제시카, 그런 일이라면 이미 오래 전에 잊었어. 다 지난 이야기잖아?"

"고마워. 그런데 참 이상하지? 왜 예수님이란 이름이 사람들을 그렇게 불편하게 하거나 아니면 화가 나게 만드는 걸까? 예수님 얘기만 나오면 화제를 바꾸려는 여자애들이 정말 많거든. 부처나 무함마드, 공자 얘기는 하루종일 해도 별로 상관들을 안 하는데 예수님이란 말만 나오면 얘기가 물 건너 가버리거든. 왜 다른 성인들의 이야기는 사람들이 불편하게 생각하지 않는 걸까?"

잠시 생각에 잠겼던 닉이 대답했다.

"내 생각엔 다른 종교의 창시자들은 자신이 신이라고 주장하지 않아서인 것 같아. 그게 예수님과 다른 성인들의 제일 큰 차이지. 다른 이들에 비하면 예수님께서는 온 세상이 깜짝 놀랄 만한 엄청난 주장을 하셨어. 자신이 그저 단순한 선지자나 선생 이상의 존재라는 것을 명확하게 밝히신 거야. 참, 이 얘기를 하니까 생각이 나는데, 너 페터슨 교수님 소식 들었니?"

"무슨 소식?"

"교수님이 그리스도인이 되셨어."

"뭐?"

제시카는 자신의 귀를 의심했다. 그녀는 페터슨 교수를 위해 거의 매일 기도해 오고 있었다.

"정말이야. 약 한 달 전쯤 예수님을 영접하셨어."

"닉, 장난치는 거 아니지? 정말 놀라운 소식이야!"

제시카는 눈시울이 뜨거워졌다.

"이렇게 빨리 기도가 응답받을 줄은 꿈에도 생각 못했어."

"난 너도 알고 있으려니 했지. 오늘 아침에는 자신이 회심한 것을 알려주는 이메일을 보내셨더라고. 3주 후에는 예수님의 신성을 주제로 특강을 여실 거래. 네가 그 소식을 몰랐다니 그게 더 놀랍다. 종교학과 학생들은 하루 종일 그 얘기만 했는데."

"교수님하고 직접 이야기는 해봤어?"

"아니, 아직. 사무실에 들러 봤더니 교수님이 자말과 골프를 친다고 하루 휴가를 내셨대. 덕분에 두 사람 모두 못 만났어."

"정말 놀라운 응답 아니니! 지난번 교수님 댁에 갔을 때 네가 담대하게 복음을 전한 게 교수님에게 영향을 미친 것 같아."

"그건 아닌 것 같고. 그날 기억나는 건 교수님께 훈계를 늘어놓은 것 같아 굉장히 죄송했던 느낌밖에 없어. 내 생각엔 자말 선배가 교수님께 큰 영향을 미친 것 같아. 어쨌건 페터슨 교수님이 예수님께 돌아온 건 너무 잘된 일이야. 물론 최종적으로는 우리와 관계를 맺기 원하시는 성령님의 역사이지만."

"물론, 구원하시는 분은 오직 하나님이지만, 분명한 것은 하나님이 너를 들어 사용하셨다는 거야."

닉은 미소를 지으며 손을 뻗어 제시카의 손을 꼭 쥐었다.

"다른 건 모르지만 네가 변화한 것만은 분명해."

"너도 마찬가지야!"

제시카가 웃음을 터뜨리며 대답했다.

"맞아, 그리스도인이 되기 전의 네 모습은 정말 가관이었지. 무례하고 교만한데다…."

"얘!"

제시카가 웃으며 닉의 팔뚝을 찰싹 때렸다.

"얼굴에서 그 잘난 척하는 웃음 좀 치울래? 방금 한 말 취소야. 너는 하나도 변한 게 없어!"

"하하, 그건 농담이야, 제시카!"

닉이 말을 이었다.

"하나님께서 너를 크게 사용하고 계신 걸 나는 잘 알아. 네가 아이들을 위한 봉사활동에 마음을 쏟고 많은 친구들을 예수님께로 인도하고, 바쁜 시간을 쪼개어 노숙자 쉼터에서 자원봉사하는 것을 지켜보고 있노라면 난 항상 마음에 큰 도전을 받아. 그야말로 마더 테레사가 따로 없을 정도라니까. 차이점이 있다면 좀 더 예쁘달까?"

"아부해 봤자 아무 소용도 없어!"

제시카가 닉의 팔을 꼬집었다.

"물론 네가 그렇게 훌륭한 일을 하고 있다는 것과 이따 클럽에서 춤을 나만큼 잘 출 수 있느냐는 별개의 문제지."

닉의 말이 끝나자, 둘은 웃음을 터뜨렸다. 닉은 모두가 인정하는 몸치였다.

14
마가복음에는 예수의 신성이 확인되지 않는다고?

월요일 아침, 자말이 담당하는 신약입문 강의를 수강하는 학생들은 모두 윌리엄 페터슨 교수의 회심과 그가 곧 진행할 강연에 관한 이야기로 바빴다. 하지만 자말은 그 이야기를 잠시 언급했을 뿐 바로 수업을 시작했다.

"신약의 4복음서 중 가장 먼저 쓰인 마가복음에서 예수님의 신성이 확인되지 않는다는 비평가들의 주장은 터무니없어요. 마가복음 2장에 보면 예수님은 오직 신만이 가능한 일을 하고 계시죠. 즉, 그분은 인간들의 죄를 사해 주고 계세요. 그 구절을 함께 읽어 보죠."

작은 자야 네 죄 사함을 받았느니라 하시니.[44]

자말은 잠시 말을 멈추었다.

"여러분 중 어떤 사람은 이렇게 생각할 거예요. '그게 예수님 자신이 하나님이심을 밝히는 것과 무슨 관계가 있다는 거지?' 말씀을 자세히 생각해 보세요. 유대인들의 신관에 따르면 오직 신만이 그런 말씀을 할 수 있거든요. 인간의 죄를 사하는 것은 오직 신만이 하실 수 있는 일이라는 것이죠.[45] 그 사람의 죄를 용서해 주신다는 예수님의 말씀을 들은 서기관들은 격노했어요. '이 사람이 어찌 이렇게 말하는가? 신성모독이로다! 오직 하나님 한 분 외에는 누가 능히 죄를 사하겠느냐!'[46]라고 말이죠. 여러분, 지금 이 말씀을 둘러싸고 어떤 일이 벌어지고 있는지 이해할 수 있겠어요? 그리스도가 인간들의 죄를 용서해 주시겠다고 하자 종교 지도자들이 달려들어 그분이 신성모독을 하고 있다며 비난하고 있어요. 댈러스 신학교의 창시자이자 초대 총장이었던 루이스 스페리 체이퍼 박사는 다음과 같은 글을 남겼죠."

> 이 세상의 누구도 죄를 용서할 권한이나 권리가 없다. 오직 한 분 외에는 말이다. 모든 사람이 그에게 죄를 지었다. 그분은 인간적인 특권을 사용하셔서 죄를 용서하신 것이 아니다. 하나님 외에는 아무도 죄를 용서할 수 없으므로 사람들의 죄를 용서해 주신 예수님께서는 결국 하나님이심이 증명된 것이다.[47]

닉이 번쩍 손을 들었다. 자말의 허락을 얻은 닉이 입을 열었다.
"요한복음에서는 하나님께서 모세에게 알려주신 하나님의 이름으로 자신을 호칭하는 등 예수님께서 자신의 신성을 밝히셨죠. 하지만 솔직히 마가복음에서는 그렇게 확신이 가지 않아요. 사실, 방금 강사님이 한 말씀에는 약간 무리가 있다고도 생각하고요. 비록 하나님이 아니지만 저는 사람들을 용서할 수 있거든요. 저뿐만 아니라 모든 사람이 실제로 그렇게 하고 있잖아요? 내가 불가지론자의 입장이었을 때조차 저는 사람들을 용서해 줄 수 있었어요."
"닉, 맞는 말이야. 우리는 '용서할게'라는 말을 자주 하지."
자말이 강의실 전체를 향해 시선을 돌렸다.
"하지만 그건 자신에게 죄를 지은 사람에게만 가능한 말이에요. 만약 닉이 나한테 죄를 저질렀다고 쳐요. 가령, 우리 둘이 농구를 하고 있는데 닉이 공을 골에 던질 때마다 내가 점프해서 공을 쳐내자 순간적으로 흥분한 닉이 내게 욕을 했다면 그때 나는 닉을 용서할 권리가 있어요. 하지만 닉이 다른 사람, 닉의 큰형에게 죄를 저질렀다면 그때는 내가 닉을 용서할 권한이 없는 거죠. 마가복음 2장에 나오는 중풍병자는 인간 예수에게 죄를 지은 게 아니었어요. 그 두 사람은 이전에 만난 적도 없는 사이였죠. 그 중풍병자는 하나님께 죄를 지었어요. 예수님께서 그에게 다가가셔서 자신의 권한으로 '작은 자야 네 죄 사함을 받았느니라'고 말씀하신 것은 하나님으로서 말씀한 거예요. 우리는 우리에게 죄를 저지른 사람을 용서할 수 있지만 절대로 하나님께 죄를 지은 사람을 용서할 수는 없어요. 하나님이 아닌 이상에는 말이죠."

자말은 말을 이었다.

"나사렛에서 온 목수 하나가 그런 엄청난 주장을 했을 때 유대인들이 격렬한 반응을 보인 건 당연한 것일 수도 있어요. 사람들의 죄를 용서한다는 것은 하나님만이 할 수 있는 전권을 행사하는 놀라운 일이었거든요. 에밀리? 질문해도 좋아요."

"인용해 주신 말씀 외에도 그리스도의 엄청난 주장이 나타난 곳이 성경에 또 있나요?"

"물론이에요, 에밀리. 우리 대신 다니엘 7장 13-14절을 좀 읽어 줄래요? 그곳에 나오는 인자란 말에 주목해 주세요."

에밀리가 성경을 찾아 말씀을 읽는 동안 자말은 학생들이 모두 볼 수 있게 강의실 앞 스크린에 그 구절을 띄워 올렸다.

> 내가 또 밤 환상 중에 보니 인자 같은 이가 하늘 구름을 타고 와서 옛적부터 항상 계신 이에게 나아가 그 앞으로 인도되매 그에게 권세와 영광과 나라를 주고 모든 백성과 나라들과 다른 언어를 말하는 모든 자들이 그를 섬기게 하였으니 그의 권세는 소멸되지 아니하는 영원한 권세요 그의 나라는 멸망하지 아니할 것이니라.

"고마워요, 에밀리. 성경에는 분명히 하나님만이 경배받아야 한다고 되어 있어요. 말해도 좋아요, 에밀리."

"성경 어느 곳에 하나님만 경배받아야 한다고 되어 있지요? 그리고 예수님도 경배받지 않았나요?"

"맞아요. 예수님께서는 경배를 받으셨어요. 그리고 그분께서 경배받으셨다는 사실이 그분의 신성을 확증하는 거예요. 마태복음 4장 10절에는 예수님께서 사탄에게 '주 너의 하나님께 경배하고 다만 그를 섬기라'고 말씀하셨어요. 유대인들에게는 아주 친숙한 구약의 신명기 6장 13절 말씀을 인용하신 거지요.[48] 자, 다시 에밀리가 읽어 준 말씀 중 '인자'란 말을 좀 살펴봅시다. 성경에는 오직 하나님만이 경배받아야 한다고 분명히 쓰여 있지만 다니엘은 인자가 경배받고 있는 것을 보고 있어요. 다니엘은 경배받으실 어떤 사람에 대해 말하고 있는 거죠. 비록 성경에는 오직 하나님만 경배하라고 되어 있는데 말이에요. 사람들이 흔히 오해하는 대목이지만 이 말씀에서 인자는 예수님의 인간성을 말하는 것이 아니라 그분의 신성을 가리키고 있어요. 저명한 두 신학자 코모스주스키Komoszewski와 보우맨BowMan이 다니엘이 본 환상을 설명한 내용을 인용해 볼게요."

> 다니엘의 환상에서 사람 같은 형체는 심판권을 가지고 영원한 왕국을 통치하신다. 약하다거나 의존적이라는 느낌은 찾아볼 수 없다. 그가 구름을 타고 오시는 장면을 묘사하는 부분은 그가 신적인 존재임을 보여 준다. 구약성경에서 구름을 타고 온다는 이미지는 전적으로 신적인 존재에만 사용되기 때문이다.[49]

"예수님도 바로 이 구절을 마가복음 14장에서 인용하고 계시죠. 한 번 읽어 볼까요? 닉, 마가복음 14장 60-64절을 대신 좀 읽어 줄래요?"

닉은 성경을 들고 읽기 시작했다.

> 대제사장이 가운데 일어서서 예수에게 물어 이르되 너는 아무 대답도 없느냐 이 사람들이 너를 치는 증거가 어떠하

냐 하되 침묵하고 아무 대답도 아니하시거늘 대제사장이 다시 물어 이르되 네가 찬송 받을 이의 아들 그리스도냐 예수께서 이르시되 내가 그니라 인자가 권능자의 우편에 앉은 것과 하늘 구름을 타고 오는 것을 너희가 보리라 하시니 대제사장이 자기 옷을 찢으며 이르되 우리가 어찌 더 증인을 요구하리요 그 신성모독 하는 말을 너희가 들었도다 너희는 어떻게 생각하느냐 하니 그들이 다 예수를 사형에 해당한 자로 정죄하고.[50]

자말이 질문을 던졌다.
"왜 이들은 예수님이 사형에 해당한다고 정죄했을까요?"
"예수가 신을 자처한 까닭이겠죠."

뒷줄에 앉아 있던 존이란 학생이 대답했다. 자말이 미소를 지었다.

"맞아요. 종교 지도자들은 예수님이 다니엘 7장 13절을 인용하신 것을 알고 있었어요. 예수님은 자신이 신적인 천상의 존재이시고 하나님의 오른쪽에 앉으셔서 영원히 모든 사람에게 최고의 권세를 행사하실 거라고 주장하셨어요. 유대인들 중 권세 있는 사람들이 그렇게 소동을 부린 것은 어찌 보면 당연한 거예요. 그들의 입장에서 보면 예수님은 그저 한낱 인간일 뿐인데 자신이 하나님이라고 주장하는 신성모독죄를 범하고 있는 거니까요. 예수님께서는 자신의 신성을 분명히 자각하고 계셨어요.[51] 예, 존, 질문하세요."

"지금 이 내용에서 퀴즈를 내실 건가요?"

"음, 별로 좋은 질문은 아니군요. 오늘 내가 말하는 모든 내용에서 시험이 출제될 거예요."

자말이 빙긋이 웃으며 대답했다. 모든 학생이 갑자기 부산스레 필기를 시작하는 가운데 자말이 새로운 파워포인트 화면을 띄웠다.

"자, 그럼 예수님 자신의 말씀을 분석해 보면…. 다음 시험에 나올지도 몰라요. 하하. 그분은 자신에 대해 다음과 같은 주장을 하신 거예요."

1. 하나님의 아들.
2. 권능자의 우편에 앉으실 분.
3. 구름을 타고 오실 인자.

자말은 계속 설명했다.

"이들 각각의 주장들은 모두 분명히 메시아와 관련된 내용이에요. 세 주장이 합쳐졌을 때는 놀라운 효과가 나타나는 거죠. 유대인들의 법정인 산헤드린은 이 모든 주장을 놓치지 않았고 대제사장은 자기 옷을 찢으며 '우리가 어찌 더 증인을 요구하리요'[52]라고 반응하죠. 그들은 마침내 예수님이 자신의 입으로 그렇게 주장하는 것을 들었던 거예요.[53] 그들의 입장에서 보면 예수님께서 자신의 입으로 자신의 유죄를 증명하신 셈이죠. 다음 슬라이드는 런던 경시청의 범죄수사대장이었던 로버트 앤더슨Robert Anderson 경이 내린 결론을 옮겨 놓은 거예요. 그는 다음과 같이 주장했어요."

> 악의를 지닌 증인들보다 더 설득력 있는 증거는 없다. 예수님이 자신의 신성을 주장했다는 사실은 그의 적들의 비난에 의해 논쟁의 여지없이 입증되었다. 우리는 유대인들이 무지한 야만 족속이 아니라 높은 문명을 지닌 아주 종교적인 민족임을 기억해야 한다. 그들의 고발에 따라 1세기의 유대 철학자였던 가말리엘이나 그의 유명한 제자인 다소의 사울 같은 지위 높은 종교 지도자들로 구성된 최고 공의회, 산헤드린에서 한 사람의 이의도 없이 예수님의 사형이 결정된 것이다.[54]

"그럼, 예수님은 산헤드린에서도 자신에 대한 증언들을 인정하고 본인이 하나님이라고 주장하신 거군요?"

에밀리가 질문했다.

"정확하게 봤어요. 그건 예수님 스스로 확증하고 싶은 증언들이었어요. 유대인들도 예수님의 대답이 자신의 신성을 인정한 것임을 이해했어요. 그 상황에서 그들이 취할 수 있는 행동은 예수님의 주장이 터무니없는 신성모독이라고 몰아붙이든가, 그분이 진짜 하나님이라고 인정하든가 두 가지밖에 없었죠. 그를 심판한 사람들은 이 문제를 분명히 인식하고 있었어요. 그래서 그들은 예수님을 십자가에 못 박고 '그가 하나님을 신뢰하니 하나님이 원하시면 이제 그를 구원하실지라. 그의 말이 나는 하나님의 아들이라 하였도다'[55] 하며 조롱한 거죠."

"그런데 대제사장은 왜 자신의 옷을 찢은 거예요?"

닉이 질문했다.

"그건 신성을 모독하는 말을 들었을 때 경악을 표시하기 위해 유대인들이 관습적으로 하던 행위였지. 캠브리지 대학교의 신학담당 교수였던 스웨트H. B. Swete 박사의 말에 따르면…

> 유대인의 법은 대제사장이 사적인 문제들로 분쟁을 겪을 때 옷을 찢는 것을 금했다(레위기 10장 6절, 21장 10절). 하지만 그가 재판관으로서 의무를 수행할 때 그의 면전에서 신성을 모독하는 발언이 나온다면 그는 경악을 표하기 위해 관례적으로 옷을 찢어야 했다. 예수님 앞에서 자신의 옷을 찢은 재판관은 어떤 의미에서 큰 안도감을 느끼고 있는데, 믿을 만한 증언들을 구할 필요조차 이제 없어졌기 때문이다. 죄인이 스스로 유죄라고 밝히고 있으니까.[56]

"법률가의 시선으로 이 대목을 바라보고 쓴 글을 하나 소개할게요."

잠시 동안 화면들을 넘기던 자말이 화면 하나를 띄워 올렸다.

"자, 이걸 한번 보세요."

> 형사재판의 관점에서 이 재판을 볼 때 독특한 것은 기소를 당한 사람의 행위가 아닌 그의 정체가 문제 되고 있다는 점이다. 유대인들이 예수님을 고소하는 데 근거가 되었던 예수님 자신의 자백 또는 증언, 아니 법정에서의 그의 처신, 로마 총독의 심문, 처형 시 십자가에 새겨진 말이나 예수님의 선언, 이 모든 것이 모두 그리스도의 진정한 정체, 존엄과 관계가 있다. '그리스도에 대해 어떻게 생각하는가? 그는 누구의 자식인가?'[57]

"에밀리, 질문해도 좋아요."

"종교학부에 있는 사람들에게 들은 이야기인데 페터슨 교수님이 그리스도의 신성에 대해 확신하게 되었다고 하던데요. 그게 사실이에요?"

"맞아요. 하지만 교수님은 그 이야기를 본인이 직접 하고 싶어 하셔요. 3주 후에 그리스도의 신성에 관한 그분의 특별강연이 있을 거예요. 지난주 저와 함께 골프를 치면서 그 문제를 말씀하시더군요. 가능하면 여러분이 많이 참석하기를 바라시고 계세요."

"참석하면 추가로 점수를 더 받을 수 있어요?"

존이 웃으며 말했다.

자말은 아무 말없이 존을 쳐다보았다. 잠깐 무엇인가를 생각하던 자말이 입을 떼었다.

"이렇게 하면 어떨까요? 만약 여러분 중 강연에 참석한 후 그 강연을 분석하거나 비평하는 글을 2페이지 분량으로 써서 제출하는 사람들에게는 퀴즈 점수를 추가로 주기로 하죠."

"좋아요!"

존이 공중으로 주먹을 치켜 올리며 소리를 쳤다. 자말은 강의를 이어 나갔다.

"이제 오늘 수업을 요약하고 수업을 끝내기 전에 성경 한 구절만 더 같이 보기로 할게요."

잠시 동안 그는 학생들 한 명 한 명과 눈을 맞추며 강의실을 둘러보았다.

"대부분의 재판에서 재판을 받는 사람들은 자신의 행위 때문에 재판을 받게 되죠. 하지만 오늘 우리가 살펴본 예수님의 재판은 그렇지가 않았어요. 그분은 자신의 정체성 때문에 재판을 받았어요."

잠시 말을 멈추었던 자말이 다시 입을 열었다.

"예수님의 재판은 의심의 여지없이 그분이 자신의 신성을 고백하셨음을 증명하고 있는 거예요. 재판장들이 그런 주장의 증인이 되었고 그리스도가 십자가에서 처형을 당할 때 그의 적들은 그분이 육신을 입고 이 땅에 오신 하나님이라고 조롱하며 말했어요. 성경을 꺼내서 마태복음 27장을 찾아볼까요? 존, 41-43절을 큰 목소리로 또렷하게 읽어 주겠어요?"

존이 성경말씀을 찾는 동안 자말은 성경을 가져오지 않은 학생들도 모두 읽을 수 있도록 화면에 말씀을 띄워 올렸다.

> 그와 같이 대제사장들도 서기관들과 장로들과 함께 희롱하여 가로되 그가 남은 구원하였으되 자기는 구원할 수 없도다 그가 이스라엘의 왕이로다 지금 십자가에서 내려올지어다 그러면 우리가 믿겠노라 그가 하나님을 신뢰하니 하나님이 원하시면 이제 그를 구원하실지라, 그의 말이 나는 하나님의 아들이라 하였도다 하며.[58]

"존, 고마워요. 여러분, 다음 시간에 다시 만나요."

15
예수를 증거한 사람들

수요일 밤, 예수님의 신성을 토론하기 위해 브렛, 스콧, 로렌은 커피하우스 모임에 다시 참석했다. 자말이 신약의 신뢰성에 관해 간단한 발표를 했고 이어서 미나가 페터슨 교수가 회심한 사실을 잠깐 언급했다. 그후 스콧의 발언을 시작으로 열띤 토론이 벌어지게 되었다.

"예수는 신약성경에서 신이라고 불린 적조차 없지 않아요?"

브렛이 맞장구를 쳤다.

"맞아. 나도 지난 여름에 신약성경 전체를 다 읽어 봤지만 그런 구절은 단 한번도 보지 못했어."

닉의 얼굴에 미소가 떠올랐다. 그는 자말이 어떤 대응을 할지 알고 있었다. 과연 자말이 기다렸다는 듯 입을 열었다.

"정확하게 책을 잘 읽어 본 것 같군요, 스콧. 하지만 답은 그의 이름에 있어요. 많은 사람은 잘 모르는 사실이지만 '예수 그리스도'라는 이름은 흔히 우리가 사용하는 것처럼 성과 이름으로 이루어진 명칭이 아니에요. 예수 그리스도는 이름과 신분으로 이루어진 명칭이에요. '예수'란 이름은 '구원자 여호와' 또는 '주가 구하신다'란 의미를 가진 '조슈아'란 이름의 헬라어 표현이에요. '그리스도'란 '기름부음 받은 자'라는 신분을 나타내는 말, '메시아'의 헬라어 표현이고요. 즉, 왕이나 제사장을 뜻하는 말이죠. 예수 그리스도라는 이름은 오래 전부터 구약 선지자들이 예언해 왔던 왕과 제사장이라는 의미를 나타내고 있어요. 이런 확증이 예수님과 기독교를 제대로 이해하는 데 필수적이죠."[59]

자말이 계속 설명을 이어 나갔다.

"브렛, 내가 보기엔 신약은 분명히 그리스도를 하나님으로 소개하고 있어요. 그리스도를 지칭하는 이름 대부분이 하나님께만 돌려질 수 있는 이름들이거든요. 예를 들자면 '복스러운 소망과 우리의 크신 하나님 구주 예수 그리스도의 영광이 나타나심을 기다리게 하셨으니'[60] 같은 말씀에는 예수님이 분명히 하나님이라고 언급되고 있는 것을 볼 수 있죠."

"그건 어디에 있는 구절이죠?" 브렛이 물었다.

"디도서 2장 13절이에요. 하지만 그외에도 그런 예는 많이 있어요. 요한복음 1장 1절, 로마서 9장 5절, 히브리서 1장 8절, 요한일서 5장 20-21절…."

"하지만 예수 본인도 시편에 있는 구절, '너희는 신들'이란 말을 인용하신 적이 있지 않나요? 신약에서 예수는 분명히 하나님을 언급할 때와 같은 방식으로 묘사되지는 않았어요."

자말이 그의 노트북 컴퓨터를 켜서 강의안을 불러냈다.

"브렛, 나한테 이메일 주소를 좀 알려줄래요? 보내 줄 자료가 있어요."

브렛에게 이메일을 보낸 후 자말은 저녁 내내 말이 없이 자리만 지키고 앉아 있던 제시카에게 자신의 컴퓨터를 건넸다.

"제시카, 성경말씀 중에서 하나님만 소유하신 속성들을 예수님께 적용하고 있는 구절들을 좀 읽어 주겠어?"

"네."

제시카는 대답하고 컴퓨터 화면을 읽기 시작했다.

성경에는 예수 그리스도가 다음과 같이 묘사되어 있다.
- 스스로 존재하심(요한복음 1장 2절, 8장 58절, 17장 5절, 17장 24절)
- 편재하심(마태복음 18장 20절, 28장 20절)
- 전지하심(마태복음 17장 22-27절, 요한복음 4장 16-18절, 6장 64절)
- 전능하심(마태복음 8장 26-27절, 누가복음 4장 38-41절, 7장 14-15절, 8장 24-25절, 요한계시록 1장 8절)
- 영원하심(요한일서 5장 11-12절, 20절)

닉도 한마디 거들었다.
"예수님께서 자신을 하나님으로 나타내신 또 다른 증거로 하나님만이 받으셔야 할 경배를 받으셨다는 것을 들 수 있어요. 얼마 전 수업 시간에도 나왔던 이야기죠. 사탄의 시험을 받고 예수님께서 말씀하신 대목이에요."

이에 예수께서 말씀하시되 사탄아 물러가라 기록되었으되
주 너의 하나님께 경배하고 다만 그를 섬기라 하였느니라.

안드레아가 닉에게 물었다.
"그건 어디에 있는 구절이지?"
"마태복음에 있는 말씀이야."

닉이 대답했다.

"잠깐만, 내가 찾아줄게. 자말 선배, 혹시 그 말씀이 어디에 있는지 알아요?"

"닉의 말이 맞아. 마태복음 4장 10절에 있는 말씀이지. 마태복음 14장 33절과 28장 9절에도 예수님이 하나님으로 경배받으시는 내용이 나오지. 요한복음 5장 23절에도 예수님께서 경배받으실 자격이 있다고 주장하는 말씀이 있어."[61]

스콧이 자말의 말을 끊었다.

"하지만 유대인들은 철저하게 유일신 사상을 가지고 있었고 바울의 선교를 받은 이방인들만 예수를 하나님으로 믿은 것 같은데? 그렇지 않나요?"

미나가 기다렸다는 듯 대답했다.

"유대인들이 철저하게 유일신 사상을 갖고 있는 것은 맞아요. 하지만 예수님도 유대인이셨고 바울도 유대인이었어요. 예수님을 따랐던 많은 사람도 유대인들이었고요. 자말과 제시카가 언급한 말씀들은 분명히 그들이 예수님을 하나님으로 인식하고 있었다는 것을 보여 주고 있어요."

"글쎄, 미나 언니. 나는 아직도 그런 말이 별로 설득력 있게 들리지 않아."

안드레아가 대답했다.

"좋아, 안드레아. 그럼 우선 이것부터 좀 알아보자고. 지금 이 자리에 우리가 가지고 있는 성경이 몇 권이나 되지?"

자말이 물었다.

"다섯 권쯤 되는 것 같은데요."

제시카가 대답했다. 그녀는 브렛과 안드레아가 모두 성경을 지니고 참석했다는 사실을 눈여겨보았다.

"안드레아, 가지고 있는 노트북에서 성경을 볼 수 있어?"

자말이 그녀에게 물었다.

"예."

"그럼 마태복음 16장 16절을 좀 읽어 줄래? 예수님께서 제자들에게 자신이 누구라고 생각하느냐고 질문하시자 제자들이 대답한 내용이야."

"시몬 베드로가 대답하여 이르되 주는 그리스도시요 살아 계신 하나님의 아들이시니이다."

안드레아는 말씀을 읽으며 자신의 얼굴이 약간 상기되는 것을 느꼈다. 이상하게도 성경을 읽을 때면 초조해지고 무엇엔가 찔리는 듯한 느낌이 들었다. 하지만 그녀는 자신의 생각이 절대 밖으로 드러나지 않도록 조심했다.

"안드레아, 다음 구절도 좀 읽어 주겠어? 예수님께서는 베드로의 고백을 들으시고 그것이 틀렸다고 고쳐 주신 것이 아니라 베드로의 말의 정당성과 그 정당성의 근원을 인정하시고 계시지."

예수께서 대답하여 이르시되 바요나 시몬아 네가 복이 있

도다 이를 네게 알게 한 이는 혈육이 아니요 하늘에 계신 내 아버지시니라.[62]

"이번엔 스콧이 사도행전 20장 28절을 좀 읽어 줄래요? 여기 내 성경이 있어요."

"그러죠."

자말이 스콧에게 성경을 건네주며 말했다.

"스콧, 랍비들로부터 폭넓은 교육을 받았던 바울은 나사렛 출신인 예수님의 신성을 인정하거나 그를 경배하거나 자신의 주라고 쉽게 고백할 사람은 아니었을 거예요. 그렇지 않나요?"[63]

스콧이 동의의 표시로 고개를 끄덕였다.

"그 점을 기억하면서 바울의 말을 읽어 보면 좋겠어요."

"알았어요."

스콧이 대답했다.

"그럼 읽을게요. '여러분은 자기를 위하여 또는 온 양 떼를 위하여 삼가라 성령이 그들 가운데 여러분을 감독자를 삼고 하나님이 자기 피로 사신 교회를 보살피게 하셨느니라.'"

"고마워요, 스콧. 여기서 바울이 말하는 피는 누구의 피일까요?"

성경 구절을 속으로 계속 읽고 있던 스콧이 고개를 들었다.

"잠깐만요. 그러면 왜 이 구절에서 사람들이 '예수님이 자기 피로 사신 교회를'이라고 명백하게 부르지 않는 거죠?"

자말이 대답했다.

"유대인 공동체는 신성을 나타내는 이런 다른 칭호들도 사용하고 있었어요. 물론 몇 구절에서는 예수님이 말 그대로 분명히 하나님이라고 불리고 있는 곳들도 있어요. 스콧, 히브리서 1장 8절 말씀을 좀 읽어 줄래요? 이곳에서 히브리서의 저자는 그리스도를 명백히 하나님이라고 부르고 있어요."

"아니, 사양하겠어요. 별로 그러고 싶은 마음이 들지 않네요."

스콧이 대답했다.

"그럼 성경을 나한테 넘겨줘요."

안드레아가 스콧에게 말했다.

"제가 읽을게요. '아들에 관하여는 하나님이여 주의 보좌는 영영하며 주의 나라의 규는 공평한 규이니이다.'"

"정말이네요."

안드레아가 자말에게 성경을 돌려주며 말했다. 미나가 약간 흥분한 목소리로 끼어들었다.

"여기 내가 좋아하는 구절들도 있어. 골로새서 2장 9절 말씀인데 한 번 들어볼래? '그 안에는 신성의 모든 충만이 육체로 거하시고.' 우리 법학도들의 수호성인이라 할 만한 인물도 있지. '내가 그의 손의 못 자국을 보며 내 손가락을 그 못 자국에 넣으며 내 손을 그 옆구리에 넣어 보지 않고는 믿지 아니하겠노라'고 주장했던 도마 말이야."[64]

닉이 미나의 말을 받았다.

"내가 꼭 도마 같았거든. 작년에 나는 정말 확실한 증거를 보고 싶었어. **그리스도인들이 진실을 알아보려는 아무런 노력도 하지 않고 무턱대고 아무 것이나 믿는 것 같아서 그게 싫었어.** 그때는 도마의 말이 정말 마음에 와닿더라고. 마치 도마가 나를 대신해서 '죽었다 살아나는 사람의 이야기가 그렇게 흔한 것은 아니잖아? 내가 그 말을 믿게 하고 싶다면 내게 증거를 좀 보여 달라고'라고 말하는 것 같았어."

닉이 말을 마치자 미나가 성경을 펼치며 말했다.

"하지만 8일 후 도마는 그렇게 원하던 증거를 얻게 되었어."

여드레를 지나서 제자들이 다시 집안에 있을 때에 도마도 함께 있고 문들이 닫혔는데 예수께서 오사 가운데 서서 이르시되 너희에게 평강이 있을지어다 하시고 도마에게 이르시되 네 손가락을 이리 내밀어 내 손을 보고 네 손을 내밀어 내 옆구리에 넣어 보라 그리하여 믿음 없는 자가 되지 말고 믿는 자가 되라 도마가 대답하여 이르되 나의 주님이시요 나의 하나님이시니이다.[65]

"예수님은 도마가 자신을 하나님이라고 고백하는 것을 받아들이셨어."

미나가 말했다.

"그분은 도마가 자신을 경배하지 않는 것이 아니라 믿음이 없는 것을 책망하셨지."

자말과 미나가 예수님의 신성에 대해 설명하는 것을 듣고 있자니 안드레아는 어쩌면 자신이 승산 없는 싸움을 하고 있는 것은 아닐까 하는 생각이 들었다. 그들의 말을 들으면 들을수록 그들은 감정적인 열광에 빠져 있는 사람이 아닌, 지성적인 사람이라는 실감이 들 뿐이었다. 그리스도는 그저 신적인 존재일 뿐만이 아니라 부활하심으로 그의 주장을 실증하신 분이라는 그들의 주장이 점점 설득력 있게 다가오고 있었다. 하지만 하나님이 그렇게 선하고 전능하신 분이라면 왜 그분은 그녀의 사촌을 죽게 했고 그녀의 부모님들이 이혼하는 동안 수수방관하신 걸까? 왜 그분은 전에 다니던 교회 목사가 그녀에게 그런 일을 저지를 때 묵인하신 걸까….

꼬리에 꼬리를 물고 새로운 의문들이 그녀에게 떠올랐다. 만약 그녀가 예수님을 지금까지 계속 믿고 있었다면 그녀의 삶이 지금과는 달랐을까? 그녀의 인생에서 기쁨을 찾을 수 있을까? 만약 지금이라도 회심한다면 가족들은 뭐라고 말할까? 그녀의 생각의 흐름이 자말의 질문으로 깨졌다.

"안드레아의 생각은 어때?"

"뭐가요?"

"도마의 고백 말이야."

"음…. 꽤 흥미로운 것 같아요."

안드레아가 대답했다.

"오, 이게 누구야! 자말 워싱턴 아닌가?"

방을 가로질러 요란한 목소리가 들려왔다.

16
무례한 태도

"어머, 잉그레이엄 박사님, 여기는 어쩐 일이세요?"

로렌이 목소리의 주인공에게 아는 척을 했다.

"2주 전에 저희 무신론자 클럽에서 해주셨던 강연은 정말 재미있게 들었어요."

"그래, 고맙군. 로렌, 다 좋지만 여기 워싱턴 군의 편파적인 신학에 세뇌되지 않도록 조심하게나, 하하."

잉그레이엄 박사가 자말을 향해 웃음 띤 얼굴로 말했다.

"자네가 윌리엄 페터슨을 설득하여 예수가 부활했다고 믿게 했지만 나는 어림없네."

박사의 말에 불쾌해진 닉이 순간적으로 감정을 참지 못하고 한마디하려고 입을 떼려는 순간, 자말의 단호한 눈짓을 보곤 입을 닫았다. 닉은 심호흡을 하고 마음을 가라앉혔다.

조금도 동요한 기색 없이 자말이 박사를 향해 손을 들어 반갑게 인사했다.

"잉그레이엄 박사님, 모임을 찾아 주셔서 감사합니다. 괜찮으시면 합석하시죠? 저희는 이곳에서 매주 수요일 저녁에 모임을 하거든요. 지금은 그리스도의 신성에 대해 토론하고 있었어요. 커피 한 잔 대접할까요?"

"아니, 지금은 어디 가 볼 곳이 있어서 사양하겠네."

"참석해 주신다면 언제라도 환영하겠습니다. 박사님과 제가 서로의 의견도 발표하고 질문도 교환할 기회가 있다면 정말 영광이겠어요. 저도 평소 박사님께서 어떤 견해를 가지고 계신지 잘 알고 있고 박사님도 제 강의를 들어보셨으니까 그러시리라 믿습니다."

"나야 물론 자네 강의 내용을 잘 알고 있지. 아직 미숙한 학부생들의 감성에 호소해서 몇 명 꼬드길 수는 있었을지 몰라도 나는 어림없을 거야. 내 생각엔 자네 주장은 너무 편협하고 독선적이거든."

'상대방의 의견을 다 들어보려고도 하지 않으면서 자말에게 편협하고 독선적이라고 말하다니, 내가 보기엔 박사님의 태도 자체가 더 독선적인 것 같은데?'

안드레아는 잉그레이엄 박사의 태도에 마음속으로 당혹감을 느꼈다.

"잉그레이엄 박사님, 페터슨 교수님의 강연회에 참석하실 생각이시죠?"

미나가 궁금한 듯 물었다.

"요새는 사람들이 묻는 얘기라곤 그것밖에 없군. 우리는 아주 오랜 친구 사이지. 당연히 그를 도울 일이 있다면 도와야겠지만 그렇다고 내가 그의 생각에 동의한다는 것은 아니네. 내 생각엔 누이의 죽음이 그 친구에게 심각한 영향을 미친 것 같아."

"참석하신다는 말씀이시죠? 정말 잘됐습니다. 수요일 저녁마다 열리는 저희 모임에도 박사님을 모실 수 있으면 더욱 좋겠군요."

자말이 말했다. 잉그레이엄 박사가 자리를 뜬 후에도 사람들은 토론을 계속하려 했지만 흐름이 한 번 깨져서인지 좀처럼 이전의 열의가 느껴지지 않았다. 자말은 악과 구약의 윤리, 부활에 대한 질문을 몇 개 더 받은 후 로렌에게 신이 없다는 결론에 이르게 된 이유를 이야기해 달라고 부탁했다.

딱히 그럴 마음은 없어 보였지만 로렌은 자말의 제안을 받아들이고 그녀가 자라온 이야기를 시작했다. 그녀는 유년시절, 성경을 한 구절 한 구절 짚어 가며 가르치는 초교파 교회에 출석했지만, 부모님의 이혼을 경험하면서 교회에 발길을 끊었다. 고등학교 시절까지만 해도 가끔 기도는 했지만 그녀의 삶에 아무런 변화가 생기지 않자 그마저 그만두었다. 브라운 대학에 진학한 후 진화론과 인류학을 공부하면서 그녀는 무신론이 답이라는 결론을 내리게 되었다. 하지만 아직도 그녀는 자신을 설득할 수 있는 증거만 있다면 하나님을 믿을 수 있다고 말을 맺었다.

이에 미나는 유전자의 복잡한 코드를 보며 그것을 설계하신 신의 손길을 느낄 수 있었다는 발언을 했다. 그리고 이에 대해 로렌이 누군가에 의해 만들어진 느낌이 든다고 해서 그것이 반드시 신의 존재를 증명하는 것은 아니라고 주장했고, 그후 그들의 대화는 소강 상태에 접어들었다. 모임이 끝나자 참가자들은 서로 인사를 나눈 후 헤어졌다.

제시카를 차에 태워 집으로 바래다 주던 닉이 입을 열었다.

"아까 잉그레이엄 박사가 우리 테이블로 다가왔을 때 잠깐 냉정을 잃을 뻔했어."

"잃을 뻔했지 잃지는 않았잖아? 너무 자책하지는 마. 사실, 나는 때로는 네 용기가 부러워. 박사님이 오늘 자말 선배에게 정말 무례하긴 했지. 나는 하고 싶은 말이 있어도 두려워서 못하는 경우가 많은데 너는 하고 싶은 말은 당당하게 하잖아?"

"아니야. 오히려 안드레아가 너한테 무척 고마워하는 것 같던데? 네가 친절하게 대해 주는 게 무척 좋은가 봐. 물론 안드레아가 궁금한 것들에는 미나 누나가 제일 많이 답을 주기는 하지만 말이야. 네 대답이 안드레아에겐 제일 와닿는 것 같아. 신학적인 토론에서는 비록 많이 말하지 않아도 말이야."

"나는 안드레아가 좋아. 물론 토론 때에도 더 많은 이야기들을 해주고 싶지만 그 애의 많은 질문에 다 대답해 줄 능력이 내겐 없어. 나도 아직은 옆에서 그저 다른 사람들의 말을 들으면서 배우는 단계거든. 지금 와서 하는 말이지만 네가 작년에 나를 미나 언니와 자말 선배에게 소개해 줘서 너무 고마워."

"나도 그 두 사람에게 엄청 많은 것을 배웠어."

"참, 페터슨 여사에게서 이메일 받았니?"

제시카가 닉에게 물었다.

"페터슨 교수님 강연 후 집에서 다과회를 여신다며?"

"맞아. 모두 다시 모여 이야기를 나눌 수 있어서 너무 기뻐. 페터슨 여사께서 안드레아도 데려오라고 하셨어. 전화해서 같이 가자고 하려고."

"그래, 좋은 생각이야."

17
페터슨 교수의 강연

강연이 시작되기 전, 닉과 제시카는 페터슨 교수를 찾아갔다. 무대 뒤로 들어가 보니 인터뷰를 하기 위해 찾아온 기자들 두 명과 수전 페터슨 여사, 자말이 교수와 함께 있었다. 기자들의 질문 공세로부터 풀려난 후 박사가 눈을 들었을 때 잉그레이엄 박사가 그를 향해 걸어오는 것이 보였다.

"잉그레이엄! 잘 지냈나?"

저번 모임에서 일어난 일이 생각난 닉이 씁쓰레한 미소를 지으며 옆을 쳐다보자 자말이 진심으로 반갑다는 표정으로 웃고 있었다. 닉은 자말의 속은 도대체 어떻길래 저런 행동을 하는지 궁금한 생각이 들었다.

"페터슨, 살다 살다 이런 일로 만나리라고는 생각도 못했네. 하지만 어쨌든 만나게 되니 반갑긴 하군."

그때, 부총장인 클라크 프라이스 박사가 대기실 안으로 들어왔다.

"페터슨 교수님, 강당이 가득 찼어요. 이제 시작해야 할 시간입니다. 제가 환영 인사를 하고 산체스 학장이 교수님의 약력을 소개하면 그때부터 70분 동안은 교수님 시간입니다. 하지만 8시 15분까지는 강연을 마쳐 주셔야 15분 동안 청중에게 질문 시간을 줄 수 있어요."

잠시 후, 연단에 선 페터슨 교수가 말문을 열었다.

"제 소개를 너무 거창하게 해주신 것 같아 몸둘 바를 모르겠습니다. 친애하는 동료 교수님들, 학생 여러분, 일부러 시간을 내어 이 자리를 찾아주신 많은 내빈 여러분, 저와 이 시간을 함께해 주셔서 다시 한 번 진심으로 감사드립니다. 우선, 제가 학자로서 살아온 여정을 잠시 소개하고 그후에 구체적으로 역사 속에 살아 계셨던 예수님에 대한 제 생각이 어떻게 변화하게 되었는지 말씀드리겠습니다."

그가 말을 시작했을 때 안드레아는 강당 안이 순간 깊은 정적 속으로 빨려 들어간다고 느꼈다. 그녀는 앞에서 세 번 째 줄에 앉아 있었는데 그녀의 왼편에는 닉과 미나가, 오른편에는 브렛, 로렌, 스콧이 자리해 있었다. 청중 가운데에는 페터슨 교수와 견해를 달리하는 무신론자 클럽 회원들도 참석해 있었지만 안드레아는 그들도 교수의 발표를 존중할 것을 알고 있었다. 아마도 스콧이 강연 말미에 교수를 난처하게 만들지도 모를 질문을 몇 가지 할 것이다. 만약, 내가 예수님을 믿기로 했다고 하면 친구들이 뭐라고 할까? 안드레아는 마음속으로 궁금한 생각이 들었다. 그녀는 이제까지 자말, 닉, 미나와 나누었던 대화를 다시 마음속으로 되새겨 보았다. 비록 그 대화를 통해 그녀의 모든 회의가 사라졌다고 할 수는 없지만 안드레아는 현재 무신론보다는 기독교 쪽으로 점점 끌려가고 있었다. 자신이 지적으로 풀어야 할 문제들을 잠깐 고려해 본 후 그녀는 페터슨 교수의 연설에 귀를 기울였다.

"어릴 적 저희 어머님은 누이와 저를 데리고 뉴욕에 있는 장로교회에 출석하셨습니다. 어린 시절부터 쭉 예수님을 믿었죠. 하지만 대학원에 진학할 때쯤 회의가 들기 시작하더군요. 성경의 파피루스 사본들 사이에 또는 신약성경 사본들 사이에 차이점들이 있다는 것에 신경이 쓰이기 시작했죠. 또 한참 젊은 혈기가 넘쳐 이 세상에 만연한 죄와 부정에 대해 극심한 분노를 느꼈습니다. '하나님께서 계시다면 왜 이런 것들에 뒷

짐을 지고 계신 것일까?' 수도 없이 의문이 들었어요. 지금 돌이켜보면 당시 칸트 같은 철학자들의 영향을 알게 모르게 많이 받은 것 같습니다. 우리가 살고 있는 물질계 너머 다른 세계가 존재한다면 그것들을 어떻게 알 수 있을까 의문이 들었죠. 저는 자연스럽게 불가지론으로 기울었고 만약 신이 계신다 해도 이 세상을 만든 후 물러나서 저 혼자 굴러가도록 손을 끊은 채 방관하고 있으며, 그래서 이 세상의 죄를 해결할 수도 없는 이신론적인 신일 것이라고 생각하게 되었습니다. 몇 년 동안은 무신론에 빠져 학생들을 그렇게 가르치기도 했죠. 구약성경의 윤리에 나타나 있는 악의 문제, 예수님의 몰인정한 말씀들, 종교를 내세운 사람들이 자행해 온 살육들을 비판적인 관점에서 학생들과 토론하기도 했습니다. 소위 악의 문제에 얽매여 그렇게 한동안 벗어나지 못하다가 몇 년 전 악과 도덕의 객관성을 시인하자 다시 하나님의 존재가 의식되기 시작했습니다. 의무론적 윤리학은 물론 양적 공리주의, 질적 공리주의, 상대주의, 다양한 형태의 윤리학들과 씨름해 봤지만, 역시 객관적 도덕률을 설명하기 위해서는 모든 도덕률의 기초인 신의 존재를 상정하는 것이 최선임을 깨달았습니다. 몇 해 전, 무신론을 포기한 철학자 친구 한 명을 만나 몇 차례 대화를 나눈 후 프랜스 콜린스France Collins, 윌리엄 뎀스키William Dembsky, 조나단 웰스Jonathan Wells, 마이클 베히Michael Behe 같은 이들이 주장하는 지적 설계론을 연구하기 시작했습니다. 지적 설계론이 그럴듯하게 보이기 시작하더군요. 하지만 여전히 성경에 나오는 기적들에 대해서는 믿음이 가질 않았어요. 회의만 품고 있었던 것이 아니라 그리스도인들을 만나면 여전히 공격했죠. 저 때문에 아내까지 교회 출석을 그만두었어요. 아마 저 때문에 수백, 아니 수천 명의 학생들이 성경에 대해 의심을 품게 되었을 겁니다. 지금 생각하면 많은 사람의 믿음을 망쳐 놓았을까 봐 두려울 따름입니다. 아니, 망쳐 놓았어요. 작년 겨울, 제 누이 바바라가 뇌종양에 걸렸다는 이야기를 들었을 때 잠깐 휴직을 하고 조교인 자말 워싱턴 군에게 제 강의들을 몇 개 대신하게 한 적이 있지요. 몇 차례 포틀랜드로 누이를 찾아간 후 저와 제 아내는 누이가 임종할 때까지 아예 그곳에 머물기로 결정했습니다. 제 누이를 아시는 분은 아시겠지만 그녀는 그저 하나님을 믿은 것만이 아니라 그녀의 삶 전체로 믿음을 드러내었습니다. 그녀의 믿음은 결코 맹목적인 것이 아니었죠. 톰 라이트N. T. Wright 교수의 책을 읽으면서 제게 그 주제로 토론하자고 도전했을 정도였으니까요. 물론 그녀의 도전에 응했더라면 저는 뼈도 못 추렸을 겁니다."

청중 사이에서 터진 웃음이 그칠 동안 페터슨 교수는 잠시 말을 멈추고 기다렸다.

"누이가 세상을 떠난 것이 무척 슬펐지만 저는 천국이 존재할 가능성과 부활이 우리의 사후의 삶에 어떤 의미를 지니는지를 좀더 집중적으로 생각하기 시작했습니다. 영결식에서 그녀가 출석하던 교회의 목사님은 바울이 데살로니가 교인들에게 보낸 편지의 일부인 '형제들아 자는 자들에 관하여는 너희가 알지 못함을 우리가 원치 아니하노니 이는 소망 없는 다른 이와 같이 슬퍼하지 않게 하려 함이라'[66]란 말씀을 인용하여 설교를 하시더군요. 말씀을 들으면서 제가 바로 '소망이 없는 다른 이'가 아닐까 하는 생각이 들었습니다.

장례가 끝날 무렵 저는 제가 가르치던 학생 한 명인 닉이 조문을 온 것을 보고 깜짝 놀랐습니다. 닉은 그가 신입생이었을 때 제가 지도하던 학생이었는데, 그는 지적인 욕구가 엄청났습니다. 기독교 가정에서 성장했지만 제 강의를 듣고는 그리스도의 신성에 회의를 품었던 학생이었죠. 하지만 다행히 그는 기독교에 대한 제 비판적인 입장만으로 충분히 생각이 정리되질 않았던 것 같았습니다. 제가 주장했던 내용들을 혼자 연구하기 시작하더니 결국 다시 신앙을 회복하는 다행스런 결과에 이르렀죠. 하지만 그는 거기서 멈추지 않고 배짱 좋게도 제 누이의 장례식장에 떡하니 나타나서는 천국이 있다는 걸 확신하라고 말하는 겁니다. 그림이 그려지십니까? 아무런 신학 배경이 없는 신입생 한 명이 30년 동안 학생들을 가르쳐 온 교수에게 부활과 영생에 대해 지적으로 선입견을 품지 말고 마음을 열라고 말하는 장면이 말입니다. 당시에는 인정하고 싶지 않았지만 그의 주장은 제 가슴에 불씨로 남았습니다. 그후 두 달 내내 저는 제가 알고 있던 모든 것을 다시 조사했습니다. 신의 존재와 기적들의 가능성을 다시 고려했고 이전의 제 연구 결과들을 다시 들여다봤고 성경 사본들의 차이점들도 다시 연구했습니다. 결과적으로 저는 신약성경이 역사적으로 사실이라는 결론에 이를 수밖에 없었습니다. 이 저녁에 저는 복음서에 있는 그리스도의 말씀들이 왜 사실인지 그리고 신약성경의 기록들을 왜 신뢰할 수 있는지에 대한 제 의견을 여러분께 말씀드리겠습니다."

페터슨 교수는 복음서의 필사본들이 많이 존재한다는 사실, 그리고 그것들이 아주 오래되었다는 사실들은 오히려 성경의 신뢰성을 더해 주는 이유들이라며 열정적으로 강의해 나갔다. 강연을 들으면서 닉은 제시카의 손을 잡았다. 그는 제시카가 페터슨 교수를 위해 기도해 오고 있었다는 사실을 알고 있었다. 교수가 강연을 하는 이 순간, 그녀는 아마도 이번엔 안드레아를 위해 마음속으로 기도하고 있을 것이다. 페터슨 교수가 닉의 이름을 말하는 순간 제시카는 닉에게 윙크했다.

18
'내 아버지'라는 말

신약성경의 신뢰성에 대해 20여 분 동안 설명한 후 페터슨 교수는 자신의 신성을 주장하는 예수님의 말씀들을 성경 전체에서 찾아보았다. 그는 예수님의 부활의 증거들도 고찰했다. 안드레아는 페터슨 교수의 주장이 자말이 수업에서 가르치던 내용과 일부 비슷하다는 것을 깨달았다. 교수는 평소 그의 강의에서는 찾아볼 수 없었던 확신과 권위를 가지고 열정적으로 강의를 진행해 나갔다.

"요한복음에서 우리는 예수님과 한 무리의 유대 지도자들이 대립하는 장면을 볼 수 있습니다. 사건의 발단은 예수님이 안식일에 다리 저는 사람을 고쳐 주신 것이었습니다. 유대인들은 안식일에는 아무 일도 하면 안 된다고 알고 있었으므로 예수님이 안식일의 법도를 어겼다고 비난했습니다. 예수님께서 '내 아버지께서 이제까지 일하시니 나도 일한다'고 대답 하시자 지도자들은 그분을 없앨 방법을 더욱 열심히 찾게 되었습니다. 예수님이 안식일을 범했을 뿐 아니라 하나님을 자기의 친아버지라 하여 자기를 하나님과 동격으로 삼으셨기 때문이었습니다."[67]

페터슨 교수는 좌석 맨 앞줄에 앉아 있던 잉그레이엄 박사와 몇 명의 교수들을 쳐다보았다.

"제 동료 교수들 중 몇 명은 이렇게 말할지도 모릅니다. '이봐, 그래서 그게 뭘 증명한다는 거지? 예수가 하나님을 아버지라고 부른 게 뭐가 대순가? 그리스도인들은 모두 하나님을 아버지라고 부르지 않나? 그렇다고 그들이 모두 자신이 하나님임을 주장하는 것은 아니지 않은가?'[68]

하지만 예수님 당시의 유대인들은 예수님의 말씀에서 지금은 우리가 들을 수 없는 어떤 의미를 들었습니다. 언제나 어떤 문헌을 연구할 때는 그것들이 쓰인 언어, 당시의 문화, 그리고 특별히 그 문헌이 다루고 있는 대상이나 배경을 고려해야 합니다. 이 경우 배경이 되는 문화는 유대인들의 문화이고 문헌이 묘사하는 대상은 유대교의 종교 지도자들이었습니다. 그들은 예수님의 말씀 속에서 정말 분노할 수밖에 없는 무엇인가를 발견한 것입니다. 성경말씀에는 '유대인들이 이로 말미암아 더욱 예수를 죽이고자 하니 이는 안식일을 범할 뿐 아니라 하나님을 자기의 친아버지라 하여 자기를 하나님과 동등으로 삼으심이러라'[69]고 기록되어 있습니다."

이번에도 페터슨 교수는 잉그레이엄 박사와 동료 교수들을 바로 쳐다보며 말했다.

"도대체 그분의 말씀 중 어떤 부분 때문에 그들이 그런 과격한 반응을 보였을까요? 오늘 밤 제 강연의 내용에 동의하지 않으실 분들이 많겠지만 그렇다고 저를 없앨 방법을 열심히 찾지는 않으시기를 바라겠습니다."

청중석에서 웃음이 잦아들기를 기다린 후 그는 말을 이었다.

"말씀을 읽으면서 2,000년 전 유대인들의 문화 속에서 그들이 예수님의 말씀을 어떻게 이해했을지를 알아보겠습니다.[70] 그들이 분노한 이유는 예수님께서 하나님을 '우리 아버지'라고 하시지 않고 '내 아버지'라고 부른 데 있습니다. 그들의 어법에 따르면 예수님은 그 말씀으로 자신이 하나님과 동격임을 주장한 셈입니다. 유대인들은 하나님을 '내 아버지'라고 부르는 일이 거의 없습니다. 만약 '내 아버지'라고 부르고 싶다면 뒤에 '하늘에 계신'이란 한정어를 꼭 붙여 써야 합니다. 하지만 예수님께서는 그런 한정어를 덧붙이지 않으셨습니다. 그리고 하나님을 '내 아버지'라고 부른 것은 유대인이라면 모두 알아챌 수 있는 엄청난 주장이었습니다.[71]

그런데 예수님은 하나님과 동등하다는 것만을 주장하신 것이 아니라 자신이 하나님과 하나라고 공언하셨습니다. 예루살렘 봉헌 축제가 벌어지는 동안 유대인 지도자들 중 몇 명이 예수님을 찾아와 그분께서 진짜 그리스도이신지 물었습니다. 그에 대해 예수님은 '나와 아버지는 하나이니라'[72]는 말로 대답을 끝맺었습니다. 그들이 어떤 반응을 보였습니까? 그들은 다시 한 번 그를 죽이려고 돌을 집어들었습니다. 그러자 예수님께서 '내가 아버지로 말미암아 여러 가지 선한 일로 너희에게 보였거늘 그중에 어떤 일로 나를 돌로 치려 하느냐?'[73]라고 대답하십니다. 아버지와 하나라는 예수님의 대답에 유대인들이 왜 그렇게 과격한 반응을 보였는지 의아해하시는 분들이 있을 겁니다. 대답은 그 말의 헬라어 구조를 살펴보면 알 수 있습니다. 당대의 가장 뛰어난 그리스 학자였던 로버트슨T.Robertson에 의하면 이 문장에서 '하나'라는 단어는 남성형이 아닌 중성이고 사람이나 목적을 가리키는 것이 아니라 '본성' 또는 '본질'을 나타낸다고 합니다. 이 경쾌하고 산뜻한 진술은 가히 하나님과 자신의 관계를 설명하는 그리스도의 주장의 정점이라고 그는 덧붙였습니다. 하지만 그 말은 유대인들을 통제할 수 없을 만큼 분노로 몰아넣었습니다."[74]

19
너희는 나를 누구라 생각하느냐?

페터슨 교수는 강당에 들어찬 청중을 향하여 목소리를 높였다.

"친애하는 여러분, 예수 그리스도는 자신이 하나님이라고 주장했습니다. 그분에게는 사람들이 그가 누구이신지 알고 그를 믿는 것이 아주 중요했습니다. 그를 믿느냐, 아니냐…. 선택은 둘 중 하나뿐입니다. 예수님께서는 그 두 가지 길 외엔 우리가 따로 선택할 수 있는 여지를 남기지 않으셨습니다. 예수님이 자신에 관해 말씀하신 내용에 비추어 볼 때 만약 그분의 주장이 사실이 아니라면 그분은 도덕적으로 훌륭한 분이나 위대한 선지자라고도 할 수 없을 것입니다. 애초에 그런 가능성은 우리에게 열려 있지 않습니다. 예수님도 그걸 원치 않으셨습니다. 우리는 이미 복음서의 역사성을 입증했기 때문에 예수님이 전설 상의 인물이라는 주장을 논의에서 배제할 수 있습니다. 여기에서 캠브리지 대학교의 교수이자 그 자신도 불가지론자였던 C. S. 루이스의 글을 한 구절 인용하겠습니다."

나는 "나는 예수님이 하나님이라는 주장은 믿지 못하지만 그분을 위대하고 도덕적인 스승으로 모시기 위해 성경을 읽고 있어"라는 터무니없는 소리를 반박하고자 한다. 그 말은 정말로 말이 안 되는 주장이다. 예수 그리스도가 한낱 인간이었다면 그가 했던 말을 비추어 볼 때 그가 위대하고 도덕적인 스승이었다고 할 수는 없다. 그는 자신이 덜떨어진 사람이라고 주장하는 미치광이와 동급이거나 악마일 것이다. **우리는 선택해야 한다. 그분이 과거나 지금이나 하나님의 아들이 아니라면 미치광이, 혹은 사악한 존재일 것이다.** 또한 우리는 그를 얼간이로 여기고 그의 입을 막을 수 있다. 악마라고 침을 뱉고 죽일 수도 있다. 그게 아니라면 그의 발치에 엎드려 그를 주라고 고백할 수 있다.

하지만 그 외의 길, 즉 크게 봐주는 척하며 그를 위대한 스승으로 부르는 것은 말도 안 되는 짓거리다. 그분은 우리에게 그런 가능성은 열어 놓지 않으셨다. 그럴 의향이 없으셨던 것이다.[75]

페터슨 교수는 강의 노트를 넘긴 후 말을 이어 나갔다.
"예일 대학교의 기독교 역사학자인 케네스 스콧 라두렛 Kenneth Scott Latourette은 다음과 같은 글을 남겼습니다."

물론 그의 가르침만으로도 그가 우리와는 구별되는 존재임을 충분히 알 수 있지만 정작 그를 주목하게 만든 것은 그의 가르침이 아니었다. 그 자신과 그의 말씀이 결합하여 그를 특별하게 만든 것이다. 그 두 가지는 분리될 수 없다…. 복음서를 세심하게 읽은 사람이라면 누구나 예수님이 자신과 자신의 말씀을 뗄 수 없는 관계로 여기셨다는 것을 분명히 알 수 있다. 그분은 분명 위대한 스승이기도 했지만 그 이상의 존재였다. 하나님의 왕국, 인간의 행위, 하나님에 관한 그의 가르침은 아주 중요한 것들이었지만 그의 입장에서 그와 분리된다면 의미를 잃어버리는 것들이었다.[76]

페터슨 교수는 말을 이었다.
"예수님은 자신이 하나님이라고 주장하셨습니다. 그의 주장은 사실이 아니면 거짓입니다. **모든 인간은 예수님이 제자들에게 하셨던 '너희는 나를 누구라고 생각하느냐?'라는 질문 앞에 자신들을 세워야 합니다.**"[77]

20
예수는 거짓말쟁이?

"여러분, 만약 예수님의 말씀이 거짓이라면 두 가지 가능성 밖에 없습니다. 그도 자신의 말이 거짓이라는 것을 알고 있었거나 그렇지 않거나입니다. 우리는 각자의 가능성을 살펴보고 그에 따른 증거도 살펴보겠습니다. 만약 예수님이 자신이 신이 아니라는 것을 알면서도 그런 주장을 했다면 그는 그를 따르는 사람들을 고의로 기만한 것입니다. 만약 그렇다면 어떤 경우에도 정직해야 한다고 가르쳤던 그는 위선자이기도 합니다. 하지만 거기서 그치지 않고, 만약 그의 말이 거짓이었다면, 자신을 믿으면 영생을 얻을 것이라고 주장했던 그는 사악한 존재입니다. 그는 또한 바보입니다. 마지막 순간에 자신이 하나님이라는 주장을 철회하기만 하였다면 목숨을 부지했을 텐데 결국 그는 십자가에서 처형당했으니 말입니다. 하지만 우리는 역사적인 사실을 통해 그리스도가 아무 흠잡을 데

없는 분이었다는 것을 압니다. 심지어 그의 적들조차 그를 칭송했습니다. 빌라도는 '나는 그에게서 아무런 흠도 찾을 수 없다'[78]라고 고백했습니다."

미나는 학생들이 앉아 있는 줄을 쳐다보았다. 열심히 페터슨 교수의 말을 받아 적고 있는 안드레아가 눈에 들어왔다. 페터슨 교수는 안경을 고쳐 쓰고 말을 이었다.

"대영제국의 가장 저명한 역사학자들 중 한 명이자 제도화된 기독교에 대해 강한 반대 입장에 있던 윌리엄 레키William Lecky는 기독교가 세계에 미친 영향에 대해 다음과 같은 기록을 남겼습니다."

> 18세기에 일어난 모든 변화에도 불구하고, 사람들의 마음에 뜨거운 사랑을 불러일으키고 연령이나 국적 또는 기질이나 처지에 관계없이 모든 사람에게 영향을 미친, 가장 고결한 덕이면서 동시에 이를 실천할 가장 큰 동기였던 이상을 세상에 제시한 것은 기독교였다. 이제까지의 모든 철학자들의 논문, 도덕가들의 권고보다 3년이라는 짧지만 왕성했던 삶의 꾸밈없는 기록이 인류를 갱생의 길로 인도하고 선하게 만들었다.[79]

페터슨이 연설하는 동안 안드레아는 마음속으로 기도하고 있었다.

'예수님, 저는 이제 당신이 정말로 존재하신다는 것을 알겠습니다. 저를 용서해 주세요. 저는 당신을 믿고 이제 제 인생 전부를 당신께 맡깁니다.'

그녀는 가까스로 감정을 추스르고 계속해서 강연에 귀를 기울였다. 페터슨 교수는 안드레아의 바로 뒷줄, 무신론자 클럽이라고 쓰인 티셔츠를 입은 학생들이 앉아 있는 쪽으로 눈길을 주었다.

"모두 아시다시피 '신무신론자'들은 신약성경의 신뢰성을 뒷받침하는 역사적 사실들을 회피해 왔습니다. 예를 들면 크리스토퍼 히친스의 책 『신은 위대하지 않다』에는 신약성경의 역사성에 도전하는 어떤 강력한 주장도 눈에 띄지 않습니다. 도대체 어떤 근거로 신약성경를 악하다고 할 수가 있는 거죠? 그리스도는 역사상 가장 인자한 스승이었습니다. 히친스도 이 사실은 부인하지 못합니다. 그는 이른바 신약성경 안의 모순들과 마가복음 8장이 원본에는 없었다고 주장하는 바트 어만의 주장을 고장 난 녹음기처럼 반복할 뿐입니다.[80] 하지만 기독교 신학자들도 이미 상당히 오랫동안 이 사실을 인정해 왔습니다. 즉, 어만의 주장은 자신이 발견한 사실에 기초한 것이 아니라는 것입니다. 그는 아마도 문헌비평가였던 그의 스승인 복음주의자 브루스 메츠거를 통해 그 사실을 알게 되었을 것입니다. 하지만 브루스 메츠거는 우리가 지금 가지고 있는 신약성경의 사본들이 원본과 거의 같다고 증언했습니다. 어만이 그의 학문적 문헌비평을 통해 내린 정직한 결론을 따르고자 했다면 히친스 역시 우리가 현재 가지고 있는 신약성경의 정확성을 인정해야만 할 것입니다."

페터슨 교수의 말이 끝나자 무신론자 클럽 회원들과 상당수의 교수들을 제외한 청중으로부터 우레와 같은 박수가 터져 나왔다. 옆을 돌아다본 제시카의 눈에 뜻밖에도 박수를 치고 있는 안드레아의 모습이 들어왔다.

"예수 그리스도를 거짓말쟁이라고 생각하는 것은 아주 비논리적인 사고입니다. 역사가인 필립 샤프는 다음과 같이 말했습니다."

> 논리나 상식, 경험, 어떤 것에 기초를 두고 생각해 봐도 기만적이고 이기적이며 사악한 한 인간이 진리와 사실의 풍모를 지닌, 역사상 가장 깨끗하고 고귀한 인격을 꾸며 내고 처음부터 끝까지 일관된 삶을 살았다는 주장을 진지하게 받아들일 수는 없다. 어떻게 그런 인간이 유례가 없는 자애, 도덕적 영향력, 고귀함을 꾸며 내어 그것을 실천에 옮기며 그로 인해 당대 사람들의 가장 큰 미움을 받아 자신의 목숨을 바칠 수 있었겠는가?[81]

21
예수는 미치광이?

"예수님처럼 살고, 예수님처럼 가르치고, 예수님처럼 죽은 사람이 거짓말쟁이일 수는 없습니다. 그럼 다른 대안은 또 어떤 게 있을까요? 예수님이 거짓말쟁이는 아니었더라도 그가 자신을 하나님이라고 잘못 알고 있었을 수도 있지 않을까요? 정직하지만 틀린 경우도 있을 수 있으니까요. 하지만 우리가 기억해야 할 것은 철저하게 유신론적인 문화 속에서 살던 사람이 자신을 하나님이라고 착각하고 다른 사람에게 자신을 믿어야만 영생할 수 있다고 말한다는 것은 정말 쉬운 일이 아니라는 것입니다. 완전하게 실성한 사람이 아니라면 말이죠. 그럼 **예수님이 그만큼 실성했던 것일까요?**[82]

"맞아요!"

붉은 색 무신론자 클럽 셔츠를 입은 학생 한 명이 소리쳤다.

"저는 그렇게 생각하지 않습니다."

조금도 냉정을 잃지 않은 채 페터슨 교수가 대답했다.

"오늘날 누가 자신을 하나님이라고 믿는다면 우리는 그 사람을 자신이 나폴레옹이라고 주장하는 사람과 마찬가지로 여길 것입니다. 우리는 그가 자기기만에 빠져 있다고 생각할 것이고 그가 혹시 자신이나 타인을 해치지나 않을까 걱정할 것입니다. 하지만 우리는 그런 광기에서 나타나는 이상함이나 불안정함을 예수님의 삶에서 찾아볼 수가 없습니다. 만약 그분이 정신이상이었다면 그분께서 보여 주셨던 평온함은 거의 기적에 가까운 일일 것입니다.[83]

심리학자 게리 콜린스Gary R. Collins의 글을 읽어 드리겠습니다."

> 예수님은 사랑이 넘치는 분이셨지만 연민 때문에 할 일을 못하지는 않으셨습니다. 그분은 종종 그를 사랑하며 따르는 무리들에 둘러싸여 지내셨지만 자아과잉에 빠지지도 않으셨습니다. 바쁘게 생활하셨지만 흐트러짐 없는 삶을 사셨습니다. 그분은 항상 자신이 하시는 일이 어떤 의미를 지니는지 알고 계셨고 어떤 일을 해야 할지도 알고 계셨습니다. 그분은 당시에는 하찮게 여겨지던 여자들과 아이들을 포함하여 사람들을 깊이 사랑하셨습니다. 그분은 사람들의 죄를 눈감아 주실 뿐만 아니라 그 사람들을 받아들이셨습니다. 그분은 사람들의 처지와 각자의 필요에 따라 그들에게 응답하셨습니다. 모든 점을 고려할 때 저는 예수님이 정신적인 질환을 가지고 있었다는 어떤 징후도 찾아볼 수가 없습니다. 그분은 저를 포함하여 제가 아는 어떤 사람보다도 정신적으로 건강하셨습니다![84]

페터슨 교수는 연설문에서 고개를 들고 말했다.

"저는 예수님이 거짓말쟁이나 미치광이였다고 생각하지 않습니다. 그렇다면 남은 가능성은 하나, 그분은 자신의 주장대로 그리스도, 하나님의 아들이시라는 것입니다. 하지만 이런 논리나 증거에도 불구하고 많은 사람은 아직도 이런 결론에 도달하지 못하고 있습니다. 저는 여러분이 지금이라도 마음을 바꾸어 당장 그리스도를 여러분의 구원자이자 주로 믿기를 바랍니다. 오늘 밤, 저는 오팔 대학교에 오랜 세월 봉직해 오면서 제가 오도했던 많은 이들에게 용서를 구하고 싶습니다. 잘못된 학문적 자존심 때문에 예수님과 복음서의 기자들이 주장한 예수님의 정체를 제대로 살펴보지 못했습니다. 그 잘못된 자존심 때문에 그리스도를 내 생명의 주로 인정하지 못했습니다. 기본적으로 저는 제 삶을 마음대로 살고 싶었고 제 자신의 신이 되고 싶었던 것입니다. 오늘 밤, 저는 여러분도 성경에 나타난 예수님을 다시 고려해 보기를 권합니다.[85]

두 달 전 제 아내 수전과 저는 각자의 죄를 회개하고 우리를 대신해 속죄의 죽음을 감당하신 예수님을 영접했습니다. 우리는 또한 그분을 우리 인생의 주인으로 모셨습니다. 아직도 그리스도를 모르신다면 지금이라도 당장 그분에 대한 믿음을 가지기를 권고합니다. 여러분이 내린 결정 중 가장 현명한 결정이 될 것입니다."

강당에 들어선 청중의 반이 자리에서 일어나 교수에게 열광적인 박수를 보냈다. 물론 안드레아도 함께 말이다.

"이제 말씀을 맺고 질문을 받겠습니다."

22
무신론자나 회의론자의 질문

청중이 갈채를 보내는 동안 부총장 프라이스가 마이크를 들고 강당 복도 가운데로 걸어 나왔다.

"지금부터 몇 사람의 질문을 받도록 하겠습니다."

제일 먼저 마이크를 받은 사람은 스콧이었다.

"페터슨 교수님, 저는 **그리스도에게 신성을 부여한 것은 4세기 니케아 공의회의 콘스탄틴 대제라고 들었습니다.**"

스콧을 향해 페터슨 교수가 입을 열었다.

"혹시 댄 브라운의 소설에 너무 빠진 건 아닌가요?"

청중 몇 사람들로부터 웃음이 터져 나왔다. 페터슨 교수가 말을 이었다.

"오늘 밤 제가 한 주장은 이겁니다. 신약성경은 1세기에 쓰였습니다. 예수님의 생애란 놀라운 사건이 있은 후 불과 몇 십 년 후였죠. 신약성경은 니케아 공의회보다 2세기 이상 앞서 있습니다. 비록 많은 사람에 의해 다양한 이유로 쓰이긴 했지만 신약성경이 공통적으로 가지고 있는 부정할 수 없는 주제는 예수 그리스도가 하나님이시라는 사실입니다."

다음 질문을 던진 사람은 구레나룻을 기른 중년의 사내였다.

"페터슨 교수님, 예수 그리스도가 신으로 여겨졌다는 사실을 알려주는 성경 외의 다른 자료가 있습니까?"

"물론입니다. 니케아 공의회 전 교부들도 예수님의 신성을 주장했죠. 그들의 주장의 일부를 인용하겠습니다. 안디옥의 이그나티우스는 110년에 '하나님이 육신을 입으시고 인간의 모습으로 나타나셨다'[86]란 기록을 남겼습니다. 100년부터 165년까지 살았던 저스틴 마터Justin Martyr는 '하나님의 말씀이 처음으로 육신을 입으셨다. 그분은 하나님이시기도 하다'[87]라고 말했고 177년, 이레네오Irenaeus 주교는 '하나님에게서 태어나신 분은 역시 하나님이시기 때문에 아버지가 하나님이시고 아들도 하나님이시다'[88]라고 선언했습니다. 사디스의 메리토Melito of Sardis는 177년경 '예수님은 사람이었지만 신이기도 하다'라고 썼습니다."

페터슨 교수는 말을 이었다.

"니케아 공의회 이전에 이미 예수님이 신으로 여겨졌다는 주장들 중 가장 설득력 있는 것들은 비그리스도인 저술가들에게서 찾아볼 수 있습니다. 그리스의 풍자작가였던 사모사타의 루시안(170년경), 로마의 철학자였던 켈수스Celsus(177년경), 로마의 총독이었던 소 플리니우스(112년경) 모두 초기 그리스도인이 예수님을 신으로 여기고 있었다고 밝히고 있습니다. 소 플리니우스는 예수님을 신으로 믿는다는 이유로 그리스도인들을 박해했습니다. 그의 주장을 한 줄 읽어 드리겠습니다.[89]

> 그들은 새벽 미명에 정해진 시간에 모여 신에게 하듯 그리스도를 기리는 말씀을 번갈아 가며 낭송했다.

23
과학적으로 증명할 수 있는가?

몇 차례의 질문이 이어진 후 안드레아의 친구인 로렌이 마이크를 잡고 강한 어조로 질문했다.

"제 이름은 로렌입니다. 혹시, 하나님과 예수님, 부활 등 이런 **모든 이야기를 제게 과학적으로 증명하실 수 있나요?**"

페터슨 교수가 망설임 없이 한마디로 대답했다.

"아니, 전 할 수 없습니다."

안드레아는 그녀의 뒤쪽에 앉아 있는 무신론자 클럽 친구들로부터 킥킥 웃음소리가 터져 나오는 것을 들었다. 몇 줄 뒤에 앉아 있던 샘이 소리를 질렀다.

"그렇다면 우리에게 이런 이야기들도 하지 마세요. 믿음이 있다는 사람들은 그저 맹신 외에는 답이 없죠."

페터슨 교수는 그의 말이 끝나기를 기다렸다가 차분하게 대답하기 시작했다.

"과학적인 증거란 결국 어떤 사실에 의문을 가진 사람 앞에 동일한 사건을 다시 한 번 반복해 보여 줄 수 있는 것입니다. 다른 변수들이 영향을 미칠 수 없는, 관찰이 가능하고 자료를 모을 수 있는 상황에서 가설을 경험적으로 확증하는 것이죠."[90]

"교수님이 과학에 대해 조금이라도 말할 자격이 있으신가요?"

다른 학생 하나가 소리를 질렀다.

"저는 과학자는 아닙니다. 하지만 여러분이 생각하는 것보다는 더 많이 알고 있을거예요. 하버드 학부에서 생물학과 물리학을 복수전공할 때만 해도 과학자로 살아가면 어떨까 생각해 본 적이 있고 지금도 취미 삼아 과학잡지들을 구독하고 있습니다. 통제된 환경에서 실험을 함으로써 가설을 검증하는 것은 현대과학의 가장 중요한 수단 중 하나입니다. 예를 들어 누군가 아이보리 비누가 물에 뜨지 않는다고 주장하고 나는 물에 뜬다고 주장한다면 내 주장을 증명하기 위해 나는 상대를 데리고 부엌으로 가서 온도를 28도로 맞춘 물을 20센티미터 싱크에 채운 후 아이보리 비누를 그 안에 떨어뜨릴 것입니다. 그런 후 우리는 관찰하고 자료를 모아 아이보리 비누는 물에 뜬다는 내 가설을 경험적으로 검증할 것입니다."[91]

페터슨 교수는 말을 이었다.

"**만약 그런 과학적인 방법만이 사실을 증명하는 유일한**

수단이라면 여러분은 오늘 점심을 먹었다는 사실조차 증명할 수 없을 겁니다. 통제된 상황에서 똑같이 다시 점심을 먹는다는 일은 불가능하죠. 하지만 다행히도 우리에겐 어떤 사실이 의심의 여지가 없다는 것을 보여 주는 '법사학적인 방법'이라는 다른 증명 수단이 있습니다. 다른 말로 하면 증거의 비중에 의지해 판단을 내릴 수 있다는 것이죠. 법사학적 증거는 세 가지 증언에 의존합니다. 구두에 의한 증언, 문서에 의한 증언, 증거물들(총이나 탄알, 공책 같은)이 그것입니다. 법사학적 방법들을 사용하면 합리적인 범위 내에서 의심의 여지없이 여러분이 점심을 먹으러 갔던 사실을 증명할 수 있습니다. 가령, 여러분의 친구들이 식당에서 여러분을 보았고 웨이터가 여러분을 기억하며 여러분이 식당의 영수증을 가지고 있는데다 셔츠에 음식물을 흘린 자국까지 있다면 말입니다.[92]

로렌, **과학적인 증명 방법은 반복할 수 있는 일들에만 적용되는 겁니다.** 역사상의 사건이나 인물들에 관한 질문들을 증명하거나 논박하는 용도로는 적절하지 않은 거죠. 가령, '에이브러햄 링컨이 살아 있었나, 마틴 루터 킹이 민권운동의 지도자였나, 나사렛 예수는 누구인가, 크리스토퍼 콜럼버스는 실존 인물이었나, 예수 그리스도가 죽은 자들 가운데서 부활하셨나?'와 같은 질문들은 과학적으로 증명할 수 있는 범위 밖에 있는 것이고 법사학적인 증명의 대상들인 것입니다.[93] 감사합니다."

다시 한 번 학생들의 박수갈채가 쏟아졌다. 프라이스 박사는 연단으로 올라가서 페터슨 교수와 악수했다. 오늘 저녁의 강연은 최근 열린 강연들 중 가장 놀랍고 지적인 강연이었다.

24
강연이 끝난 후

약 한 시간 후에 약 20여 명의 학생들과 몇 명의 교수진들이 페터슨 교수의 집에서 그의 강연을 축하하는 모임에 참석하고 있었다. 페터슨 교수는 아내 수전에게도 그녀의 경험을 간증해 달라고 부탁했고 학생들은 그녀의 푸근한 인간성에 매료되었다. 수전은 하나님의 사랑이 그녀를 그리스도를 향한 믿음으로 이끌었다고 말했다. 그녀는 자신의 영적 각성의 여정은 남편만큼 지적으로 치열하지는 않았다고 소개한 후 이기적인 자신에게 양심의 가책을 느끼던 그녀는 그 과정을 통해 하나님이 그녀와의 관계를 재정립하기를 원하신다는 것을 깨닫게 되었다고 말했다. 페터슨 여사의 말이 끝나자 놀랍게도 안드레아가 말문을 열었다.

"그렇게 오랜 기간 참을성 있게 제 곁에서 하나님의 사랑을 보여주신 페터슨 교수님 내외분과 제시카, 미나, 자말 그리고 닉에게 감사하고 싶어요. 저는 오늘 밤 페터슨 교수님의 강연 시간에 예수님을 영접했어요."

자말을 선두로 환호성이 터지는 가운데 미나와 제시카가 안드레아를 포옹했다. 모두 하나님에 대한 확신과 서로에 대한 사랑으로 가득 차 있었지만 브렛은 아직 마음을 모두 열 준비가 되어 있지 않았다. 처음과는 달리 그들의 주장들 중 많은 부분에 공감이 가긴 했지만 개인적으로 더 많은 시간을 들여 스스로 납득이 될 때까지는 섣불리 믿음을 갖지 않겠다고 다시 한 번 다짐했다.

"저도 한 말씀 드리겠습니다."

브렛이 정중한 목소리로 운을 떼었다.

"이제까지 저는 무신론자임을 공언하면서 살아왔지만 여러분의 지적인 추론과 자말 선배의 통찰 덕분에 이제는 그리스도가 이 세상에 살아 계셨다는 것은 믿을 수 있게 되었습니다. 하지만… 그렇다고 제가 안드레아처럼 하나님을 믿을 준비가 되었다는 것은 아닙니다. 저는, 특히 부활을 비롯해 아직도 기독교에는 의심의 여지가 많이 있다고 생각합니다."

"부활의 어떤 점을 못 믿겠다는 거지?"

페터슨 교수가 물었다.

"지금 이 자리에서 이야기하고 싶지는 않습니다. 우선 지금은 제가 수적으로도 열세잖아요?"

브렛이 웃으며 말하자 페터슨 교수도 웃으며 대꾸했다.

"알겠네, 브렛. 그 문제로 이야기할 준비가 되면 아무 때나 전화를 하거나 사무실로 찾아오게."

"고맙습니다. 교수님의 말씀 잊지 않고 간직하겠습니다. 언제 찾아 뵐지는 아직 모르겠지만…"

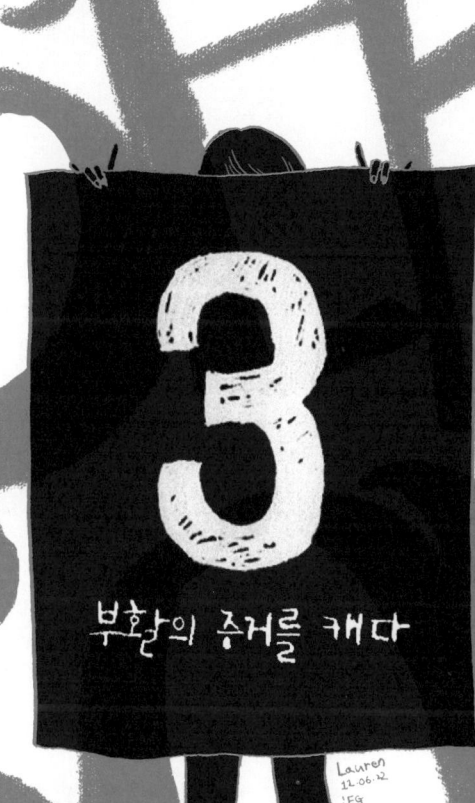

3
부활의 증거를 캐다

01
총기 난사 사건

캠퍼스에는 팽팽한 긴장감이 흘러 넘쳤다. 오팔 대학교의 행정직원들도 이제껏 이런 상황을 겪어 본 적이 없었다. 한치 앞도 내다볼 수 없을 만큼 긴박했다. 발단은 학생들의 모임이 점점 더 과격해지면서 시작됐다. 캠퍼스 내에서 실제로 폭력 사건이 발생할 가능성까지 감지된 것이다. 정치와 사회 문제들은 언제나 학생들 사이에서 민감한 문제였지만, 요즘의 문제는 또 달랐다. 최근 교수 한 사람이 무신론과 불가지론을 주장하는 학자들과 공개 토론을 하면서 그리스도가 역사 속에 실존했던 존재였다고 꽤 설득력 있는 주장을 펼쳤기 때문이다. 이후 학생들 사이의 갈등은 걷잡을 수 없이 커져 갔다. 몇 주에 걸쳐 캠퍼스 내의 종교 모임과 무신론자 클럽 사이에 불화가 그치지 않았고 때로는 추한 몸싸움으로 번지기도 했다.

토론회에서 역사 속의 그리스도를 옹호했던 자말 워싱턴은 종교학부에서 몇 개의 학부 과정을 맡아 지도하는 박사과정 학생이었다. 최근, 종교학부의 명예교수인 윌리엄 페터슨 교수와 무신론자 클럽의 학생 몇 명이 기독교로 전향한 것도 자말의 영향이라고 사람들은 생각했다. 토론회가 개최된 후 한 달이 지났을 무렵, 페터슨 교수는 그리스도의 신성에 대한 감동적인 강연을 했고 더 많은 학생들이 예수님이 하나님의 아들이심을 믿게 되었다. 그리고 그 시기쯤 자말은 알 수 없는 이들로부터 협박을 받기 시작했다. 겉봉에 아무 것도 쓰여 있지 않은 협박 편지가 아침이면 자말의 방문 아래로 밀려와 있었다. 그러나 자말은 크게 신경 쓰지 않는 눈치였다. 그는 그것을, 일부 독단적인 학생단체 리더들의 젊은 혈기쯤으로 여겼다. 무신론자 클럽 회원들은 분명히 자말이나 페터슨 교수와 의견이 달랐지만, 그들에게 적대적이지는 않았다.

무신론자 클럽의 리더를 맡기도 했고 지금은 불가지론자를 자처하고 있는 브렛은 이즈음 자신의 회의주의가 과연 정당한 것인가를 놓고 생각이 복잡했다. 무엇이든 새로운 아이디어를 받아들이기 전에는 먼저 그에 대해 철저히 조사하는 학구적인 집안 분위기에서 성장한 그는 이 예수라는 인물에 대해서도 차분하게 자신의 생각을 정리하는 중이었다. 브렛을 아는 사람이라면 누구라도 그가 새로운 생각을, 특히 종교적인 문제인 경우에는 더욱, 순간적인 감정으로 섣불리 받아들일 사람이 아니라는 것을 인정할 것이다.

닉의 초대를 받은 브렛은 페터슨 교수가 이끄는 수업을 참관했다. 비록 후선으로 물러난 명예교수였지만 페터슨 교수는 종교학부 교수들의 부탁을 받으면 기꺼이 대신 강의를 맡아주었다. 브렛은 수업 중 토론의 주제로 등장했던 예수님의 부활에 대해 따로 몇 가지 질문을 하고 싶었다. 진실을 알고 싶은 그에게 부활은 아주 중요한 문제였다.

종교학부의 건물에서 한 블록 정도 떨어진 곳에 이르렀을 때 브렛은 학생들이 정신없이 밖으로 뛰쳐나오고 있는 것을 보았다. 소방 훈련이라도 하고 있는 걸까? 하지만 뭔가 느낌이 이상했다. 소방 훈련을 받는 사람들이 이렇게까지 급박하게 뛰어 도망치는 것을 본 적이 없었기 때문이다. 그 순간 그의 귀에 비명이 들려왔다. 의예과 학생답게 브렛은 거의 본능적으로 비명소리에 반응했고 즉시 행동에 돌입했다.

"그만 전화를 끊어야겠어!"

통화를 끊고 휴대전화를 집어넣은 후 종교학부 건물을 향해 뛰기 시작했다. 무슨 일이 벌어지고 있는 게 분명했다. 비명을 지르며 종교학부 건물에서 도망쳐 나온 학생들은 사방으로 뛰어 달아나고 있었다. 브렛이 건물 쪽으로 다가가자, 비틀거리는 발걸음으로 건물을 빠져나온 여학생 한 명을 발견했다. 그녀는 건물로부터 6미터 정도 떨어진 잔디밭 위에 쓰러졌다. 그녀의 티셔츠는 온통 피투성이였다. 브렛은 그녀 곁으로 뛰어가 앉았다. 가쁜 숨을 몰아 쉬면서도 그녀는 필사적으로 몸을 일으키려 하고 있었다.

"다친 곳이 어디예요?"

브렛이 주위의 소음을 뚫고 그녀에게 소리쳤다.

"무슨 일이 생긴 거죠?"

"총에 맞았어요!"

그녀가 비명을 질렀다.

"어떤 사람이 무차별적으로 총을 쏘고 있어요!"

브렛은 휴대전화을 꺼내어 911을 누른 후 떨리는 목소리로 도움을 청했다. 전화를 마친 그는 여학생을 팔에 안고 길 건너 안전한 장소로 필사적으로 달음박질했다. 안전한 곳에 도착하자 여학생이 마침내 울음을 터뜨렸다.

"어딜 다쳤어요?"

"어깨요!"

그녀는 쇼크 상태인 것 같았다. 그 무렵 사방에서 사이렌 소리가 들렸고 경찰차들이 들이닥치기 시작했다. 차에서 뛰쳐나온 경찰관들이 건물을 향해 뛰어갔다. 눈앞에서 전개되는 모든 상황이 브렛에게는 악몽의 한 토막처럼 느껴졌다. 브렛의 무릎을 베고 누워 있던 여학생이 의식을 잃었다.

02
돌이킬 수 없는 비극

서서히 사건의 전말이 드러났다. 피터슨 교수와 그의 아내 수전은 꼭 붙어 앉은 채 모든 채널에서 24시간 흘러나오는 뉴스 보도를 보며 눈물을 글썽였다. 종교학부 건물에서 벌어진 총격 사건으로 모두 아홉 명의 학생들이 목숨을 잃었다. 사망자 가운데는 자말 워싱턴과 닉 리들리, 범행 후 자신에게 총구를 돌린 범인까지 포함되어 있었다. 페터슨 교수는 슬픔과 죄책감으로 마음을 가눌 수가 없었다. 이런 일이 일어날 줄은 조금도 예상하지 못했다. 자신과 피해자들을 향한 협박과 증오에 찬 편지들을 받았을 때 왜 학교 당국과 경찰에게 그 문제들을 좀 더 심각하게 다루도록 압박하지 않았던 것일까?

"여보, 자신에게 모든 책임을 돌리지는 말아요. 그 일을 막기 위해 당신이 더 이상 할 수 있는 일들은 없었어요. 당신이 받은 협박 편지들은 모두 신고했잖아요?"

수전 페터슨 여사가 남편을 위로하며 말했다.

지금까지 뉴스를 통해 알려진 바에 의하면 범인도 같은 학교 학생이었고 총격 사건을 일으키는 범인들이 흔히 그렇듯 별다른 친구도 없이 외톨이로 지내던, 정신적인 문제가 있는 젊은이였다. 그와 기숙사에서 한 방을 썼던 학생은 인터뷰에서 이렇게 증언했다.

"걔는 제게 말을 거는 일도 드물었어요. 가끔 어울려 놀자고 해도 언제나 거절하곤 했죠. 다른 사람들과 함께 있으면 항상 어색해했지만 그 애가 사람들을 해칠 계획을 가지고 있으리라고는 꿈에도 생각하지 못했어요. 그냥 좀 별스런 애 정도로만 여겼죠."

무신론자 클럽 회원인 다른 학생은 범행을 저지른 학생이 몇 번 모임에 참석한 적이 있었다고 말했다.

"모임에 나와도 그 친구는 별로 말하지 않았어요. 하지만 그 친구의 발언에서는 그리스도인들을 향한 분노가 느껴졌죠. 그리고 그 분노를 통제하지 못하는 것처럼 보였어요."

"여보!"

다시 텔레비전 화면을 바라보던 수전이 말했다.

"인터뷰하는 이 학생, 어디서 봤는지 무척 낯이 익네요."

"맞아요."

페터슨이 대답했다.

"브렛이란 학생이오. 닉이 강의 후에 한 번 집으로 데리고 온 적이 있었어요. 사실, 오늘 아침에도 저 친구와 만날 약속이 있었다오."

"그 말을 들으니 생각이 나네요. 아마 오토바이를 타고 왔었죠?"

"바로 그 학생이에요. 의예과에 다니고 있는데 아주 영리한 친구지."

방송기자는 몸을 돌려 카메라를 향하고 말했다.

"우리는 지금, 사건 당일 종교학과 교수를 만나러 가던 중 사건 현장을 목격한 오팔 대학교 4학년 학생인 브렛 윌슨과 이야기를 나누고 있습니다. 브렛, 다시 한 번 어떤 일이 벌어졌는지 말해 주겠어요?"

"학생들이 건물로부터 쏟아져 나오고 있었어요. 제가 현관에 도착할 무렵 얼마 떨어지지 않은 곳에 한 여학생이 쓰러졌는데 어깨 위쪽으로 온통 피투성이더라고요. 제가 911 전화로 신고했고 몇 분 내에 경찰들이 도착했어요."

"범행 용의자를 몇 달 전 직접 만난 적도 있다고 하셨는데…."

"맞아요. 이름은 정확하게 기억나지 않지만 무신론자 클럽에 몇 번 참석한 적이 있었어요. 하지만 다른 학생들과 별로 어울리는 것 같지도 않았고 여러 명이 모인 자리에서는 어색하게 겉돌고는 했죠. 다른 회원들이 당황스러워 할 만한 이야기들을 하곤 했지만 지적인 친구였어요. 언젠가 한 번 그와 논쟁을 벌인 적도 있었죠."

"무엇 때문이었죠?"

기자가 물었다.

"아까도 말씀드렸지만 그는 어느 때나 분노에 찬 듯 행동했어요. 한번은 모임에 와서 만약 신이 존재하지 않는다면 선이나 악도 존재하지 않는 것 아니냐면서 인간은 그저 결정론적 진화의 산물에 불과하니 모든 종교는 물론 유전적인 결함이 있는 사람들이나 열등한 인종들도 없애야 한다고 말하더라고요.

그 때문에 논쟁이 벌어졌죠. 우리 모임에서는 인종차별주의를 용납하지 않으니까 그런 이야기를 하려면 다시는 오지 말라고 얘길 해줬어요. 그후로는 그를 본 적이 없었고요."

"그런 일이 있었다면 왜 학교 당국에 신고하지 않았나요?"

기자가 브렛에게 질문했다.

"솔직히 말하자면 우리 클럽 회원들 중 누구도 그 친구를 그리 심각하게 생각하지는 않았거든요. 철학 입문과정 정도나 수강한 뒤 떠오른 설익은 생각을 우리에게 실험해 보려는 친구 정도로 여겼죠. 그가 실제로 사람들을 해칠 생각을 가지고 있으리라고는 누가 알았겠어요? 인종차별적인 생각을 가지고 있는 학생들이 모임에 많이 찾아오지만 우리 생각이 그들과 다르다는 것을 확인하면 대개는 다시 모임에 나오는 일이 없거든요. 우리는 그가 진짜로 자신의 생각을 행동에 옮기리라고는 전혀 생각 못했어요. 워싱턴 씨가 협박을 받아 왔다는 것도 어제야 비로소 알았어요."

페터슨 교수 부부는 텔레비전을 지켜보면서, 어처구니가 없는 비극이지만 이 일을 통해 하나님께서 영광을 받으시기를 울면서 기도했다. 부부는 닉의 부모님, 자말의 가족 그리고 그 사건으로 피해를 입은 다른 이들, 특히 닉과 자말의 가까운 친구들이었던 제시카, 미나, 안드레아와 브렛을 위해 기도드렸다.

03
쓸쓸한 밸런타인데이

 열댓 명의 여대생들이 테이블에 둘러앉아 쉴새 없이 웃음을 터뜨리고 있었다. 교내 교회에 출석하는 여학생들이었다. 그들이 들어와 있는 치즈케이크 팩토리의 실내 벽에는 2월 14일이라는 날짜가 찍힌 시계달력이 걸려 있었다. 안드레아의 이야기에 까르르 웃고 있는 일행 중에는 새로운 얼굴들도 보였지만 모두가 이미 그런 모임에 익숙해진 듯 편안한 표정들이었다. 웃고 있던 제시카의 눈에 옆 자리 연인의 테이블에 놓인 장미 꽃다발이 들어왔다. 닉이 그리웠다. 그가 그녀 곁을 떠난 지 벌써 석 달이 지났다. 제시카는 그 끔찍한 비극조차 하나님의 뜻으로 받아들였지만 그럼에도 닉을 생각하면 아직도 찢어질 듯 마음이 아팠고 견딜 수 없이 고통스러웠다.

 대화의 중심이 다른 여학생에게 옮겨 간 후 안드레아가 제시카에게 몸을 기울이고 나지막이 말했다.

 "제시카, 괜찮니? 오늘은 네가 특히 더 힘들 것 같아 걱정된다."

 "고마워, 안드레아. 내가 잠깐 넋을 놓고 있었나 보네. 미안, 그런데 가끔은… 너희처럼 이렇게 가장 친하고 좋은 친구들과 있을 때조차 너무 외로워지곤 해."

 "당연히 그렇겠지. 닉은 정말 멋있고 용기 있는 애였잖아.

당연히 많이 그리울 거야."

뉴스 보도에 의하면 닉은 자말을 보호하려다 희생되었다고 했다. 그의 영웅적인 이야기를 보도하면서 이례적으로 방송은 "사람이 친구를 위하여 자기 목숨을 버리면 이보다 더 큰 사랑이 없나니"란 성경 말씀을 인용했다.[1] 그 총격 사건은 그리스도인들이 담대하게 나서서 자신들의 믿음을 밝히게 만드는 촉매제 역할을 했고 캠퍼스 사역에 호응하는 학생들의 수도 두 배로 증가하는 결과를 낳았다.

어느새 다른 친구들도 자신들의 얘기를 멈추고 제시카와 안드레아, 두 사람을 쳐다보고 있었다.

"여기 함께해 준 모두에게 너무 감사해. 나는 너희 한 명 한 명을 모두 사랑해. 이 세상 어느 곳보다 너희와 함께하는 이 순간, 이 자리가 제일 좋고 편해. 정말 고마워."

"우리도 널 사랑해, 제시카. 언젠가는 우리 모두 닉과 자말을 다시 만나 볼 날이 올 거야."

안드레아가 제시카를 위로했다.

"뭐? 그걸 어떻게 알아?"

로렌은 안드레아의 말을 듣는 순간 마음속으로 의문이 생겼다. 의대생인 로렌은 무신론자 클럽에서 만난 친구인 안드레아와 브렛을 통해 이 모임에 참석하게 되었다. 그들 세 명은 모두 무신론자 클럽을 떠난 상태였지만 로렌은 여전히 자신을 불가지론자로 여기고 있었고 이 모임에 참석하는 **다른 학**

생들이 갖고 있는 천국에 대한 확신을 이해할 수 없었다.

매주 수요일 저녁, 캠퍼스 사역 리더들은 커피하우스에서 회동했다. 총격 사건 직후에는 모임을 이어가기가 힘들었지만 그럴수록 그들은 모임에 힘을 쏟았다. 제시카는 모임에 올 때마다 닉이 생각나 마음이 아프기도 했지만 그 모임에 더욱 애착을 갖고 참여했다.

밸런타인 데이가 지나고 첫 번째 수요일이 되었다. 참가한 모임에서 사람들이 자리를 잡고 앉은 뒤 로렌이 먼저 말문을 열었다. "저, 여러분이 알다시피 저는 영적인 문제들에 관해 알고 싶은 것들이 많아요. 지금 제 질문이 이곳에 참석한 몇 사람들을 더욱 힘들게 할 수도 있다는 것을 알지만, 저는 천국이 궁금해요. 지난 가을의… 그러니까…."

"총격사건 말씀이죠?" 좀처럼 말을 꺼내지 못하는 로렌을 대신해 안드레아가 말했다.

로렌이 고개를 끄덕이며 제시카와 미나의 옆 얼굴을 흘끗 쳐다봤다. "그 사건 이후 여러분이 천국에 대해 자주 이야기하는 것을 들었거든요. 도대체 무슨 근거로 천국이 있다고 그렇게 확신하는 거죠? 천국이라는 말을 할 때 여러분은 마음속으로 어떤 광경을 떠올리는 거예요?"

제시카가 먼저 대답했다. "로렌 언니, 예수님께서는 천국에 대해 여러 번 말씀하셨어요. 그중에서도 제가 제일 좋아하는 구절은 요한복음 14장에서 제자들에게 하신 말씀이죠. '내 아버지 집에 거할 곳이 많도다 그렇지 않으면 너희에게 일렀으리라 내가 너희를 위하여 처소를 예비하러 가노니 가서 너희를 위하여 처소를 예비하면 내가 다시 와서 너희를 내게로 영접하여 나 있는 곳에 너희도 있게 하리라.'[2] 우리와 함께 영원히 함께 지내고 싶어하시는 예수님이 느껴져서 전 그 구절을 외웠어요. 요한계시록에도 제가 좋아하는 말씀이 있는데 아직 외우지는 못했어요. 하지만 휴대전화에 저장해 놨으니까 잠깐만 기다려 주세요."

로렌은 제시카의 대답을 수긍하지 않았지만 잠자코 그녀의 말을 듣고만 있었다.

'다른 종교들도 사후의 삶을 다루고 있고 그런 면에서 기독교만 천국에 대한 주장을 하는 게 아니잖아?'

하지만 차마 이 자리에서 제시카에게 그 말을 할 수는 없었다. 말씀을 찾은 듯 제시카가 입을 열었다. "계시록에 보면 하나님께서 요한에게 천국의 환상을 보여 주신 구절이 있어요. 요한이 그 광경을 묘사한 내용이에요."

내가 들으니 보좌에서 큰 음성이 나서 이르되 보라 하나님의 장막이 사람들과 함께 있으매 하나님이 그들과 함께 계시리니 그들은 하나님의 백성이 되고 하나님은 친히 그들과 함께 계셔서 모든 눈물을 그 눈에서 닦아 주시니 다시는 사망이 없고 애통하는 것이나 곡하는 것이나 아픈 것이 다시 있지 아니하리니 처음 것들이 다 지나갔음이러라."[3]

로렌과 함께 참석한 불가지론자인 에이미가 질문했다. "그럼, 죽은 우리 친구들이 바로 지금 천국에 있다는 이야기니, 아니면 미래에 천국에 들어간다는 이야기니?"

제시카가 대답했다. "내 생각엔 그들은 지금 천국에 있어요. 미나 언니가 뭔가 더 해줄 이야기가 있을 것 같아요."

오팔 대학교에서 법을 전공하고 있는 미나가 제시카보다는 좀 더 확신에 찬 목소리로 이야기를 넘겨받았다.

"좋은 질문이에요. 에이미. 사실 두 가지 다 맞을 수도 있어요. 우리는 하나님께서 새 하늘과 새 땅을 창조하실 것이라고 알고 있어요. 베드로후서와 요한계시록에 그렇게 기록되어 있기 때문이죠. 동시에 우리 친구들이 지금 천국이라고 불리는 곳에 거하고 있다고도 나는 믿어요. 역시 성경 말씀이 그렇게 증거하기 때문이죠. 예수님은 자기 양편 십자가에 달린 두 강도 중 한 명에게 "내가 진실로 네게 이르노니 오늘 네가 나와 함께 낙원에 있으리라 하시니라"[4]라고 말씀하셨죠. 고린도교회에 보낸 바울의 편지에도 자신이 "담대하여 원하는 바는 차라리 몸을 떠나 주와 함께 거하는 그것이라"[5]는 말씀이 있어요.

04
'천국'이 있다는 걸 어떻게 알지?

안드레아가 기다렸다는 듯 말문을 열었다.

"로렌, 얼마 전에 성경에서 읽은 내용인데 말이야. 예수님이 부자와 나사로의 이야기를 해주셨는데… 음, 그 이야기에서 나사로는 바로 천국으로 갔거든."

"나는 들어본 적이 없는 이야기야."

로렌이 말했다.

"계속해 줘."

"알았어. 그런데 잠깐만, 나도 성경을 좀 찾아봐야 할 것 같아. 내가 성경을 어디다 뒀더라? 이런, 성경을 안 가지고 왔네. 제시카, 그 이야기가 있는 부분을 좀 읽어 줄래? 누가복음 16장에 있어."

"좋아."

아직 성경책의 순서에 익숙하지 않은 탓에 제시카가 그 이야기를 찾는 데는 시간이 좀 걸렸다.

"여기 있다. 좀 길긴 한데, 그래도 다 읽을게."

> 한 부자가 있어 자색 옷과 고운 베옷을 입고 날마다 호화롭게 즐기더라 그런데 나사로라 이름하는 한 거지가 헌데 투성이로 그의 대문 앞에 버려진 채 그 부자의 상에서 떨어지

는 것으로 배불리려 하매 심지어 개들이 와서 그 헌데를 핥더라 이에 그 거지가 죽어 천사들에게 받들려 아브라함의 품에 들어가고 부자도 죽어 장사되매 그가 음부에서 고통 중에 눈을 들어 멀리 아브라함과 그의 품에 있는 나사로를 보고 불러 이르되 아버지 아브라함이여 나를 긍휼히 여기사 나사로를 보내어 그 손가락 끝에 물을 찍어 내 혀를 서늘하게 하소서 내가 이 불꽃 가운데서 괴로워하나이다 아브라함이 이르되 얘 너는 살았을 때에 좋은 것을 받았고 나사로는 고난을 받았으니 이것을 기억하라 이제 그는 여기서 위로를 받고 너는 괴로움을 받느니라 그뿐 아니라 너희와 우리 사이에 큰 구렁텅이가 놓여 있어 여기서 너희에게 건너가고자 하되 갈 수 없고 거기서 우리에게 건너올 수도 없게 하였느니라 이르되 그러면 아버지여 구하노니 나사로를 내 아버지의 집에 보내소서 내 형제 다섯이 있으니 그들에게 증언하게 하여 그들로 이 고통 받는 곳에 오지 않게 하소서 아브라함이 이르되 그들에게 모세와 선지자들이 있으니 그들에게 들을지니라 이르되 그렇지 아니하니이다 아버지 아브라함이여 만일 죽은 자에게서 그들에게 가는 자가 있으면 회개하리이다 이르되 모세와 선지자들에게 듣지 아니하면 비록 죽은 자 가운데서 살아나는 자가 있을지라도 권함을 받지 아니하리라 하였다 하시니라.[6]

안드레아는 제시카가 성경을 읽는 동안, 손가락으로 테이블을 두드리며 멍하게 밖을 쳐다보는 로렌을 보았다.

'로렌은 이야기에 별로 흥미를 느끼지 못하는군.'

제시카가 성경을 다 읽은 후에도 모임 중에서 별 반응이 없자 미나가 먼저 말문을 열었다.

"제시카의 말대로 예수님께서는 천국에 대해 자주 말씀하셨어. 여기 다른 이야기도 있어."

그녀는 누가복음을 펼쳐 읽기 시작했다.

> 잔치를 베풀거든 차라리 가난한 자들과 몸 불편한 자들과 저는 자들과 맹인들을 청하라 그리하면 그들이 갚을 것이 없으므로 네게 복이 되리니 이는 의인들의 부활시에 네가 갚음을 받겠음이라 하시더라.[7]

안드레아가 로렌에게 말했다.

"로렌, 뭔가 하고 싶은 말이 있지? 주저하지 말고 말해 봐."

로렌은 안드레아에게 쓸데없는 짓을 한다는 듯 눈치를 주었다.

"나는 혹시라도 이 모임을 썰렁하게 만들 이야기를 하고 싶지는 않아. 모두 자말 선배와 닉을 그리워하고 있다는 것도 알고 천국에서 그들을 다시 만나게 될 거라고 믿는 너희의 믿음도 존중해. 하나님이니 천국이니 하는 생각에 내가 딱히 반대하는 것은 아니지만 그래도, 지금 방금 읽어 준 성경 이야기에서는 더더욱 별다른 감명을 받지 못하겠어. 예수님뿐만이 아니라 많은 철학자나 인류의 스승들이 사후 세계에 대해 말해 왔잖아? 너희의 기분을 상하게 하고 싶지는 않지만 **예수님이 말씀해 주신 사후의 이야기가 소크라테스나 석가모니, 무함마드의 이야기보다 더 신빙성이 있다고는 생각되지 않아."**

"예수님의 이야기가 좀 더 이치에 맞는 것 같지 않아?"

안드레아가 대답했다.

"너한테는 그럴지도 모르지. 하지만 불교 신자나 이슬람 교도, 또는 다른 사람들에게 물어보면 그들도 모두 자신의 이야기가 더 이치에 맞다고 말할 거야. 그럼 한 번 물어볼게. 왜 그들의 이야기보다 너희의 이야기가 더 옳다고 생각하는 거지?"

"부활 때문이지."

미나가 너무 뻔한 이야기를 한다는 듯 대답했다. 로렌은 그게 무슨 말이냐는 듯 미나를 향해 눈썹을 치켜올리며 생각했다.

'미나 언니는 나중에 법정에서도 기싸움에는 밀리지 않을 거야.'

"그게 무슨 뜻이에요?"

안드레아가 미나에게 물었다.

"부활이 어떻게 사후 세계에 대한 예수님의 주장을 뒷받침한다는 거죠?"

"예수님은 사후세계에 대해 말씀하셨을 뿐 아니라 직접 증명하셨어."

"어떻게요?"

로렌이 궁금하다는 듯 물었다.

"예수님이 오시기 전까지는 유대인들 중 일부는 마지막 날에 뼈들이 다시 사람으로 변할 거라고 믿었지. 하지만 대부분 그들에게는 그런 생각이 아무 증거도 없는 추측에 불과한 것이었어. 그때 예수님이 등장하셔서 '몸의 부활이 있을 것'이라거나 '나는 부활이요 생명이니 나를 믿는 자는 죽어도 살겠고 무릇 살아서 나를 믿는 자는 영원히 죽지 아니하리니'[8] 같은 말씀을 하신 거지. 예수님은 사람들에게 자신을 믿고 부활의 약속을 받으라고 말씀을 선포하기 시작하셨어. 예수님은 자신이 죄인들의 손에 넘겨질 것이고 십자가에 못 박힌 후 사흘 후에 다시 살아나실 것이라고 제자들에게 말씀하셨지.[9] 예수님께서 예언하신 말씀들은 훗날 모두 성취되었고 예수님이 죽은 자들 가운데서 다시 육신의 몸으로 살아나셔서 그대로 증명이 되었어. 예수님은 자신을 따르는 무리들에게 '내가 살았고 너희도 살겠음이라'[10]고도 약속하셨지."

로렌은 더 이상 부활에 관한 말을 듣기가 힘들었다. 예수님의 부활이 사실이라는 주장을 들으면 좌절감까지 느껴질 정도였지만 막상 그에 대해 어떻게 반론을 펼쳐야 할지 알 수가 없었다. 모임에서 그런 문제로 토론해 봤자 그녀는 다른 참여자들의 논리에 압도당하기 일쑤였고 그래서 이런 논쟁에 휩쓸리고 싶지 않았다.

'그래, 하나님이 존재하신다는 것까지는 좋아. 하지만 예수님이 부활하셨다는 이야기는 너무 지나친 것 아냐? 마치 광신자들의 이야기로 밖에는 여겨지지 않거든? 이런 상황에서 어떻게 요령 있게 대처할 수 있을까?'

로렌은 마음속으로 생각했다.

로렌이 모임에 참석한 사람들을 향해 입을 열었다.

"나는 오늘 밤 종교적인 문제로 토론을 벌이려는 게 아니야. 믿음이 얼마나 너희에게 위로가 되는지 나도 잘 알아. 하지만 예수님의 부활이 사실이라고 주장하는 것은 솔직히 수긍하기가 어려워. 만약 내가 그리스도인이라 하더라도 **정말로 말 그대로 예수님이 죽었다가 다시 살아오셨다는 주장은 믿지 못했을 거야.** 예수님의 말씀은 정말 훌륭해. 그리고 기독교가 사람들에게 서로 사랑하며 선하고 긍정적인 생각을 갖게 한다는 것, 그리고 사회정의를 위해 노력한다는 점도 인정해. 그럼 됐지, 부활이라는 문제로 왈가왈부할 필요가 없잖아?"

로렌은 못마땅한 얼굴로 말을 이었다.

"내가 다니던 교회의 목사님조차 부활이 실제로 일어났다고 생각하지는 않았어. 그분은 모든 신자의 마음속에서 그리스도가 부활한 것이라고 말씀하곤 했지. 우리 부모님도 그분 말씀이 아주 이치에 맞는다고 생각하셨고 나도 그분의 주장이 잘못되었다고 생각하지 않아."

이번에는 제시카가 말문을 열었다.

"로렌, 만약 네가 그리스도인이 되려면 그리스도가 실제로 부활하신 것을 믿어야 할거야. 그건 기독교의 토대이거든. 사도 바울은 '그리스도께서 다시 사신 것이 없으면 너희의 믿음도 헛되고 너희가 여전히 죄 가운데 있을 것이요'[11]라고 말씀했어. 부활이 없다면 기독교는 아무 의미도 없는 거나 마찬가지니까. 예수님께서는 이 세상의 죗값을 치르기 위해 돌아가셨지. 만약 예수님 자신이 죄가 있었다면 그분은 다시 살아나실 수 없었을 거야. 왜냐하면 죄의 대가는 사망이니까. 그런데 예수님은 부활하셔서 자신이 죄가 없으시다는 것을 증명하셨어. 그래서 그분의 죽음이 내 죄, 아니 모든 사람의 죄를 갚기에 충분했던 거지. 그래서 바울이 만약 그리스도가 다시 사시지 않았다면 우리가 아직 죄 가운데 있었을 것이라고 말한 거야. 만약 예수님이 부활하시지 않았다면 그의 속죄가 하나님께 받아들여지지 않았다는 것을 의미했을 테니까. 듣기에 따라서는 **굉장히 무례하게 들릴지도 모르지만 그래도 이 말은 해야겠어.** 예수님께서 육체로 부활하셨다는 것을 믿지 않는 사람은 진정한 그리스도인이라고 할 수 없을 거야."

'어쩜 저렇게 주관적인 판단을 함부로 말할 수 있는 거야? 자기가 뭔데 진정한 그리스도인인지 아닌지를 들먹여?'

"어쨌든 얘기해 줘서 고마워, 제시카."

로렌이 대답했다.

"약간 편협한 주장처럼 들리기는 하지만 아직 네가 겪고 있는 아픔을 감안해서 이해할게. 내 생각엔 역사적인 예수님에 관한 이야기라면 브렛과 스콧이 나보다는 훨씬 관심이 있을 테니까 오늘은 그만하고 다음에 두 사람이 모두 모임에 참여할 때 다시 이 이야기를 계속하는 게 어떨까?"

"그게 좋겠다."

미나가 맞장구를 쳤다.

"사실 나는 바로 돌아가서 공부를 해야 하거든. 내일 전공 시험이 있어서 말야."

05
부활은 꾸며 낸 이야기나 전설 같아

"로렌, 어젯밤 모임은 어땠어?"

수업에 들어가는 로렌을 보고 부지런히 그녀 옆으로 쫓아온 브렛이 물었다.

"좀 썰렁했어. 나는 그 모임을 좋아하고 모임의 사람들도 모두 나를 좋아하지만 어떨 땐 걔들이 마치 모든 문제에 대한 답을 가지고 있는 것처럼 행동하는 것 같아."

로렌이 대답했다.

"그렇게 믿을지도 모르지."

로렌이 브렛을 돌아보았다.

"그게 무슨 의미야?"

"저번에 제이슨이랑 레지나와 함께 있을 때 걔들이 우리나라 의료보험제도에 대해 말을 꺼낸 적이 있었잖아? 그때 네가 둘의 코를 납작하게 만들었지. 내 생각엔 레지나는 아직도 널 용서 안한 것 같은데?"

둘은 그때의 상황을 떠올리며 웃음을 터뜨렸다.

"그런데 그게 이거랑 무슨 상관이야?"

웃음을 그친 로렌이 물었다.

"그 모임에 나오는 친구들은 자신의 믿음을 굉장히 중요하게 여긴다는 거지. 그래서 걔들은 무엇이 진실인지 항상 연구하고 생각하거든."

로렌이 걸음을 멈추고 브렛을 바라봤다.

"브렛, 나한테 하고 싶은 얘기가 뭐지?"

"아니, 난 그저 네가 그 모임 애들이 마치 모든 문제의 해답을 알고 있는 것처럼 행동한다고 하기에 하는 말이야. 그 친구들은 자신이 믿는 것에 대해 아주 진지하고 나는 그 점을 높이 사거든."

"나도 내가 믿는 것에 진지하거든?"

로렌이 쏘아붙였다.

"그래서 **나도 꾸며 낸 이야기들이나 전설은 믿지 못하겠다**는 거야."

다음 수요일 저녁, 일찌감치 모임 장소에 나온 안드레아와 제시카는 야외에 놓인 테이블에 자리를 잡고 앉았다. 나머지 친구들이 나타나기를 기다리며 학교 얘기며 전날 밤에 있었던 '예수님 먼저' 집회 이야기, 닉에 대한 그리움 등을 나눈 후 오늘 모임을 위해 기도했다. 기도가 끝날 때 쯤 로렌, 스콧, 에이미, 브렛도 그 자리에 도착했다.

일행은 잠시 동해안을 덮친 허리케인과 댈러스 카우보이팀의 새로운 선수, 도덕에 대한 자신의 소신 등을 거쳐 학교에서 해고된 교수를 화제로 삼아 잠시 한담을 나누었다. 이어서 브렛이 지난주에 나누었던 주제를 꺼내며 자연스럽게 대화의 방향을 옮겼다.

"안드레아, 제시카, 내가 로렌에게 들은 바로는 지난주에 부활에 관한 이야기가 나왔다고 하던데…. 너희도 모두 아는 사실이지만 나는 무신론자였어. 하지만 얼마 전부터 사후세계나 천국의 가능성에 흥미를 가지게 되었지. 사후세계와 예수님이 육신의 몸으로 부활하셨다는 주장이 어떤 관계가 있는 것인지 나한테 좀 더 이야기 해 줄 수 있어? 기독교 철학자들이 이런 주장을 하는 것을 들어본 적은 있지만 너희 의견을 듣고 싶어."

제시카가 먼저 입을 떼었다.

"예수님은 제자들에게 자신이 다시 사셨기 때문에 그들도 살게 될 것이라고 말씀하셨어. 물론 예수님은 그들의 죽음도 예언하셨지. 그게 무슨 의미겠어? 즉, 예수님께서는 그들에게 영생을 약속하신 거야. 요한복음에도 예수님께서 그를 따르는 사람들에게 영생을 약속하시는 말씀이 있어. 예수님은 십자가에 못박히시기 전날 베드로에게 자신이 순교하실 것을 알려주셨지. 미나 선배하고 페터슨 교수님께서 이 자리에 계시면 좀더 체계적으로 설명해 줄 수 있을 텐데. 어쨌건 내가 기억하는 바로는 유대인들 중에도 바리새인들 같은 사람들은 육신을 입은 채 다시 부활할 것을 믿고 있었다고 해. 하지만 예수님은 그런 가르침만을 베푸신 게 아니고 실제로 죽은 자들 가운데서 다시 살아나심으로써 몸소 직접 증명해 보이셨지."

로렌이 제시카의 말을 받아 질문했다.

"왜 그리스도인들은 예수님이 죽어야만 했다고 믿는 거지? 왜 그렇게 사랑이 넘치신다는 하나님께서 그런 잔인한 일을 행하셨다는 거야?"

"예수님이 돌아가신 것은 우리와 하나님의 관계를 회복시키시기 위해서야."

제시카가 대답했다.

"우리는 모두 죄인으로 이 세상에 태어나지. 죄인들은 거룩하신 하나님 앞에 설 수가 없어. 죄는 마치 먼지 같은 거야. 비유하자면, 우리가 정원에서 일을 하다가 땀과 흙으로 범벅이 된 상태로 집 안에 들어가 결혼식 웨딩드레스를 입어 보고 있는 누이를 포옹할 수 없다는 것을 생각해 보면 될 거야. 그러고 싶으면 먼저 몸을 씻어야겠지. 하나님과 죄의 관계도 마찬가지야. 불행하게도 죄에 대한 유일한 해결책은 죽음뿐이야. 누군가 죄가 없는 사람만이 다른 사람의 죗값을 치를 수가 있는 거지. 더러운 것을 닦으려면 뭔가 깨끗한 것이 필요한 것처럼 말이야."[12]

제시카는 잠시 말을 멈추고 생각을 정리했다.

"어서 나머지 얘기를 해봐."

브렛이 재촉했다.

"인간의 역사를 통틀어 완전하신 분은 예수 그리스도밖에 없어. 그분이 완전한 것은 예수님이 죄인인 인간의 자손이 아니라 바로 하나님의 아들이었기 때문이지. 그래서 예수님만이 다른 사람들의 죗값을 치를 수 있는 유일한 분이셨어. 내가 좋아하는 구절이지만, 성경의 요한복음 3장 16절에는 '하나님이 세상을 이처럼 사랑하사 독생자를 주셨으니 이는 그를 믿는 자마다 멸망하지 않고 영생을 얻게 하려 하심이니라'고 되어 있어."[13]

브렛이 제시카의 말을 막았다.

"잠깐만, 제시카. 이 대목에서 내가 반론을 위한 반론을 좀 할게. 만약 하나님이 그렇게 전능하시다면 왜 그분은 모든 사람의 죄를 그냥 용서하실 수 없었지? 가령, 스콧 선배가 내게 뭔가 못된 짓을 했을 때 나는 그냥 용서해 줄 수도 있거든? 아무도 그 일을 위해 고문을 당하거나 죽을 필요가 없지. 만약 하나님이 말 그대로 하나님이시고 모든 일을 하실 수 있다면 왜 그냥 용서하지 못하시는 거야? 왜 예수님이 죽어야만 했다는 거지?"

"그 문제에 대해서는 내가 대답할게."

안드레아가 나섰다.

"좋아."

브렛이 대답했다.

"나도 이전에 너와 똑같은 의문을 품었거든. 내가 찾은 대답은 **'하나님께서도 모든 것을 다 하실 수는 없다'**는 거야. 즉, 하나님은 그분의 본성에 어긋나는 일을 하실 수 없다고 성경에 쓰여 있어."

"그게 무슨 말이지?"

스콧이 물었다.

"나는 너희가 하나님은 전능하신 분이라고 생각하는 줄 알았는데?"

안드레아가 대답했다.

"잠깐만 이렇게 생각해 봐. 스콧, 성경에 보면 하나님께서는 거짓말하지 못하신다고 쓰여 있어. 왜냐하면 그분은 참이시기 때문이지. 하나님은 비논리적인 일들도 하실 수 없어. 예를 들면 "미혼 유부남'이나 '둥근 사각형', '너무 커서 하나님이 드실 수 없는 돌' 같은 것들을 만드는 것 말이야. 또 하나님은 죄도 지으실 수 없지. 질서와 거룩함의 하나님은 그분의 본성, 즉 하나님이심에 어긋나는 일들은 하실 수 없는 거야."

"그것이 예수님께서 돌아가셔야만 하는 것과 무슨 상관이 있다는 거지?"

로렌이 물었다.

"내가 대답할게."

제시카가 대답했다.

"내가 좀 전에 웨딩드레스를 예로 들어 설명하려 했던 게 바로 그거야. 하나님은 거룩하신 분이야. 그건 죄와 완전히 상관이 없으시다는 의미야. 그분의 본성, 혹은 성격은 또한 의로우시기도 해. **죄를 벌하시지 않고 내버려 두는 것은 그분의 본성에 맞지 않는 일이야.** 동시에 하나님은 사랑이시기 때문에 그분은 자신의 아들이신 예수 그리스도를 죄에 대한 완전한 희생물로 세상에 보내셨어. 구약 시대에는 제사장들이 양을 죽이고 사람들의 죄를 하나님께 고백했어. 짐승이 사람들의 죗값을 대신할 수는 없으므로 양을 희생으로 제사를 지낸 것이 적절한 일은 아니었지만 하나님은 장래에 오실 '제대로 된 희생'의 예표로 그것을 허락하셨던 거야. '제대로 된 희생'은 바로 예수님을 말하는 것이었지. **신이 완벽한 희생물이 되신 거야.** 오직 하나님만이 완전하시니까. 동시에 그 희생물은 인간들의 죄를 대신해야 했으니 인간이기도 해야 했지. 즉,

하나님께서 인간의 몸을 취하셔야만 했어. 그래서 그 자신이 하나님이시고 영원 전부터 하나님과 함께 계셨던 예수님께서[14] 우리를 위해 돌아가시기 위해 인간의 몸을 입고 이 세상에 오신 거야. 예수님을 통해 거룩하고 공의로우신 하나님과 사랑의 하나님께서 모두 드러나신 거야. 그래서 우리가 용서를 받은 거고."

"정말 훌륭한 설명이었어, 제시카. 방금 제시카가 설명한 것을 신학에서는 명제라고 해."

늦게 도착한 미나가 의자를 당겨 앉으며 말했다.

"미나 선배, 어서 와요."

로렌이 인사했다.

"오랜만이야. 모두 반가워요!"

"미나 선배!"

브렛이 설명했다.

"우리는 지금 예수님의 죽음과 부활에 대해 얘기하고 있었어요. 결국 천국과도 연결이 되는 문제겠지만 말이죠. 하지만 논리적으로는 그 둘이 어떻게 연결이 되는지 솔직히 잘 모르겠어요. 부활이 왜 그렇게 중요한 건지 선배가 좀 얘기해 줄래요?"

"예수님의 부활은 그분께서 죽음을 이기셨다는 것을 증명하는 거지. 그리스도인인 우리도 죽음과 이별을 슬퍼하지만 영생의 소망을 가지고 있다는 점에서 다른 이들과 구별되는 거야. 브렛, 너도 자말과 내가 아주 가까운 사이였다는 것을 알 거야. 그는 이제껏 내가 알았던 남자친구들 중에서 나랑 가장 가까운 사람이었어. 그를 아주 좋아했기 때문에 그가 세상을 떠난 후 두 달 동안은 도저히 공부에 집중할 수가 없었어. 만약 지도 교수님들이 내게 좀 더 시간적인 여유를 주시지 않았다면 난 아마도 한 학기를 더 다녀야 했을 거야. 하지만 그를 잃은 후 격심한 아픔이 좀 가라앉은 지금 나는 그를 다시 만나게 될 거라는 사실에 위안을 받고 있어. 예수님께서 죽음을 이기셨기 때문이지. 죽음은 끝이 아니야. 예수님께서는 자신의 부활로 그것을 증명하셨고 이 세상에 계실 때 그것에 관해 말씀해 주셨어. 제시카, 안드레아, 너희도 총격 사건으로 닉을 잃는 큰 슬픔을 겪었지만 그를 다시 만날 거라는 소망을 가지고 있지 않니?"

"맞아요."

제시카가 눈물을 글썽이며 대답했다.

"닉과 다시 데이트를 시작하면서 그와 결혼하는 문제를 놓고 기도했어요. 닉이 진짜 제 짝이라고 생각을 했거든요. 아직도 닉을 잃은 충격에서 완전히 벗어나지는 못했지만 부활하신 예수님을 기억하면 매일 아침 침대에서 일어나서 다시 한껏 제 삶을 살아볼 마음이 생겨요."

"부활의 소망이 그렇게 큰 힘이 된다니 다행이야."

로렌이 이렇게 대답하자, 안드레아가 로렌을 쳐다보았다.

"왜? 난 진심으로 얘기한 거야!"

"그럼 로렌의 말은 예수님의 부활이 제시카를 견디게 해주는 소망이지만 객관적인 사실은 아니라는 말이야? 지금 한 말은 제시카의 믿음이 허구라는 뜻 같아."

"그런가? 그렇게 들렸다면 미안."

로렌이 대답했다. 그때까지 침묵을 지키고 있던 에이미가 할 말이 있다는 듯 목청을 가다듬자 모두가 그녀를 주목했다.

"나도 한마디 할게. 나는 로렌이나 스콧처럼 똑똑하지는 않아. 그래서 네가 하는 말을 잘 이해하지 못하는지도 모르지만 나는 네가 어떻게 그런 소망을 가지게 되었는지 알고 싶어."

제시카가 미소를 지었다.

"에이미, 왜냐하면 예수님께서는 진짜 사람의 몸으로 오신 하나님이시기 때문이야. 그래서 우리가 겪는 아픔과 죽음을 이해하실 수 있지. 닉이 죽었을 때 나는 누구도 감히 내 깊은 슬픔을 이해할 수 없다고 생각했어. 하지만 지금은 생각이 달라. 성부 하나님도 아들을 잃으시는 슬픔을 느껴 보셨기 때문에 내 아픔이 어떤지 다 아실 거야. 그분은 내 아픔을 이해하셨고 나의 '피난처시요 힘이시니 환난 중에 만날 큰 도움'[15]이셨어. 시편에서 제일 유명한 구절은 우리가 사망 가운데 홀로 남겨지지 않을 거라고 알려 주지."

내가 사망의 음침한 골짜기로 다닐지라도 해를 두려워하지 않을 것은 주께서 나와 함께 하심이라 주의 지팡이와 막

대기가 나를 안위하시나이다.[16]

미나가 동의한다는 듯 고개를 끄덕였다.
"제시카와 마찬가지로 나도 자말과 닉, 그리고 한 달 전 사건으로 희생된 다른 학생들 때문에 아주 슬펐어. 내가 좋아하는 데살로니가전서 말씀을 한 구절 소개할게."

형제들아 자는 자들에 관하여는 너희가 알지 못함을 우리가 원치 아니하노니 이는 소망 없는 다른 이와 같이 슬퍼하지 않게 하려 함이라.[17]

06
부활을 못 믿는 그리스도인?

"그럼 내가 다시 하나 더 질문할게."
로렌이 말했다.
"지난주에 말했듯이 **나는 하나님을 믿을 마음이 있어. 부활만 믿지 않아도 된다면 말이지.** 그러자 여기 중에서 한 명이, 아마도 제시카였을거야. 부활을 믿지 않는다면 그리스도인이라고 할 수 없다고 말했지. 내 생각엔 그건 너무 편협한 이야기처럼 들렸고 그때도 아마 그렇게 이야기했을 거야. 도대체 왜 부활을 믿지 않으면 그리스도인이 될 수 없다는 거지?"

브렛이 못 말리겠다는 듯 고개를 저었다.

"로렌, 이 질문에 대해 우리에게 보낸 이메일을 보긴 했지만 지난주에 너무 바빠서 이 문제를 생각해 볼 여유가 없었어."

"나는 그 문제를 다룬 책을 한 권 발견했어."

역사학 박사과정을 밟고 있는 스콧이 말했다.

"그 문제를 다룬 무신론자들도 몇 명 찾았고 게르트 뤼데만 Gerd Ludemann 박사의 연구물도 좀 읽어 봤어. 비록 그는 복음서의 기적들을 비평하고 있지만 기독교에서 부활이 차지하는 중요성은 인정하고 있는 것처럼 보여."

말하면서 자신의 배낭을 뒤지던 스콧이 무언가를 끄집어냈다.

"찾았다. 뤼데만이 쓴 글을 좀 읽어 볼게."

> 예수의 부활은 기독교의 중심이다. 분명히 기독교의 모든 것이 예수의 부활이라는 사건에 의지하고 있는 것이다.[18]

미나가 스콧과 로렌을 쳐다보며 말을 했다.

"나는 부활이 실제로 벌어졌는지에 대한 뤼데만의 의견에 동의하지 않지만 적어도 그가 부활의 중요성에 대해서는 제대로 이해한 것 같군."

제시카가 로렌을 향해 입을 열었다.

"로렌, 내가 그런 이야기를 했던 것은 내가 옹졸하거나 편협해서가 아니야. 내가 그리스도인이 되고 신약성경을 읽기 시작한 후 깨달은 것은 처음부터 부활 사건이 교회의 중심에 있었다는 점이었어. 교회의 시작을 기록한 사도행전에 보면 이것이 잘 드러나 있지. 내가 성경에 표시해 놓은 곳들이 있는데 한번 볼래?"

"좋아. 너희가 하는 말들을 직접 확인해 보려고 오늘은 나도 성경책을 가지고 왔어."

로렌이 대꾸했다. 제시카는 성경책을 펼쳤다.

"사도행전 1장에 보면 열한 명의 사도들이 가룟 유다를 대신할 사람을 뽑는 장면이 기록되어 있어. 그들이 내세운 자격 기준은 새로 뽑힐 사람이 '예수님의 부활에 대해 우리와 함께 증인이 되어야 한다'는 것이었지.[19] 로렌, 다음 장을 한 번 볼래? 베드로가 오순절 날 그의 첫 번째 공식적인 설교를 하고 있는 장면이야. 그의 설교의 주제는 '그리스도의 죽음과 부활'이지. 로렌, 사도행전 2장 23-24절을 좀 읽어봐 줄래?"

"그래."

로렌이 해당 구절을 찾아 읽기 시작했다.

그가 하나님의 정하신 뜻과 미리 아신 대로 내준 바 되었거늘 너희가 법 없는 자들의 손을 빌어 못 박아 죽였으나 하나님께서 그를 사망의 고통에서 풀어 살리셨으니 이는 그가

사망에 매여 있을 수 없었음이라.[20]

제시카가 다음 구절을 읽어 내려갔다.

"그리고 두 번째 설교에서 그는, '생명의 주를 죽였도다 그러나 하나님이 죽은 자 가운데서 살리셨으니 우리가 이 일에 증인이라'고 주장하고 있어."[21]

"로렌, 그리고 내 컴퓨터 성경 프로그램에 의하면 바울은 그의 서신에서 예수님의 부활을 53회나 언급하고 있어. 부활의 중요성, 그것이 우리에게 주는 약속, 우리 모두 육신의 몸으로 부활한다는 희망 등의 맥락으로 말이야. 데살로니가 교회 사람들에게 보낸 글에서 부활이 차지하는 중요성을 강조한 구절을 하나 메모해 놓은 게 있어."

제시카가 성경 구절을 찾아 읽기 시작했다.

그들이 우리에 대하여 스스로 말하기를 우리가 어떻게 너희 가운데에 들어갔는지와 너희가 어떻게 우상을 버리고 하나님께로 돌아와서 살아 계시고 참되신 하나님을 섬기는지와 또 죽은 자들 가운데서 다시 살리신 그의 아들이 하늘로부터 강림하실 것을 너희가 어떻게 기다리는지를 말하니 이는 장래의 노하심에서 우리를 건지시는 예수시니라.[22]

"알았어, 제시카. 이제 어렴풋하게나마 왜 부활이 기독교 신앙에 중요한 의미를 지니고 있는지 알 것 같아. 언제 성경은 또 그렇게 열심히 읽었니? 하지만 난 기독교에서 제일 중요한 것은 예수님이 가르치신 말씀들이라고 생각해 왔거든."

안드레아는 그 질문을 기다리고 있었다는 듯 말문을 열었다.

"물론 예수님의 가르침은 중요하지. 하지만 그리스도의 부활은 교회의 중심이야. 이 문제에 전문가인 영국학자 톰 라이트가 쓴 책을 한 권 가져왔어."

제시카는 그녀 앞에 놓여 있던 책들 중 한 권을 펴서 읽기 시작했다.

> 몇몇 학자들이 인위적으로 교묘하게 꾸며 낸 것을 제외하면, 죽임을 당한 그리스도가 다시 부활한 사실을 믿지 않았던 초기 기독교 신앙은 없었다. 교회에 관한 가장 초기의 기록을 남긴 바울이 활동할 무렵에는 예수님의 부활은 이미 그저 믿어야 할 한 가지 신조를 넘어서, 그리스도인들의 삶과 생각의 기저로 자리잡게 되었다.[23]

안드레아는 읽고 있던 책을 내려놓고 몇 군데 책갈피가 꽂혀있는 다른 책을 들었다.

"『사도교회사전』(*Dictionary of the Apostolic Church*)의 결론 부분을 좀 읽어 볼게요."

스트라우스F. Straus 박사는 부활에 관한 한 교회의 가장 끈질기고 확고한 비평가이지만 그도 부활이 '예수의 삶뿐 아니라 기독교 자체의 시금석'이며 '기독교의 정수에 닿아 있고 기독교 전체를 조망하는 데 있어 결정적'인 것이라고 인정한다. **기독교에서 부활을 없앤다는 것은 기독교의 모든 필수요소를 없애는 것과 마찬가지다.** 부활이 남아 있다면 기독교의 모든 것이 남아 있는 것이다. 켈수스 이래로 수 세기 동안 부활은 기독교가 공격 받아 온 핵심 주제였다.[24]

브렛이 말문을 열었다.

"예수님이 자신의 죽음을 예언하셨다고 제시카가 말한 적이 있었는데 그런 사실은 제자들이나 기독교에 창피한 일이 아닐까? 제자들이 어떻게 자신들의 스승인 예수님의 예언을 알아차리지 못할 수가 있지? 나는 예수님께서 자신의 죽음을 예언하신 내용들을 좀 알고 싶어. 누가 나한테 정확하게 그 내용을 담고 있는 구절들을 좀 가르쳐 줄 수 있어?"

미나가 브렛의 말이 끝나기 무섭게 대답했다.

"우선, 역사적인 관점에서 보자면 성경이 제자들의 잘못을 조금도 숨기지 않고 가감 없이 바로 묘사하고 있다는 데서 그 기록이 사실이었음을 알 수 있어. 만약 어떤 사람들의 주장대로 **사도들이 꾸며서 만든 게 성경이라면 그들이 자신들에**

게 그렇게 망신스러운 이야기들을 일부러 만들어 넣었을 리가 없지. 예수님은 거듭해서 그들에게 자신이 죽었다가 다시 살아날 것이라고 말씀하셨지만 제자들은 그 말을 들으면서도 그게 무슨 말씀인지 깨닫지를 못했지."

미나는 자신이 주문한 바닐라 라떼를 한 모금 마신 후 말을 계속했다.

"만약 아무라도 자신들의 이야기를 꾸며 만들어 낸다면 자신에게 좋은 점들은 더 강조하고 평범하거나 창피한 일들은 아마 생략할 거야. 예수님의 제자들은 그들의 메시아가 정치적인 지도자라고 이해하고 있었고 십자가 처형은 그들에게 가장 수치스러운 죽음이었어. 그래서 그들로서는 그들을 정치적으로 구원해 줄 구세주가 십자가에서 처형당한다는 생각은 아예 머리에 떠오르지도 않았을 거야. 잠깐 시간을 줄래? 컴퓨터로 예수님이 자신의 부활을 예언한 구절들을 찾아볼게."

"미나 선배가 성경을 찾는 동안 내가 이 구절을 좀 읽어 줄게. 예수님의 부활이 제자들에게 어떤 의미로 이해되었는지를 보여 주거든."

안드레아가 말했다.

"W. L. 크레이그William Lane Craig 박사가 쓴 글이야."

예수님이 십자가 처형을 당한 후 제자들이 받았을 충격은 상상을 초월했을 것이다. 메시아는 영원히 통치할 분이기 때문에(요한복음 12장 34절) 부활이라는 생각은 고사하고 그들은 메시아가 죽을 수도 있다는 생각조차 해본 적이 없었다. 부활이 뭔지 알지 못했기 때문에 예수님께서 돌아가시자 그를 더 이상 메시아로 여기기는 어려웠을 것이다. 하지만 부활이 그 참담한 패배를 승리로 바꾸었다. 하나님께서 예수님을 죽은 자 가운데서 다시 살리셨으므로 그는 결국 메시아로 선포될 수 있는 것이다(사도행전 2장 32-36절). 십자가의 의미도 마찬가지다. 예수님께서 부활하심으로 십자가 상의 수치스러운 죽음은 구속의 맥락에서 새롭게 해석될 수 있었다. 부활이 없었더라면 예수님의 십자가 처형은 수치와 하나님의 저주만을 의미했을 것이다. 하지만 부활의 관점에서 보면 십자가 처형은 인류의 죄를 사해 주기 위한 사건으로 해석될 수 있는 것이다. **부활이 아니었다면** 기독교가 생기지도 않았을 것이고, **제자들은 예수님을** 그들이 사랑하던 선생님으로 기억했을 테지만 그를 **신은커녕 메시아로도 생각하지 않았을 것이다.**[25]

07
죽음과 부활을 미리 알다

로렌이 브렛에게 물었다.

"브렛, 성경과 관련된 어떤 부분은 정말 짜증이 나. 신약성경에서 예수님이 자신의 부활을 예언했다는 것이 뭐가 그리 중요한 거지?"

브렛은 생각을 가다듬기 위해 뜸을 들인 후 입을 열었다.

"역사적인 관점에서 보자면, 자말 선배의 표현으로는 고서 검증법이 되겠지만 말이죠. 성경의 기록은 정확한 것으로 보여요. 나도 아직은 부활에 대해서는 믿음이 안 가지만 예수님의 역사성에 대해서는 내가 잘못 알고 있었다는 것을 인정해요. 자말 선배와 페터슨 교수님이 신약성경은 다른 어떤 오래된 문헌보다 정확한 초기 사본들이 많다는 사실을 알려준 덕에 깨달은 것이긴 하지만 말이죠. 기독교 밖의 사람들이 예수님에 대해 언급한 글들이 카이사르에 대한 글들보다 많아요. 자료는 충분한 셈이죠. 그래서 나는 역사적인 관점에서 과연 **제자들이 부활 사건을 조작한 것인지** 여부를 연구해 보고 싶어요. 빌라도도 예수님의 제자들이 시신을 훔쳐간 것은 아닌지 의심했거든요. 예수님이 반복해서 제자들에게 자신이 다시 부활할 것이라고 말했다지만 나는 아무리 성경을 읽어 보아도 그런 내용을 찾아볼 수 없어요."

"내 생각도 브렛과 같아."

스콧이 맞장구를 쳤다.

"박사과정 연구를 하다 깨달은 사실이 있는데 '아, 그거? 그건 성경에 나오는 이야기잖아? 그런 이야기를 심각하게 받아들이면 안 되지'라고 말해서는 안 된다는 거야. 매사를 그런 식으로 접근한다면 우리는 역사에 기록된 모든 것을 다 의심해야 할거야. 내 생각엔 문서의 내용을 조사해서 그 안에서 답을 찾으려 해야 할 것 같아."

"이건 중요한 문제야."

미나가 말을 했다.

"왜냐하면 예수님은 자신이 부활할 것임을 예언했을 뿐 아니라 자신이 죽은 자 가운데 다시 살아나는 것이 자신이 메시아임을 증명한다고 강조하셨거든. 만약 그분의 예언이 틀렸다면 예수님은 희대의 사기꾼이 되고 말았을 거야. 여기 내가 찾아낸 구절들이 있어."

> 이때로부터 예수 그리스도께서 자기가 예루살렘에 올라가 장로들과 대제사장들과 서기관들에게 많은 고난을 받고 죽임을 당하고 제삼일에 살아나야 할 것을 제자들에게 비로소 나타내시니(마태복음 16장 21절).

> 보라 우리가 예루살렘으로 올라가노니 인자가 대제사장들

과 서기관들에게 넘겨지매 그들이 죽이기로 결의하고 이방인들에게 넘겨 주어 그를 조롱하며 채찍질하며 십자가에 못 박게 할 것이나 제삼일에 살아나리라(마태복음 20장 18-19절).

그들이 산에서 내려올 때에 예수께서 경고하시되 인자가 죽은 자 가운데서 살아날 때까지는 본 것을 아무에게도 이르지 말라 하시니(마가복음 9장 9절).

이에 유대인들이 대답하여 예수께 말하기를 네가 이런 일을 행하니 무슨 표적을 우리에게 보이겠느냐 예수께서 대답하여 이르시되 너희가 이 성전을 헐라 내가 사흘 동안에 일으키리라 유대인들이 이르되 이 성전은 사십육 년 동안에 지었거늘 네가 삼 일 동안에 일으키겠느냐 하더라 그러나 예수는 성전된 자기 육체를 가리켜 말씀하신 것이라 죽은 자 가운데서 살아나신 후에야 제자들이 이 말씀하신 것을 기억하고 성경과 예수께서 하신 말씀을 믿었더라(요한복음 2장 18-22절).

"브렛, 그럼 너는 예수님께서 돌아가셨던 것은 믿니?"
"네, 나는 그 점은 인정해요."
"스콧, 그쪽은 어때요? 로렌하고 에이미는?"
그들 모두 고개를 끄덕여 동의를 표했지만 로렌은 한마디

토를 달았다.

"하지만 이 문제에 대해 의심의 여지가 조금도 없는 절대적인 해답을 얻을 수 있으리라고는 생각하지 않아요."

안드레아가 브렛에게 질문했다.

"브렛, 너는 예수님께서 돌아가신 것을 역사적인 사실로 믿는다고 했어. 그럼 그분께서 다시 살아나신 사실에 대해서도 마찬가지니?"

"아니, 그건 그렇지 않아."

"그럼 무슨 일이 벌어진 것일까? 왜 그분의 무덤이 비어 있었지?"

"그건 나도 모르지. 어쩌면 그 시골 아낙네들과 어수룩한 어부들이 다른 무덤을 찾아갔던 것은 아니었을까?"

"정말 그렇게 생각하는 거야?"

안드레아가 물었다.

"시골 아낙네는 무슨 말이야? 그녀들이 멍청했다는 거니? 그렇게 말하는 근거가 뭐지? 마치 남성우월주의자처럼 말하네. 4복음서 중 가장 오래된 문헌인 마가복음에 보면 그 무덤은 당시 산헤드린 공회원이었던 아리마대 요셉의 소유라고 되어 있어. 그 사람도 멍청했단 말이니? 베드로와 요한도 그저 어부에 지나지 않았을지 모르지만 그렇다고 그들이 읽고 쓸 줄 몰랐다는 몇 가지 다른 나라 말들을 할 수 없었다고 주장할 수는 없어. 그들의 지능이 부족하거나 상식조차 없는 어리석은 사람들이어서 무덤의 위치까지 혼동했다고 주장하는 사람이야말로 어수룩한 것 아닐까?"

"안드레아, 진정해."

미나가 말했다.

"아니, 괜찮아요."

브렛이 미나에게 말했다.

"나도 설마 그렇게 일이 전개되었으리라고는 생각하지 않아. 하지만 어쨌든 납득할 만한 설명이 가능할 거라고 생각해. 우선 역사적인 관점에서 부활이 실제로 일어났는지를 연구해 봐야겠어. 만약 모든 정황이 사실인 쪽으로 드러나면 최종적으로 나도 그리스도인이 될 수 있겠지. 하지만 역사나 법의 증언만으로는 아무도 절대적인 진실을 알게 될 수는 없을 거야. 이 문제를 다음 한 주간 더 알아본 후 내가 알게 된 것을 다음 모임에서 발표할게. 혹시 누구 나하고 같이 이 문제를 연구해 볼 사람 있나요?"

"나도 이 문제를 더 고민해야 한다고 생각해."

로렌이 대꾸했다.

"그리스도인들도 비그리스도인들의 자료를 좀 읽어 볼 준비가 되어 있다면 말이야. 다윈의 『종의 기원』이나 도킨스의 『만들어진 신』을 읽어 본 사람 있어요?"

"난 두 권 다 읽어 봤어요."

안드레아가 대답했다.

"미나 선배는?"

"둘 다 거의 읽었어."

"제시카는 어때? 그 책들 읽어 본 적 있니?"

"도킨스의 책을 읽어 본 적은 없지만 다윈의 책은 고등학교 시절 읽어 봤어요."

로렌은 모처럼 찾아온 공격 기회를 그냥 지나칠 수가 없었다.

"어때? 그리스도인들은 성경은 구절구절 잘 꿰고 있지만 다른 쪽의 주장을 알아보려는 노력은 별로 하지 않는 것 아냐?"

제시카가 대답했다.

"다른 쪽이라고? 2년 전만 해도 내가 바로 그 '다른 쪽 삶'을 살아왔던 사람인데? 로렌, 나는 그리스도인이 된 지 이제 아홉 달, 열 달밖에 되지 않았어. 여기서는 유일하게 미나 선배만 오랫동안 신앙생활을 해왔지. 나는 하나님을 믿지 않았으니까 무신론자였다고 해도 좋겠지. 그렇지만 내가 무신론자였을 때 나는 지금 우리가 논의하고 있는 문제들에 관해 뭔가 지적인 연구를 시도하지도 않았어. 신을 믿지 않는 친구들은 대부분 그저 놀기에 바쁘지."

미나가 말을 받았다.

"그런 책들을 같이 연구해 보는 것에는 반대하지 않지만 사실 그 책들은 다른 문제들을 다루고 있어. 나는 과학적인 입장에서 '생체 분자 모터 시스템의 환원 불가능한 복잡성'이나 '유전자 암호'와 관련해서 다윈의 진화론에 의문을 품고 있고

화석들도 창조를 부정하는 증거로는 부족하다고 생각해. 하지만 다윈의 의견과는 별개로 예수님의 역사성에 대해서는 알아보려고 노력해야 하지. 진화론을 인정하지 않는 그리스도인들은 있지만 진화론이 부활의 가능성을 부정하는 것은 아니니까. 만약 진화론이 예수님의 부활을 부정한다고 생각한다면 그런 주장을 하는 사람은 이미 진화론을 벗어나서 철학적인 관념이나 초자연주의에 대한 편견의 영역으로 들어온 거야."

스콧이 입을 열었다.

"초자연주의에 대한 편견이라는 말에는 동의하지 않지만 부활에 대해 역사적인 관점에서 부활에 대해 조사해 보자는 미나의 생각이 옳다고 생각해."

"스콧, 네가 그렇게 열린 마음으로 토론에 임하는 게 너무 고마워."

미나가 대답했다.

"어떤 일이 역사 안에서 발생하고 그것을 목격하거나 그 사건에 동참한 사람들이 많이 존재했을 당시에 그 일이 기록으로 남겨졌다면 정황적인 증거들만으로도 그 사건의 진위를 확인할 수 있을 거야."

"나도 그 말에 동의해. 나도 브렛, 에이미, 로렌과 같이 이 문제를 한번 연구해 볼게. 몇 주 후에 다시 얘기를 계속하지."

08
부활이 거짓말일 가능성

일주일이 지난 후 스콧은 도서관을 향해 가고 있었다. 브렛에게 도서관에서 보자고 미리 약속해 놓았지만 브렛은 정작 전공 과목 공부에 바빠 스콧을 도와줄 형편이 못 되는 것 같았다.

"미안해서 어쩌지? 하지만 흥미 있는 것을 발견하면 내게도 좀 알려줘."

테이블 맞은편에 앉은 브렛이 말했다. 잠시 테이블을 떠났던 스콧이 책을 한 무더기 들고 나타났다. 45분가량 책장을 넘기며 뭔가를 들여다보던 스콧이 심호흡을 한 후 말했다.

"이건 정말 흥미로운데."

"뭔데?"

브렛이 물었다.

"믿어지지 않는 사실을 하나 발견했어. 럭비 사립 중학교의 교장이자 『로마사』(*History of Rome*)를 썼고 옥스퍼드 대학교에서 현대사를 가르쳤던 토마스 아놀드Thomas Arnold의 글이야. 그는 역사적인 사실들의 증거를 많이 다루었고 그래서 그 분야에서 아주 박식한 사람이었지."

우리 주님의 삶과 죽음, 부활의 증거는 아마도, 아니 실제로 이전부터 계속 만족스럽게 제시되어 왔다. 상식의 규칙에 비추어 봐도 만족할 만한 증거와 엉성한 증거를 구별하는 데 문제가 없다. 수십만 명의 사람들이 아주 중요한 사건의 요점을 정리하는 판사들처럼 조심스럽고 신중하게 조각조각 그 증거들을 조사해 왔다. 나 자신도 여러 차례 그 과정을 거쳤는데 다른 사람들을 설득하기 위해가 아니라 <u>스스로 만족하기 위해</u>였다. 나는 오랜 기간 이전 시대의 역사들을 연구해 왔고 그런 역사적인 사실들을 기록한 사람들의 증거를 조사하고 다루어 왔다. 사심 없이 사실을 알고 싶어하는 사람의 시선으로 보았을 때, 이제껏 인류 역사상 어떤 사실도 예수님이 죽었다가 다시 살아나셨다는 이 사실만큼 모든 종류의 완벽한 증거들을 통해 만족스럽게 증명된 것은 없다.[26]

"약간 기독교에 우호적인 편견을 가진 사람의 말처럼 들리는데요?"

브렛이 말했다.

"어쩌면 그럴지도 모르지. 하지만 내가 주목한 점은 그가 다른 사람들을 설득하기 위해가 아니라 자기 자신이 만족하기 위해 연구했다고 말했다는 점이야. 나도 비슷한 주제의 연구에 전념해 볼까 생각 중이거든. 몇몇 뛰어난 철학자들의 비슷한 결론들을 읽어 봤어. 당대의 가장 뛰어난 지성인들 중 하나였던 존 로크는 그의 저서 『기독교의 합리성에 관한 두 번째 증명』(*A Second Vindication of the Reasonableness oh Christianity*)에서 다음과 같은 결론을 내렸지."

> 우리 구주의 역사를 살펴보면 그분이 메시아라는 사실을 알려주는 몇 가지 특별한 증거들이 있다. 이것은 그분을 증명하는 엄청난 표적들인데 그것을 나사렛 예수의 표적이라고 믿는 것은 곧 그가 메시아이심을 믿는 것, 아니 그 사실을 온 세상에 증거하도록 요구받는 것이다. 이 표적들 중 가장 중요한 것은 그분께서 부활하신 것이다. 예수님의 부활은 그분이 메시아이심을 증명하는 가장 위대한 증거이므로 그분의 부활을 믿는 사람은 당연히 그분을 메시아로 믿게 되는 것이다. 그의 부활을 선언하는 것은 그가 메시아이심을 선언하는 것이다. [27]

브렛은 스콧을 보며 웃으며 말했다.

"어쩌면 예수는 죽은 게 아닐지도 몰라. 이슬람 교도들은 예수님 대신에 누군가 다른 사람이 죽었다고 생각하거든. 아니면 죽은 줄 알았지만 사실은 숨이 끊어지지 않았다든지."

"브렛, 너 지금 장난하는 거지? 로랜에게는 예수님이 죽었다고 생각한다고 말했잖아?"

"그래, 맞아. 그랬어."

브렛이 웃음을 터뜨렸다.

"그냥, 예수님이 살아 있었을 가능성도 있지 않을까 해서 한 번 해본 말이야. 하지만 선배 말이 맞아. 자말과 페터슨 교수님도 몇 달 전에 말해 주었지만, 가장 회의적인 학자들조차 그 사실은 인정하고 있으니까. 우리가 더 연구해 보자. 마가복음이 복음서 중 제일 오래된 책이잖아? 거기는 뭐라고 기록되어 있어?"

스콧은 성경을 펼쳐 마가복음을 훑어보았다. 몇 페이지를 넘겨 본 후 그가 성경을 읽기 시작했다.

> 빌라도가 무리에게 만족을 주고자 하여 바라바는 놓아 주고 예수는 채찍질하고 십자가에 못 박히게 넘겨주니라 군인들이 예수를 끌고 브라이도리온이라는 뜰안으로 들어가서 온 군대를 모으고 예수에게 자색 옷을 입히고 가시관을 엮어 씌우고 경례하여 이르되 유대인의 왕이여 평안할지어다 하고 갈대로 그의 머리를 치며 침을 뱉으며 꿇어 절하더라 희롱을 다한 후 자색 옷을 벗기고 도로 그의 옷을 입히고 십자가에 못 박으려고 끌고 나가니라.[28]

"브렛, 다시 생각해 보니, 모든 학자가 적어도 그리스도가 처형당했다는 사실만큼은 인정한다는 주장 말이야. 페터슨 교수나 자말이 말했던 그 주장을 그대로 받아들이면 안 될 것 같아. 역사학도인 내 입장에서는 어쩌면 다른 설명이 가능할지도 모른다는 생각이 들어. 네가 말했듯 이슬람 교도들은 예수님과 다른 사람이 바뀌었다고 생각하지. 나는 로마 병사들이 처형하려던 사람을 제대로 처형했다고 생각하지만 어쩌면 그런 이야기의 일부가 윤색되었을 가능성도 있지 않을까? 우선, 왜 사람들은 로마인들이 사용하던 이 특정한 처형 방식이 예수님 시대에 사용되었다고 믿는 거지? 이 문제부터 알아 봐야겠어. 게다가 나는 미나가 언급한 아리마대 사람 요셉의 이야기도 좀 이상하게 느껴져. 그 사람이 예수님이 묻힐 무덤을 제공했다고 했잖아?"

"듣고 보니 좀 알아 볼 필요가 있겠네."

그들은 잠시 동안 각자의 생각에 잠겨 침묵을 지켰다. 브렛은 스콧에게 모든 과제를 떠넘겨서는 안 될 것 같은 부담이 느껴졌다. 애초에 스콧을 그리스도인들과의 영적인 대화에 끌어들인 사람이 바로 자신이 아니었던가?

스콧은 코앞으로 다가온 스페인 미국사 논문의 제출 기일이 걱정되기 시작했다. 그런데 제출할 논문보다 훨씬 더 흥미로운 주제를 찾아낸다면 고대 로마사를 전공했던 그의 담당 교수가 논문의 주제를 바꾸도록 허락해 줄지도 모른다는 생각이 들었다. 설령 교수가 허락하지 않는다 하더라도 결국엔 진실을 알아내야만 한다. 지적으로 정직하기 위해서라도 역사적 인물인 예수라는 과제를 어떤 식으로든 해결해야 하기 때문이다. **부활 사건이 역사상 유례가 없는 사기로 드러난다 해**

도 그는 자신이 믿는 것이 진실한지 알아야 했다. 실제로 어떤 일이 벌어진 것일까? 정말로 시체를 훔치거나 다른 무덤을 찾아간 것일까? 혹은 모두가 제자들이 꾸며 낸 이야기에 불과한 것일지도 모른다. 아니면 환각상태에 빠진 사람들의 주장이거나. 그는 모든 가능성을 조사해 봐야만 했다.

브렛이 생각에 잠긴 그에게 말을 건넸다.

"스콧 선배, 이러면 어때? 내가 과학적이고 의학적인 관점에서 예수의 십자가 처형을 조사해 볼게. 이제 와서 새삼 새로운 내용을 찾아낼 수 있을까 싶기는 하지만 한번 조사해 보자."

그후 며칠 동안 스콧은 잠까지 줄여가며 열정적으로 조사에 매달렸다. 연구를 통해 그는 예수님이 로마인들이 흔히 사용하는 방식대로 십자가에서 처형당했다는 사실이 학자들의 공론이라는 것을 알게 되었다. 스콧은 십자가 처형 방식에 관련된 몇 가지 끔찍한 사실들도 기록했다. 3세기에 활동했던 교회 역사가 유세비우스는 곧 처형을 당할 죄수들에게 로마 병들이 가하던 채찍질에 대해 기록했는데 채찍질을 당한 사람들은 혈관이 드러나고 근육과 힘줄, 심지어는 내장까지 노출된다고 했다.[29] 많은 죄수들이 십자가에 못 박히기도 전에 채찍질을 당하는 과정에서 사망했다고 한다.

또 아리마대 요셉의 무덤에 예수님이 묻혔다는 주장을 조사하면서 당시의 무덤이나 지하 매장소에 대한 역사적 사실들을 알게 되었다. 예수님의 매장에 관한 스패로우 심슨W. J.

Sparrow Simpson의 글에서 스콧은 흥미로운 대목을 발견했다.

로마의 관례는 십자가에서 처형된 사람들을 새들과 들짐승들의 먹이가 되도록 그대로 남겨 놓는 것이었다. 하지만 예외가 없었으리라고 누가 장담할 수 있을까? 요세푸스는 티투스 황제를 설득하여 아직 숨이 끊어지지 않은 죄수들을 십자가에서 내리도록 한 적이 있었다. 일반적인 규칙에 어긋난다고 해서 누가 이 사실이 역사적으로 일어났다는 것을 부정할 수 있을까?

유대인들의 관례는 처형된 죄수들을 매장하는 것이었다. 그것이 유대인들의 법에 정해져 있는 바이다. 하지만 요세푸스는 유대인들도 그들의 장례법을 어길 때가 있었다고 기록했다. 『유대 전쟁사』에서 그는 "대부분의 유대인들은 사람들을 매장하는 것을 중요하게 여겨서 십자가에서 처형된 사람들을 끌어내려 해가 지기 전에 매장하였지만 죽은 시체들을 매장하지 않고 들판에 던져 버리는 불경스러운 일을 저지르기도 했다"라고 기록에 남겼다.

(어떤 이들은) 처형된 사람의 친척들이 시신을 매장해도 좋다는 허락을 받을 수도 있었을 것이라고 생각한다. 하지만 예수님의 친척들은 그분의 시신을 요구하지 않았다. 요세푸스가 황제에게 십자가에서 내려도 좋다고 허락받은 죄인들은 요세푸스의 친척들이 아니었다. 그들은 그저 그의 친구들

이었을 뿐이다. "그들을 이전에 안면이 있던 사람들로 기억했다"라고 기록되어 있을 뿐이다. 요세푸스가 그런 요청을 했을 리 없다는, 혹은 설령 그가 그런 요청을 했다 하더라도 그것이 수락될 리가 없었을 것이라는 주장도 가능하다. 하지만 아무도 그런 역사적인 사실이 있었다는 것을 부정하지 않는다. 오히려 그 일은 마치 역사적으로 공인된 사실처럼 사람들의 입에 회자된다. 아리마대 사람 요셉이 빌라도에게 동일한 부탁을 하지 않았으리라는 법이 있을까?[30]

09
의학적 관점에서 본 부활 사건

일주일이 지난 후, 스콧과 브렛은 다시 도서관을 찾았다. 성경을 펼쳐 놓은 채 스콧은 학자들이 발견한 사실과 성경의 기록 중 모순점들이 있는지 점검해 보고 있었다. 그리스 역사를 연구하는 철학자인 헨리 알포드Henry Alford는 다음과 같은 사실들을 발견했다.

그곳이 요셉의 무덤이라고 기록된 곳은 마태복음밖에 없다. 요한복음에는 '동산에' 혹은 '그가 못박히신 곳에'라는 말들이 대신 사용되고 있다. 하지만 마가복음만 제외하고는 모든 4복음서가 무덤이 새 것이었다고 기록하고 있다. 요한복음에는 무덤이 '요셉의 것'이었다는 말이 없다.[31]

스콧은 의학 서적을 뒤적이고 있는 브렛을 흘끔 쳐다보았다.
'이런 것보다는 진짜 중요한 것을 공부하고 있어야 하는 것 아닐까?'

속으로 생각하던 스콧은 다시 마음을 다잡았다.

'하지만 이것도 의미 있는 탐구인 것은 분명해. 만약 부활이 없었던 일로 드러난다면 난 언젠가는 저 무지하고 다른 사람들을 현혹하는 그리스도인들을 대상으로 이 역사적인 거짓을 밝히는 책을 쓸 거니까.'

"와, 세상에!"

갑자기 브렛이 감탄사를 연발했다.

"왜? 뭘 발견했기에?"

"의학적인 관점에서 예수님의 죽음을 다룬 글들이 꽤 있어. 「미국의사협회저널」(*Journal of American Medical Association*)에 실린 글을 보면 '복음서에 나타난 기록들에 근거하자면 예수님은 십자가에서 내리기도 전에 사망하셨다'고 결론을 내리고 있어. 한 번 들어 볼래?"

역사적, 의학적인 증거들에 의하면 예수님은 그의 옆구리에 상처가 나기 전에 이미 사망했다. 오른쪽 가슴을 찌른 창은 오른쪽 폐뿐만 아니라 심막(心膜)까지 꿰뚫어 회생할 가능성은 거의 없었을 것이다. 따라서 예수가 십자가에서 사망하지 않았을 것이라는 추측에 근거한 주장들은 현대 의학의 지식과 맞지 않는다.[32]

브렛이 말을 이었다.
"이것도 좀 들어 봐. 더블린 대학교의 생리학 교수이자 의학박사인 사무엘 휴턴Samuel Houghton이 예수님의 사망 원인에 대해 쓴 글이야."

> 병사들이 창으로 예수님의 옆구리를 찔렀을 때는 이미 그가 숨진 상태였다. 하지만 그 뒤에 벌어진 일, 즉 상처에서 피와 물이 쏟아졌다는 것은 자연적인 원인으로 설명할 수 없는 현상이거나 기적일 것이다. 그 사실을 기록으로 남긴 점, 그리고 그것을 묘사하며 자신은 있는 사실을 그대로 기록하고 있다고 강조하는 본새를 미루어 볼 때 사도 요한은 그 현상을 기적까지는 아니더라도 적어도 기이한 현상으로 생각했던 것 같다. 그는 십자가에서 심장이 파열되어 숨진 사람의 상처에서 피가 쏟아지고 다시 물이 쏟아졌다고 기록하고 있다. 여기에서 보이듯, 십자가 처형과 심장의 파열이라는 두 가지 사실 외에는 그의 죽음을 다르게 설명할 가능성이 없다.[33]

"스콧 선배, 나는 처음엔 사도 요한의 목격담이 믿어지지 않았어. 하지만 이젠 그가 골고다에서 예수님의 십자가 처형을 직접 목격했다는 사실을 부정할 수가 없을 것 같네. 목격하지 않고서는 그런 글을 쓸 수가 없어. 좀 더 들어 볼래? 휴턴 박사의 글이야."

> 이것의 의미는 명약관화하다. 요한복음 19장의 내용은 절대로 날조된 것이 아니라는 것이다. 그것을 기록한 사람은 그 장면의 목격자임이 분명하다. 그 광경을 지켜보던 그 기록자는 기적처럼 보인 사실을 놀란 마음으로 기록해 놓은 것이다.[34]

10
부자들과 함께 묻히다

"스콧 선배, 내가 보기에는 부활을 직접 목격한 사람만이 그 이상한 의학 현상을 기록할 수 있었을 것 같아. 요한 복음은 정말로 예수님의 가장 가까운 제자 중 하나가 자신의 눈으로 직접 예수님의 몸에서 '피와 물이 흐르는 것'을 보지 않았다면 쓸 수 없었을 내용이야. 물론 예수님의 시체가 독수리들의 밥이 되도록 십자가 위에 남아 있었을 수도 있어. 그런데 유대인들이 육체를 아주 존중했고 그래서 형식을 갖춰 시신을 제대로 매장하는 사람들이었다는 것을 고려하면 예수님이 숨진 후 그 시신을 십자가에서 내렸다는 게 역사적으로 더 맞는 이야기 같아."

"나도 그 점에 동의해."

스콧이 말했다.

"관련된 책자들을 읽으면서 예수님의 시신이 당시 사람들에게 잘 알려진 인물, 산헤드린 공회의 의원이었던 아리마대 요셉의 무덤에 묻혔다는 미나의 말이 옳다는 생각이 들었어. 게다가 몇 명의 학자들의 책을 읽어 보니 고통을 받는 종이 부자들과 같이 장사될 것을 예언한 이사야서 말씀을 인용해 놓았더라고."

"하지만 이른바 그 예언이라는 것들은 모두 십자가 사건 이후에 쓰인 것들이잖아?"

"나도 그렇게 생각했는데 지금은 아니야."

"어째서 지금은 생각이 달라진 거야?"

"70인역 때문이야."

"그게 뭔데?"

"70인역은 주전 2-3세기경 히브리어에서 헬라어로 번역된 구약성경이야. 희한한 것은 사해사본들을 연구하는 학자들이 사해사본 중에는 주전 100년경 만들어진, 이사야서 전체를 담고 있는 사본이 있다고 인정하고 있다는 점이야. 이사야서 자체는 주전 700년경에 쓰였지."

"예수님 탄생 이전이네?"

"그래."

"하지만 형, 예언들이란 대부분 너무 터무니없고 애매한 것들이어서 코에 걸면 코걸이, 귀에 걸면 귀걸이식 아닐까?"

"네 말이 맞아."

스콧이 웃으며 대답했다.

"심지어 그리스도인들조차 어떤 한 예언의 내용에 대해 의견이 일치하는 경우는 흔치 않아. 예언이란 상징을 해석하는 것이니까 그럴 수밖에. 어쩌면 예언이 아니었을 수도 있지 않을까?"

그가 살펴본 예언들 중 몇 가지는 스콧이 보기에도 분명히 예수에 관한 것처럼 보였지만 브렛에게 그 이야기를 하기에는 뭔가 멋쩍은 느낌이 들었다. 예를 들면 유대인 가정에서 성장했지만 후에 예수님을 영접한 마이클 브라운Michael L. Brown 박사가 이사야서에 대해 내린 결론을 읽은 후 그의 그러한 심증은 더욱 굳어졌다. 브라운 박사는 학생 때 유대의 예언들을 연구하기 시작하여 결국 뉴욕 대학교에서 근동언어와 문학에서 박사학위까지 받은 사람이었다. 스콧은 브렛에게 브라운 박사 이야기를 하는 것조차 머쓱했다.

갑자기 등 뒤에서 두 사람을 반기는 목소리가 들렸다.

"브렛 군 아닌가?"

"페터슨 교수님! 여기는 어쩐 일이세요?"

브렛은 학교에서 가장 뛰어난 종교학과 교수이자 왕년의 회의론자였던 사람이 이제까지 그들이 나누던 이야기를 엿듣고 있기라도 하듯 그들 앞에 불쑥 나타난 것이 믿겨지지 않았다.

"공부는 잘 되어 가나, 브렛? 그런데 이건 다 뭔가? 과학잡지들과 신학 서적들을 산더미처럼 쌓아 놓았군. 의예과 학생이 신학자가 되기로 마음을 바꾸기라도 한 건가?"

페터슨 교수가 너털웃음을 터뜨렸다.

"네, 아니 그게 아니고. 그냥 시간이 좀 남아서 평소에 궁금한 것들을 몇 가지 찾아보고 있었어요. 교수님의 통찰력이 넘치는 강의를 듣고도 여전히 마음속에 의문들이 끊이질 않네요. 참, 제 동행을 소개하는 걸 잊었군요. 여긴 스콧 선배예요. 역사학 박사과정을 밟고 있어요."

"만나서 반갑네, 스콧. 혹시 내 도움이 필요하면 오후 두시 이후엔 아무 때나 내 사무실로 찾아와도 좋네. 아, 그리고 이번 주 목요일에 우리집에서 학생들 몇 명을 불러서 바비큐 파티를 하려고 하는데 두 사람도 와 주면 좋겠군. 다른 학생들도 두 사람과 모두 아는 사이일 것 같은데. 제시카 프리슨과 미나, 안드레아도 참석할 예정이네. 다 아는 사이지?"

"네, 모두 자주 만나는 사람들이에요. 아니, 사실은 몇 주마다 한 번씩 모여서 신학에 관한 토론을 하고 있죠. 목요일에는 기꺼이 참석할게요."

"브렛, 스콧, 그럼 기다리고 있겠네."

"고맙습니다. 페터슨 교수님. 저희도 벌써 기대가 되네요."

"좋아. 자네들 외에 더 데려올 친구들이 있으면 같이 와도 좋네. 음식을 좀 많이 준비할 테니까. 내가 닭과 갈비를 구울 거네."

"교수님, 마침 여기서 뵌 김에 우리가 연구하고 있던 내용에서 몇 가지 질문을 좀 드려도 좋을까요?"

11
과연 l 진짜일까?

"물론이지. 내가 아는 한 기꺼이 대답해 주지."

페터슨 교수가 대답했다.

"감사합니다. 먼저, 사해사본에 대해 좀 알고 싶어요."

브렛이 질문했다.

"그것들은 바로 내 연구 분야라네. 특별히 알고 싶은 내용이 있나?"

"저희는 별로 아는 것이 없어요. 하지만 스콧 선배에 따르면 사해사본이 70인역과 무슨 관련이 있다고 하던데요?"

브렛이 대답했다.

"여기 좀 같이 앉아도 좋을까?"

페터슨 교수의 대답이 좀 길어질 모양이었다.

"그럼요. 어서 앉으세요."

페터슨 교수는 모자를 벗고 자리에 앉았다. 말을 시작하기 전에 교수는 주위에 그의 이야기에 방해를 받을 사람들이 있는지 살폈다.

"1947년 봄에 한 어린 베두윈 족 목동이 사해 북단에서 서쪽으로 1마일, 여리고에서는 7마일쯤 남쪽에 위치한 곳에서 양을 돌보고 있었지. 어느 날, 무리를 벗어난 양의 주의를 끌기 위해 던진 돌에 단지가 깨어지는 소리가 나서 귀신이 장난을 치는 줄 알고 놀라 도망갔다고 하네. 다음날 자기 사촌들을 데리고 돌이 떨어졌던 오래된 동굴로 찾아갔는데 거기서 가죽으로 가득한 항아리들을 발견했지. 가죽들을 내다 팔면 돈이 될 것 같아서 목동은 자신이 발견한 단지들을 구둣가게로 가져갔는데 마침 구둣방 주인이 부업으로 골동품을 취급하는 사람이었다는군. 가죽을 들여다 본 주인은 항아리를 덮고 있는 가죽 뚜껑 아래에 두루마리 네 개가 들어 있는 것을 발견하고 항아리를 사서 정교회 주교에게 250달러 정도를 받고 다시 팔았다지. 그렇게 몇 번 주인이 바뀐 후에 두루마리들은 250만 달러까지 값이 오르게 되었고 지금은 역사상 유례가 없는 주요한 발견으로 여겨지고 있지."

"그 두루마리가 어떤 내용을 담고 있었는데요?"

스콧이 물었다.

"좋은 질문이야. 먼저 그 두루마리를 통해 고대의 유대종파였던 에세네파에 대해 많은 것을 알 수 있게 되었지. 또, 성전 두루마리를 통해 예루살렘 성전의 건축에 대한 흥미 있는 사실들을 자세히 알 수 있네. 하지만 무엇보다도, 사해사본에서 가장 중요한 것은 이사야서 전체가 모두 담긴 두루마리였지."

방금 전 그에 관련된 이야기를 나누었던 두 사람은 의미심장한 미소를 지었다. 하지만 스콧은 전혀 아는 체하지 않고 그저 "이사야서요?"라고만 대꾸했다.

"맞아, 이사야서. 주전 100년경에 작성된 것으로 보이는 사해사본들 중 하나에 이사야서 전 66장이 한 권으로 다 들어 있었다는 거지. 두루마리들은 7.3미터 정도의 길이였는데 이제껏 발견된 성경 사본 두루마리들 중 가장 오래된 것들이었지. 지금은 예루살렘에 있는 금고에 보관되어 있는데 일반인들도 해상도 높은 사본의 이미지들을 이용할 수 있게 해놓았다네. 이 오래된 사본에 많은 유대인이 예수아Yeshua를 믿도록 만든 이사야서의 예언이 들어 있다는 거지."

"예수아가 누구죠?"

브렛이 질문을 했다.

"아, 그건 예수님의 이스라엘 이름이지. 두 사람 혹시 이사야서 53장 읽어 보았나?"

브렛이 먼저 대답했다.

"아뇨. 몇 구절 인용된 것들만 봤을 뿐이에요."

"스콧 군은?"

"한 번 읽어 본 적은 있어요."

"그래, 읽어 보니 느낌이 어떻던가?"

"글쎄요. 딱히 별 느낌은…."

대가 앞에서 섣불리 이야기를 하기가 부담스러워진 스콧이 말꼬리를 흐렸다.

"잘 모르겠다고? 두 사람 다 기회가 생기면 이사야서 53장을 한 번 읽어 보기를 권하네. 몇 분밖에 걸리지 않을 거야. 읽을 때 몇 가지 염두에 두어야 할 것이 있네. 학자들은 이사야서의 원본이 주전 700년경에 쓰였다고 생각하지. 십자가 처형이라는 사형 방식이 생긴 시기보다 적어도 100년 앞서 있는 셈이네. 하지만 그 장에는 우리의 슬픔을 대신 당하며 우리의 허물로 인해 찔리고 우리의 죄악 때문에 몸이 상하는 사람의 이야기가 나오지. 개인적으로는 이 구절이 전체 성경에서 제일 중요한 곳이라고 여기네. 예수님에 대한 예언이 이보다 더 명확하게 기록된 곳은 찾아볼 수 없지. 꼭 한 번 읽어볼 만한 가치가 있을 거네."

다른 학자들도 페터슨 교수와 동일하게 주장하고 있다는 것을 이미 알고 있는 스콧은 왠지 미안한 마음이 들어 교수의 눈을 바로 볼 수가 없었다. 페터슨 교수는 모자를 쓰고 자리에서 일어섰다.

"열심히 공부하고 있는 사람들을 너무 오래 방해한 것 같군. 브렛, 다시 만나서 반가웠네. 스콧도 만나게 되어 기쁘네. 다시 대화할 기회가 있기를 기대하겠네. 둘 다 목요일에 오는 것으로 알고 있어도 되나?"

두 사람은 고개를 끄덕였다.

"아까 말했지만 친구들을 데려와도 좋네."

"감사합니다. 교수님. 꼭 가겠습니다."

브렛이 대답했다.

"로렌과 에이미라고, 무신론자 클럽 친구 두 명을 데려갈게요. 미나와 제시카와도 아는 사이에요. 로렌이 교수님을 뵙고 몇 가지 여쭤 보고 싶은 게 있다고 했었거든요. 괜찮으시죠?"

"물론이지. 정말 재미있는 저녁이 될 것 같군."

페터슨 교수가 자리를 뜬 후 스콧이 브렛을 쳐다봤다.

"정말 우연치고는 너무 신기한데? 어떻게 교수님을 여기에서 만날 수 있지?"

"우리가 지금 종교 서적 코너에 있다 보니까 그럴 수도 있겠지."

브렛이 대답했다.

"그럼 교수님이 우리가 토론하고 있던 대목인 이사야서 53장을 언급한 건 어떻고?"

"형, 갑자기 신비주의자가 되기라도 한 것처럼 굴지 마. 내가 교수님한테 사해사본을 설명해 달라고 한 거잖아. 그리고 교수님이 말씀하신 예언은 그리스도인들과 어울리다 보면 항상 듣는 내용인데. 뭐."

"신비한 느낌이 든다는 게 아냐. 오히려 너야말로 곧 그리스도인이 될 것 같은 분위기인데?"

스콧이 말했다.

"어쨌거나, 그런데 형 정말 바비큐 파티에 갈거야?"

브렛이 물었다.

"당연히 가야지. 교수님한테 물어보고 싶었던 것들이 있었어. 교수님은 지적으로도 아주 철저하고 뛰어나신 분이거든. 게다가 바비큐 솜씨도 뛰어나시다는 소문도 들었어."

"좋아. 하지만 마지막으로 이사야서 53장을 한번 훑어 보고 가죠."

스콧은 인터넷 성경에서 이사야서 53장을 찾았다.

"별로 길지 않으니까 내가 한 번 읽어 볼게."

"그래."

그는 주 앞에서 자라나기를 연한 순 같고 마른 땅에서 나온 뿌리 같아서 고운 모양도 없고 풍채도 없은즉 우리가 보기에 흠모할 만한 아름다운 것이 없도다.

그는 멸시를 받아 사람들에게 버림 받았으며 간고를 많이 겪었으며 질고를 아는 자라 마치 사람들이 그에게서 얼굴을 가리는 것 같이 멸시를 당하였고 우리도 그를 귀히 여기지 아니하였도다.

그는 실로 우리의 질고를 지고 우리의 슬픔을 당하였거늘 우리는 생각하기를 그는 징벌을 받아 하나님께 맞으며 고난을 당한다 하였노라.

그가 찔림은 우리의 허물 때문이요 그가 상함은 우리의 죄악 때문이라 그가 징계를 받으므로 우리는 평화를 누리고 그가 채찍에 맞으므로 우리는 나음을 받았도다.

우리는 다 양 같아서 그릇 행하여 각기 제 길로 갔거늘 여호와께서는 우리 모두의 죄악을 그에게 담당시키셨도다.

그가 곤욕을 당하여 괴로울 때에도 그의 입을 열지 아니하였음이여 마치 도수장으로 끌려 가는 어린 양과 털 깎는 자 앞에서 잠잠한 양 같이 그의 입을 열지 아니하였도다.

그는 곤욕과 심문을 당하고 끌려 갔으나 그 세대 중에 누가 생각하기를 그가 살아 있는 자들의 땅에서 끊어짐은 마땅히 형벌 받을 내 백성의 허물 때문이라 하였으리요.

그는 강포를 행하지 아니하였고 그의 입에 거짓이 없었으나 그의 무덤이 악인들과 함께 있었으며 그가 죽은 후에 부자와 함께 있었도다.

여호와께서 그에게 상함을 받게 하시기를 원하사 질고를 당하게 하셨은즉 그의 영혼을 속건제물로 드리기에 이르면 그가 씨를 보게 되며 그의 날은 길 것이요 또 그의 손으로 여호와께서 기뻐하시는 뜻을 성취하리로다.

그가 자기 영혼의 수고한 것을 보고 만족하게 여길 것이라
나의 의로운 종이 자기 지식으로 많은 사람을 의롭게 하며
또 그들의 죄악을 친히 담당하리로다.

그러므로 내가 그에게 존귀한 자와 함께 몫을 받게 하며
강한 자와 함께 탈취한 것을 나누게 하리니 이는 그가 자기
영혼을 버려 사망에 이르게 하며 범죄자 중 하나로 헤아림
을 받았음이니라 그러나 그가 많은 사람의 죄를 담당하며
범죄자를 위하여 기도하였느니라.[35]

브렛은 스콧을 쳐다보았다.
"왜 그리스도인들이 이 장이 예수님을 예언한다고 주장하
는지 이유를 알 것 같아요. 그가 산 자의 땅에서 끊어졌다고
한 부분을 나한테 좀 보여 줄래요?"
스콧은 둘이 같이 성경을 읽을 수 있도록 화면을 돌렸다.

그가 살아 있는 자들의 땅에서 끊어짐은 마땅히 형벌 받을
내 백성의 허물 때문이라 하였으리요.

그는 강포를 행하지 아니하였고 그의 입에 거짓이 없었으
나 그의 무덤이 악인들과 함께 있었으며 그가 죽은 후에 부
자와 함께 있었도다.[36]

브렛이 말문을 열었다.

"내가 읽기엔 무죄한 사람이 다른 사람들을 위해 목숨을 잃었다는 내용 같은데? 심지어는 죄인들과 같이 처형을 받고 부자의 무덤에 묻힌다고까지 되어 있잖아. 상당히 구체적이기는 하네. 하지만 중요한 것은 이거야. 그러니까, 예언대로 예수님이 세상에 왔다 치자고. 그래서 십자가에서 처형을 받고 부자의 무덤에 장사되었다고 쳐. 그래서 뭐가 어쨌다는 거지? 이게 예수가 부활했다는 증거가 될 수 있는 걸까? 어쩌면 예수님이 죽은 후에 제자들이 실망한 나머지 미완으로 끝난 자신들의 꿈을 계속 이어가기 위해 이야기를 꾸며 낸 것일 수도 있지 않을까? 잘 모르겠어. 하지만 어쩐지 부활에 대해서는 여전히 쉽게 믿어지지가 않아."

잠깐 생각에 잠겼던 브렛이 말을 이었다.

"그래. 나도 예수님이 실재했다는 것과 십자가에서 돌아가셨다는 것까진 인정할 마음이 있어. 하지만 그후 며칠 있다가 무덤에서 뿅 하고 나온 후 만면에 미소를 띠고 제자들과 돌아다니는 장면은 도저히 믿기지 않아. 어떻게 죽은 사람이 살과 뼈를 가진 사람으로 다시 돌아온다는 거지? 그러니까 그가 못 박히고 난 후 사람들이 그의 시신을 십자가에서 내려서는 그를 아리마대 요셉의 무덤에 갖다 두었다 하죠. 그게 당시의 풍습이었으니까. 스콧 선배, 그럼 철통같이 경비를 했는데도 시신이 사라진 것은 어떻게 생각해?"

"누가 알겠어? 거기에 대한 진실을 알 수가 있을까? 아무튼 조사는 한 번 해볼게. 너는 어떻게 생각하는데?"

"모르겠어. 그가 무덤에 묻혔다는 것까지는 아무 문제가 없어. 하지만 매장 자체가 증명하는 것은 아무것도 없어. 만약 제자들이 부활의 이야기를 꾸며냈다면 우리는 더 이상 이 문제를 들여다 볼 필요도 없는 거지. 기독교란 존재할 이유가 없는 거고. 좀만 더 기다려 볼래? 매장과 텅빈 무덤에 대해 뭔가 더 자료가 있나 좀 찾아볼게."

"한 30분은 여유가 있어. 그다음에 체육관을 가야 해. 너도 같이 갈래?"

"물론이에요."

12
유대인들의 매장 관습

약 20여 분이 지난 후 스콧이 말문을 열었다.

"이것 좀 들어 볼래? 유대인 출신의 유명한 역사가인 알프레드 에더쉐임Alfred Edersheim 박사가 유대인들의 매장 풍습에 대해 구체적으로 쓴 글이 있네."

> 부자들뿐만 아니라 어느 정도 여유가 있는 사람들은 가족

무덤을 가지고 있었다. 무덤들을 미리 구입해서 준비해 놓았고 그런 무덤들을 개인 재산으로 상속하기도 했다. 자연적으로 생긴 동굴이나 암벽을 깎아 만든 동굴에 각종 향신료와 은매화유, 알로에를 바르고 마지막엔 우슬초, 장미유, 장미수로 처리를 한 시신을 안치한다. 시신에게 옷을 입히고 나중엔 염을 하는데 가능하면 법률 두루마리를 포장했던 낡은 천을 사용한다. 유대인의 무덤은 암벽을 깎아 만들거나 자연적으로 생긴 동굴, 혹은 양쪽으로 시신을 안치할 공간들이 있는 천장이 높은 지하 매장소로 이루어졌다.[37]

"흥미로운데? 어디에 있는 글이지?"
브렛이 물었다.
"윌리엄 크레이그가 인용한 글이야."
"윌리엄 크레이그는 기독교 철학자잖아. 벌써 편견의 냄새가 물씬 풍기지 않아?."
"초자연주의에 대한 그의 믿음에 동의하지 않는 것은 좋지만 그 사람은 박사학위가 두 개나 있고 수십 권의 학술서적을 펴낸 사람이야. 존경을 받는 인물인 만큼 그의 말들도 귀담아들을 만해. 그는 히친스와 벌인 토론에서도 멋지게 승리한 적이 있었지."
"사실이긴 하지만 어쩌면 그날 히친스가 만취해 있었을 수도 있죠."

브렛이 싱거운 소리를 했다. 스콧이 웃으며 말했다.

"그래, 그럴지도 모르지. 여기, 유대인들이 자신들의 성인들의 묘를 얼마나 정성 들여 관리했는지를 기록한 글인데 좀 들어 봐."

> 예수님 당시에는 유대 성인들과 순교자들의 무덤에 지대한 관심을 기울여 정성스럽게 돌보며 존경심을 표했다. 이로 미루어 볼 때 예수님의 무덤도 제자들을 포함한 그 주위의 사람들의 관심의 대상이 되었을 것이다. 제자들은 세상 종말에 일어날 전체적인 부활 외에 다른 부활이 있으리라고는 전혀 생각지도 못하고 있었기에 그들의 스승의 무덤을 허투루 다룰 수는 없었을 것이다. 이러한 이유로 여인들도 남아서 매장을 지켜보고 시신에 향신료와 향유를 바르기 위해 그 주위에 머물러 있었을 것이다(누가복음 23장 55-56절).[38]

"반론의 여지나 필요가 별로 없는 말이네. 다른 말은 또 뭐 없어?"

"이건 다시 알프레드 에더쉐임의 주장이야. 예수님의 매장에 관해 쓴 글이지."

> 안식일이 다가오는 까닭에 서둘러야 했으므로 아리마대 요셉은 아직 사용하지 않은 자신의 무덤에 예수를 안치하라

고 제안했을지도 모른다…. 십자가를 기울여 바닥에 눕혔다. 끔찍한 못을 뽑고 밧줄을 푼 후 요셉은 주위에 있는 사람들과 함께 예수님의 시신을 '깨끗한 면으로 싸고' 근처 동산에 있는 무덤으로 급히 옮겨갔다. 암벽을 깎거나 자연적으로 생긴 그런 동굴 무덤 안에는 시신들을 안치할 수 있는 틈들이 있었다. 무덤에 들어서면 가로, 세로 2.7미터 정도의 '내실'이 있는데 이곳에 시신을 운반한 들것이 놓이고 매장을 위한 마지막 조치가 취해진다.[39]

"그러니까 여인들과 제자들이 예수님이 안치된 정확한 동굴을 알고 있었을 것이고 그래서 결국 그 이야기는 꾸며 낸 이야기가 아니라는 거네."

브렛이 말했다.

"그건 인정해야 할 것 같아."

스콧이 손을 뻗어 책갈피를 꽂은 책 한 권을 집었다.

"윌버 스미스Wilbur M. Smith 박사가 요셉의 석굴에 예수님을 매장한 것에 관해 쓴 글이야."

우리는 모든 역사를 통틀어 다른 어떤 사람의 매장보다도 예수님의 매장에 관한 사실을 더 많이 알고 있다. 구약에 나온 어떤 인물, 바빌론의 어떤 왕, 이집트의 어떤 파라오, 그리스의 어떤 철학자, 심지어는 그 세도 높던 카이사르에 이르기까지 예수님보다 더 자세한 기록을 남긴 사례는 없다. 우리는 누가 십자가에서 예수님의 시신을 내렸는지 안다. 시신을 향료로 처리한 후 천에 쌌다는 것과 아리마대라는 마을의 요셉이 예수님이 안치된 무덤의 주인이라는 것도 안다. 성벽 밖, 십자가 처형을 당한 곳에서 가까운 동산의 무덤에 묻혔다는 것도 안다. 예수님이 처형당하실 때 그 자리에 있었던 제자 마태의 기록, 예수님이 승천하신 후 10년 정도 지난 후 기록되었다는 마가복음, 사도 바울의 동역자이자 위대한 역사가였던 누가의 기록, 가장 끝까지 십자가 옆을 지켰고 부활절 아침에는 베드로와 함께 가장 먼저 텅빈 무덤을 발견했던 제자 요한의 기록까지 우리는 예수님의 매장을 기록한 네 가지의 문서를 가지고 있으며 그 각각의 기록들은 서로 아주 정확히 일치한다.[40]

"하지만 스미스의 말도 부활을 증명하지는 못해. 그의 이야기는 결국 예수님이 십자가에서 처형당하고 매장되었다는 내용이잖아. 그다음에 어떤 일이 일어났는지는 말해 주지 않아. 제자들이 나중에 다시 와서 시체를 옮겨 놓고 부활의 이야기를 만들어 냈는지 아니면 환상을 보거나 환각상태에 빠져 있었는지 우리는 정확히 알 수가 없는 거지. 어떻게 죽은 사람이 다시 살아난다는 거야? 지금은 염증이 느껴지려고 해서 더 이상 이런 이야기를 하고 싶지도 않다. 나가서 농구나 한 판 하지 않을래? 보통 다섯 시면 애들이 나와서 농구를 시작하니까."

"좋아."

스콧이 대답했다.

"나중에 페터슨 교수님께서 계실 때 다시 이야기하자. 하지만 나가기 전에 먼저 가서 책 몇 권만 대출해 올게."

13
목요일 저녁의 바비큐

"페터슨 교수님, 갈비가 정말 끝내 주네요."

"맛있다니 고맙네, 스콧. 뭐 더 필요한 건 없나?"

"아뇨, 온 몸에 기름이 묻어서 다 먹고 난 후엔 목욕을 해야 할 것 같아요. 이제부터는 닭을 좀 먹어 보려고요."

"스콧 선배, 1년치 고기를 오늘 다 먹을 작정이야?"

제시카가 로렌과 함께 정원으로 들어오며 농담을 했다.

"제시카, 로렌, 와 주었군. 어서 자리를 잡고 앉게나."

"여보, 당신도 이젠 학생들과 함께 자리에 앉아요."

페터슨 여사가 교수에게 말했다.

"그럽시다. 당신도 함께 앉지 그래요?"

"과자하고 파이를 좀 내온 후 바로 앉을게요."

부인의 뺨에 가볍게 키스하는 교수를 지켜보며 안드레아와 제시카는 미소를 지었다.

이들의 대화 톤이 바뀌는 데는 시간이 얼마 걸리지 않았다. 참석자들 중 많은 이들은 얼마 전까지만 해도 이런 자리라면 빠지지 않았던 닉과 자말을 기억에 떠올렸다. 닉과 미식축구를 하다 언쟁이 붙은 자말이 닉을 번쩍 들어올려 옷을 입은 채로 풀장에 던져 넣던 일이 바로 엊그제 같았다.

미나는 아프리카로 떠난 봉사 여행에서 자말과 에이미, 제시카가 현지인 주민이 대접한 아마딜로 스프를 끝내 먹지 않고 버티는 무례를 저질렀다며 놀리던 페터슨 교수의 이야기가 다시 기억났다.

잠시 후 페터슨 여사가 자리에 합류하자 자연스레 닉에 관한 이야기가 나왔다.

"제시카와 닉이 우리집에 처음으로 온 날이 기억이 나요. 닉은 과연 성경이 정확한지 의문에 사로잡혀 있었어요. 하지만 그때만 해도 남편은 아직 회심하지 않은 때였기 때문에 닉에게 성경의 이야기들을 믿지 않아도 얼마든지 훌륭한 사람이 될 수 있다고 답했어요. 성경 사본들 사이의, 그리고 성경의 몇몇 구절들 사이의 차이에 대해 이야기해 주자 닉은 정말 큰 충격을 받은 것 같더군요. 하지만 다행스럽게도 닉은 남편의 이야기를 곧이곧대로 전부 받아들이지 않았죠. 물론 자말과 미나의 도움이 컸지만 닉은 스스로 연구를 시작했어요. 결국 그는 이제껏 내가 본 어떤 사람보다 더 뜨거운 열의와 열정을 지닌 그리스도인으로 다시 돌아왔죠."

페터슨 교수가 말을 받았다.

"지금 돌이켜보면 내가 그동안 얼마나 많은 학생을 혼란에 빠뜨려 예수님께서 하나님의 아들이시고 죽음을 이기고 부활하신 분이란 것을 의심하게 만들었는지 부끄럽기 그지없네. 하지만, 오레곤 주에서 거행된 내 누이의 장례식에 닉이 찾아온 이후로 부활의 가능성과 천국의 존재에 대해 다시 고민하기 시작했지. 추도객들로 만원인 교회 뒤쪽에 서 있는 그를 처음 봤을 때 눈물이 왈칵 솟더군."

"저이는 절대 눈물을 보인 적이 없는 사람이에요."

페터슨 여사가 말했다.

"자기 담당 교수 누이의 장례식을 위해 텍사스부터 오레곤까지 비행기를 타고 찾아오는 학생이 있다니, 나는 정말 내 눈을 믿을 수 없었네. 닉과 자말 덕분에 나는 다시 한 번 부활의 역사성을 생각해 볼 수밖에 없었던 셈이지."

페터슨 여사가 미나를 쳐다보았다.

"미나, 이 세상은 미나 같은 사람들이 정말 필요해요. 미나는 자신의 믿음대로 살아갈 뿐만 아니라 닉에게 아주 정확하고 구체적인 대답을 해주어서 결국은 우리 남편에게 영향을 미치도록 만들었죠. 이 세상엔 온 마음으로 하나님을 사랑한다고 주장하는 그리스도인들이 참 많아요. 하지만 대개는 지적으로 게으르고 믿음이 약해서 자신들이 믿는 바를 사람들 앞에서 떳떳이 증거하지 못하죠. 그들은 왜 자신들이 하나님을 믿는지 납득할 만한 이유를 대지도 못해요. 제가 그런 사람들 중의 하나였기 때문에 잘 알아요. 저는 미나 학생이 온 마음과 영혼으로 예수님을 섬기는 것을 보고 큰 도전을 받았어요."

제시카가 맞장구를 쳤다.

"우리 모두 미나 선배를 사랑해요. 언니는 항상 우리를 깨어 있게 만들죠."

안드레아가 고개를 끄덕여 동의를 표했고 제시카는 말을 이었다.

"저는 어릴 때부터 교회를 다녔어요. 귀가 따갑게 들은 말이 하나님을 열심히 섬기라는 것이었죠. 하지만 그런 말씀들은 언제나 감정에만 지나치게 의존하는 것처럼 들렸어요. 어느 날 문득 하나님의 존재가 느껴지지 않았고 그것으로 내 신앙생활은 끝이었어요. 다행히도, 지난 1년 동안 미나 선배에게서 배운 것이 내가 이제껏 자라오면서 배웠던 것들보다 많아요."

"너무 좋은 말씀들만 해주시니 몸 둘 바를 모르겠어요."

미나가 웃으며 말했다.

브렛은 로렌과 스콧이 앉아 있는 쪽을 쳐다 보았다. 그리스도인들에 둘러싸여 있는 두 사람은 좀 불편한 눈치였다. 브렛은 페터슨 교수가 다양한 종교관을 가진 사람들을 대하는데 익숙하다는 것을 진작부터 알고 있었다. 그날의 바비큐 파티도 그리스도인이건 아니건 모두를 포용하는 편한 분위기였다. 분위기를 바꿔서 좀더 생기 있는 대화의 장을 만들어 보고 싶었던 브렛이 페터슨 교수에게 질문을 던졌다.

"페터슨 교수님, 좀 불편하게 들릴지도 모르지만 한 가지 여쭤 볼게요. 대부분의 그리스도인들은 뭔가 안 좋은 일을 당하고 나서야 하나님을 믿게 되는 것 같거든요. 교수님께서는 누이가 돌아가시고 난 다음에 회심을 하셨고 얼마 전 학교에서도 총격 사건이 일어난 후 그리스도인이 늘어났어요. 성경이 고통을 겪는 사람들에게 위로를 가져다 준다는 것은 알지만 그런 위안보다는 하나님의 존재 유무가 더 중요한 믿음의 토대가 되어야 하지 않나요? 전 개인적으로 아직도 부활이라는 것이 믿기지 않거든요. 그게 믿기지 않으니 다른 것은 말할 것도 없겠죠."

14
엘비스 프레슬리와 마이클 잭슨

뜬금없는 질문에 갑자기 분위기가 썰렁해지자 브렛은 질문의 취지를 더 자세히 설명하는 게 낫겠다고 판단했다.

"제가 알기로 제자들은 예수님에 대한 그들의 믿음조차 제대로 지키지 못하던 약한 사람들이었어요. 예수님을 메시아라고 생각하기도 했지만 항상 확신한 것은 아니었죠. 예수님이 처형당한 후 그들은 예수님에 대해 품고 있던 자신들의 꿈을 놓치고 싶지 않았을지도 몰라요. 그래서 부활의 이야기를 만들어 냈을 수도 있고 아니면 그들이 바랐던 대로 모든 일들이 이루어졌다고 그냥 자신을 속였는지도 모르죠. 실제로 많은 사람이 현실이 아닌 것들을 믿고 있거든요. 마트 안에서 쇼핑하는 엘비스 프레슬리를 봤다고 주장하는 팬들이 있는가 하면 마이클 잭슨이 아직도 살아 있고 다만 어딘가에 숨어 지내고 있을 뿐이라고 주장하는 사람들도 있어요. 유명한 사람들에게는 말도 안 되는 허상에 사로잡힌 팬들이 있기 마련이거든요. 무엇인가를 간절히 원하면 그것이 현실처럼 느껴지게 되는 거죠."

"브렛 군은 자신이 목격한 것을 위해 목숨을 내놓아도 좋다는 엘비스나 마이클 잭슨의 팬들을 본 적이 있나?"

페터슨 교수가 물었다.

"아뇨, 하지만 그런 사람들도 분명히 있을 거라고 확신해요."

"엘비스가 다시 살아났다고 주장하는 수천 명의 팬들이 그의 부활을 증거하기 위해라면 죽어도 좋다는 운동을 시작했다는 얘기를 들어 본 적이 있는가? 사도 베드로는 오순절날 그에게 반감을 가진 군중 앞에 나서서 예수님이 부활하셨다고 선포했지. 그는 또 부활하신 예수님께서 그들이 있는 자리에서 '기적과 이적, 증표'를 보여 주셨다고 증거했네. 그는 군중에게 "당신들도 알고 있듯이"라고 말했지. 만약 군중이 그의 말에 이의가 있었다면 즉시 그의 말을 반박했을 것일세. 하지만 그런 일은 일어나지 않았지. 그날 3,000명의 사람들이 그리스도인이 되었네. 군중은 베드로가 하는 말이 거짓이 아니란 것을 알았기 때문이었지."

페터슨 교수는 레모네이드를 한 모금 마신 후 말을 이었다.

"브렛, 모든 가능성을 다 조사해 봤지만 많은 증거를 고려했을 때 최선의 설명은 부활이 실제로 일어났다는 것일세. 부활 사건 후에 열두 사도들 중 열한 명이 순교했지. 그들은 자신들이 믿었던 것 때문에 순교한 것만은 아닐세. 그들은 자신들의 눈으로 직접 목격하여 알고 있는 것을 위해 기꺼이 순교한 것이지. 물론 사람들은 자신이 진리라고 생각하는 것을 위해 목숨을 내놓기도 하지. 하지만 그들 스스로 거짓임을 알고 있는 것을 위해 죽지는 않는다네. 작년에 내가 아직 회의에서 벗어나지 못하고 이 주제에 관해 쓰인 책들을 들여다보고 있을 때 보스턴 대학교의 철학과 교수인 피터 크리프트Peter Kreeft 박사의 글을 읽은 적이 있었지. 그는, '왜 사도들이 거짓말을 했겠는가? 만약 그들이 거짓말을 했다면 무슨 동기였을까? 거짓말을 해서 그들에게 돌아갈 것이 있었던가? 부활을 증거한 결과 그들이 얻게 된 것은 오해와 배척, 핍박, 고문, 순교뿐이었다. 거짓말로 이런 것들을 얻으려던 것일까?'라고 묻고 있었지."[41]

"페터슨 교수님?"

"미나, 말해 보게."

"스콧, 브렛, 에이미와 로렌에게 서재를 좀 구경시켜 주시는 건 어때요? 특히 역사학도인 스콧은 라틴어로 쓰인 문헌들을 보면 정말 기뻐할 것 같아요."

"좋은 생각이네. 와 보고 싶은 사람은 모두 와도 좋네. 하지만 발 조심들을 해야 할 걸세. 워낙 정리를 안 해놓고 살아서 방바닥에 잡동사니가 온통 널려 있거든. 집사람이 몇 년 동안 서재 정리 좀 하라고 채근해 왔지만 그게 쉽지가 않구먼."

15
페터슨 교수님 서재

'세상에, 개인 서재가 이렇게 어마어마할 수 있다니! 페터슨 교수가 항상 새로운 주제로 강의할 수 있었던 이유가 있었어!' 로렌은 입이 다물어지지 않았다. 놀라기는 스콧도 마찬가지였다. 이제껏 그는 이렇게 다양한 역사 문헌들로 가득한 서재를 본 적이 없었다. 한 쪽 책장에는 키케로의 저서들과 대 플리니우스Pliny the Elder의 『자연의 역사』(*Naturalis Historia*)와

『건축술』(De Architectura)을 포함한 라틴어 문헌들이 가득 꽂혀 있었다. 하지만 브렛은 저녁 내내 궁금하던 것을 먼저 물어보기로 했다.

"피터슨 교수님, 이런 엄청난 개인 서재는 처음 봤습니다. 부러운 나머지 질투가 날 지경이네요. 하지만 예수님께서 부활하셨다는 증거가 그렇게 많다면 교수님께서는 예수님을 왜 이제까지 믿지 못하신 거죠? 브렛이 말한 것처럼 교수님도 지적인 이유보다는 감정적인 이유로 믿음을 가지게 된 건 아닌가요?"

피터슨 교수는 한숨을 한 번 쉬고는 쉽게 입을 떼지 못했다.

"꼭 그렇지만은 않네. 그보다는, 감정적인 이유로 그렇게 오랫동안 예수님을 부정해 왔다는 게 더 맞는 말일 것 같군. 이기적인 삶의 목표를 추구해 오면서도 나는 마음 한구석으로는 항상 죄책감에 시달렸지. 아마도 그동안 나는 하나님이 계실 자리에 세상적인 성취들을 대신 세워 놓았던 것 같아. 하지만 아무리 성공을 거두어도 마음의 평화를 찾을 수는 없었네. 아마도 성경을 연구하기 시작한 건 뭔가 탈출구를 얻기 위한 심산이었던 게지. 하나님을 믿지 않을 이유를 찾아보려는 마음에서였을 거야.

처음에는 파피루스 사본들 사이에 차이점들이 있다는 것에 의심이 들었지. 학부과정 초에 나는 교수님들과 동급생들로부터 인정받고 싶었네. 그래서 과학 과목들을 들으면서 성급하게 자연주의의 입장에 섰노라고 선언했지. 나중에 교수가 되었을 때 나는 이곳 오팔 대학교에서도 빨리 정교수가 되기를 원했네. '예수님만이 구원의 길' 같은 주장을 해서 동료 교수들로부터 학문적으로 편협한 자세를 가지고 있다는 평가를 받고 싶지 않았네. 예수님을 다시 받아들이는 데도 감정적인 요인이 있긴 했지. 브렛이 말한 대로 누이가 사망했을 때 나는 큰 충격을 받았네. 하지만 닉과 자말 같은 학생들의 헌신적인 사랑 덕분에 나는 내 영혼의 저변을 다시 들여다 볼 용기가 생겼고 내가 일부러 회피해 왔던 것들을 직면할 수 있었지. 물론 그게 쉬운 과정은 아니었네. '늙은 개에게 새 재주를 가르치는 것은 쉽지 않다'란 말도 있지 않나? 부활에 대해 내가 그동안 지녀 왔던 억측들과 편견들을 다시 들여다보고 마침내 예수님께 돌아오기까지 수 개월이 걸렸지. 부활에 대한 역사적인 사실들을 조사하다가 나는 마침내 하나님께서 여러분을 사랑하시듯 나를 사랑하고 계시다는 것을 깨닫게 된 거네."

교수의 개인적인 고백을 존중하는 표시로 스콧은 잠시 다음 질문을 미뤘다. 얼마쯤 시간이 지난 후 스콧은 다시 질문했다.

"교수님, 여러 차례 부활에 대해 말씀하셨는데요. 제자들이 예수님의 시체를 훔쳐가지 않았다는 것을 어떻게 알 수 있죠?"

"혹시 로마 경비병들에 대해 들어 본 적이 있나?"

페터슨 교수가 반문했다.

"조금은요."

페터슨 교수는 큰 책장으로 가서 커다란 사전을 하나 뽑아

들고 왔다.

"스콧, 로마 경비병들의 인원 수에 대해서 윌리엄 스미스 William Smith의 『로마 고대사 사전』(*Dictionary of Greek and Roman Antiquities*)에 정보가 좀 있다네. 스미스 박사는 '로마 경비병의 기본 단위는 네 명이었고 그들 중 한 명은 언제나 사주경계를 하고 나머지 세 명은 상대적으로 경계를 조금 늦춘 채, 하지만 비상 상황이 생기면 언제나 바로 반응할 수 있는 상태로 근무했다.'[42]고 했지."

페터슨 교수는 말을 이었다.

"또, 유대인을 독자로 상정하고 마태복음을 쓴 마태도 경비병들에 대한 기록을 남겼지."

교수는 네 개의 책상 중 한 군데 위에 올려져 있던 커다란 성경을 들어 읽기 시작했다.

> 그 이튿날은 준비일 다음 날이라 대제사장들과 바리새인들이 함께 빌라도에게 모여 이르되 주여 저 속이던 자가 살아 있을 때에 말하되 내가 사흘 후에 다시 살아나리라 한 것을 우리가 기억하노니 그러므로 명령하여 그 무덤을 사흘까지 굳게 지키게 하소서 그의 제자들이 와서 시체를 도둑질하여 가고 백성에게 말하되 그가 죽은 자 가운데서 살아났다 하면 후의 속임이 전보다 더 클까 하나이다 하니 빌라도가 이르되 너희에게 경비병이 있으니 가서 힘대로 굳게 지키라

하거늘 그들이 경비병과 함께 가서 돌을 인봉하고 무덤을 굳게 지키니라.[43]

"스콧, 여기에서 '경비병'이 '성전 경비대'인지 '로마군'인지에 대해서는 여러 가지 주장이 있네. 유명한 그리스 학자 로버트슨은 '너희에게 경비병이 있으니'가 현재 명령형 문장이고 그저 단순한 성전 경비대가 아닌 로마 군병들을 목적어로 취하고 있는 문장이라고 말하고 있네.[44] 로버트슨은 '라틴어로 경비병이라는 단어는 주후 22년의 옥시링쿠스Oxyrhynchus 문서에서 발견된다'고 말했지.'[45]

"교수님께서는 빌라도의 말이 로마 경비병들을 대상으로 한 것이 확실하다고 생각하시나요?"

브렛이 물었다.

"아니면 빌라도가 성전 경비대를 가리켜 말한 것일 수도 있는 건가요?"

"물론 그런 가능성도 전혀 배제할 수는 없지. 하지만 성전 경비대도 아주 훈련이 잘된 여러 명의 사람들로 구성이 되어 있었다네."

페터슨 교수는 호머의 조각상이 올려져 있는 책꽂이에서 다른 책 한 권을 꺼내 들었다.

"브렛, 유대 역사가인 알프레드 에더쉐임에 대해 들어본 적이 있나?"

이전에 스콧이 도서관에서 언급했던 인물의 이름이 나오자 브렛은 스콧을 바라보며 윙크하고 교수에게 고개를 끄덕였다.

"아주 좋아. 알프레드 에더쉐임의 기록에 따르면 성전 경비대는 열 명의 병사들로 구성되어 있었다고 하네.[46] 구약 율법의 구전법을 집대성한 미슈나Mishnah의 말에 따르면 근무 중 졸다가 발각된 성전 경비대는 큰 처벌을 받았다고 하는군. 1933년 옥스퍼드 대학교에서 번역한 것을 읽어 보겠네."

예루살렘 제2성전의 장교들은 햇불을 앞세우고 근무 중인 경비병들을 점검하러 다녔는데 만약 경비를 서고 있던 병사가 자신의 위치에서 일어나서 "성전 경비대장님, 그대에게 평화가 임하시기를!"이라고 말하지 않는다면 졸고 있었다는 증거로 매를 맞게 되었고 옷까지 불태워지는 벌을 받았다. 그래서 "성전에서 들리는 저 소리는 무엇인가?" "근무 중에 잠이 들었다가 매를 맞고 옷이 불태워진 레위 사람이라네"란 말이 전해지고 있는 것이다. 2세기 경 랍비였던 엘리저 야곱 R. Eliezar b. Jacob은 "우리 외삼촌이 잠들어 있는 것을 발견하곤 그들은 그의 옷을 태워 버렸다"라고 말했다.[47]

페터슨 교수는 책을 덮었다.
"우리가 알 수 있는 것은 자신의 임무를 분명히 알고 있는 적어도 네 명의 훈련된 병사들이 무덤을 지켰다는 것이지."

16
그들은 모두 도망쳤다

로렌도 늘 궁금해하던 질문을 던졌다.

"저는 예수님이 아리마대 요셉의 무덤에 장사되고 경비병들이 철저히 무덤을 지켰다는 말은 신빙성이 있다고 생각해요. 하지만 여전히 부활은 믿어지지 않아요. 부활의 이야기는 후에라도 제자들이 꾸며 낼 수 있었던 것 아닐까요?"

"그건 더 신빙성이 없는 이야기네."

페터슨 교수가 대답했다.

"어째서죠?"

뽀로통한 얼굴로 로렌이 물었다.

"우선, 마가가 기록한 바에 따르면 겟세마네 동산에서 제자들은 예수님을 버리고 도망했지.[48] 제자들은 부활이 있으리라는 것은 생각지도 못하고 있었네. 그들은 관원들이 두려웠던 거야. 심지어 예수님께 기꺼이 무덤을 내주었던 아리마대 요셉도 유대인들을 두려워하고 있었지. 하지만 그들은 곧 한 사건을 목격하고 전혀 다른 사람들로 변했어. 남가주 대학교에서 박사학위를 받은 모어랜드J. P. Moreland의 글을 한 번 읽어 주겠네."

(제자들은) 거짓말로 사람들을 속여 새로운 종교를 시작하

는 것은 그들에게 아무런 유익이 없었다. 고난과 조롱, 적의, 순교가 그들을 기다리고 있었다. 그들이 전파하는 것이 거짓이었다면 이런 상황에서 그들이 그렇게 흔들림 없이 말씀을 전할 수 있었을까? 제자들은 바보들이 아니었고 바울은 당대의 일류 지식인이었다. 그들이 30-40년 동안 거짓 복음을 전파했다면 그 오랜 시간 동안 거짓을 자백할 심적인 동요가 한 번도 일어나지 않았을까?[49]

"페터슨 교수님."
로렌이 말했다.
"경비병들이 무덤을 지키는 동안 어떤 일이 벌어진 거죠?"
"이러면 어떨까? 여기 있는 성경으로 로렌이 마태복음 28장 2절부터 좀 읽어 주겠나?"
교수에게서 성경을 받아 든 로렌이 박사가 지정한 부분을 큰 소리로 읽기 시작했다.

> 큰 지진이 나며 주의 천사가 하늘로부터 내려와 돌을 굴려내고 그 위에 앉았는데 그 형상이 번개 같고 그 옷은 눈 같이 희거늘 지키던 자들이 그를 무서워하여 떨며 죽은 사람과 같이 되었더라.[50]

로렌이 박사를 올려다보고 물었다.

"계속 읽을까요?"

"로렌, 이번엔 11절에서 15절을 좀 읽어 주겠나?"

여자들이 갈 때 경비병 중 몇이 성에 들어가 모든 된 일을 대제사장들에게 알리니 그들이 장로들과 함께 모여 의논하고 군인들에게 돈을 많이 주며 이르되 너희는 말하기를 그의 제자들이 밤에 와서 우리가 잘 때에 그를 도둑질하여 갔다 하라 만일 이 말이 총독에게 들리면 우리가 권하여 너희로 근심하지 않게 하리라 하니 군인들이 돈을 받고 가르친 대로 하였으니 이 말이 오늘날까지 유대인 가운데 두루 퍼지니라.[51]

페터슨 교수가 성경을 받아서 책상 위에 올려놓았다.

"로렌, 이 병사들이 아주 고도의 훈련을 받은 사람들이었다는 점을 고려하면 마태복음 28장은 아주 흥미로운 사실을 보여 주고 있네. 예수님의 부활에 동반한 광경이 얼마나 놀라운지 그 거친 병사들까지 '죽은 사람과 같이 되었다'는 거지. 로마 병사를 묘사한 다른 글 하나를 더 읽어 주겠네."

그들은 자신이 부여받은 임무에 아무런 관심도 없었다. 그들의 단 한 가지 목적은 그들이 충성을 맹세한 로마제국의 병사로서 엄격히 의무를 수행하는 것뿐이었다. 아리마대 요셉의 무덤을 막고 있는 바위에 붙인 봉인이 그들에게는 이스라엘의 모든 철학이나 이스라엘의 오랜 교의들보다 더 신성한 것이었다. 그들은 십자가에서 죽어가는 사형수의 겉옷을 차지하기 위해 내기를 하는 냉혈한들이었다."[52]

교수가 읽기를 마치자 미나가 말을 이었다.

"터커T. G. Tucker 박사가 당시 로마 백부장들이 착용했던 군장을 자세히 설명한 글이 있어서 읽어 본 적이 있어요. 그 글에 의하면 그들은 거의 인간 병기 수준이더군요."[53]

"미나 말이 맞네."

페터슨 교수가 말했다. 로렌은 별로 할 말이 없었지만 적어도 자신이 교수의 말을 경청하고 있었다는 것을 알려 주고 싶었다.

"결국 교수님 말씀은 예수님을 장사 지낸 무덤에 배치된 경비병들이 졸음에 빠졌을 일은 없었을 것이란 말씀이시죠?"

"맞네."

페터슨 교수가 다른 책 한 권을 집어 들었다.

"토마스 토르번Thomas Thorburn 박사의 설명에 의하면 경비병들은 사면초가에 처한 입장이었지. 무덤을 막고 있던 바위가 굴러가 봉인이 찢어졌다는 것은, 군법 재판에 넘겨진다는 것과 같은 의미였으니까. 그는 당시 병사들이 처한 난감한 상황을 다음과 같이 표현했지."

병사들은 자신들이 잠들었다고 말할 수도 없었다. 경비근무 중에 잠이 들었다는 것은 예외 없이 사형에 처해질 만한 중대한 과실이었다.[54] 병사들은 대제사장이 말하는 대로 처신하는 것 외에 다른 방도가 없었다. 어쨌건 시체는 사라졌고 그들의 과실은 특별한 사정이 아니라면 사형에 처해질 만한 것이었기 때문이다.

17
텅 빈 무덤

"페터슨 교수님, 지진이 일어난 후에 확실히 무덤이 비어 있었다고 주장할 근거는 뭐죠?"

브렛이 질문했다.

"제자들이 다시 살아난 예수님에 대한 환각이나 꿈을 꾸었다면 시신은 아직 무덤 안에 있었을 테니까."

"변호사이자 런던 대학교의 동양법 교수인 노먼 앤더슨Sir Norman Anderson 경에 대해 들어 본 적이 있나?"

브렛이 고개를 젓자 페터슨 교수는 다른 책장으로 가서 책을 한 권 꺼내 왔다.

"스콧이나 안드레아는 어떤가? 노먼 앤더슨에 관해 들어 본 사람이 없나?"

미나가 웃으며 말했다.

"저는 저번에 교수님이 한 번 말씀해 주셔서 들어 본 적이 있어요."

페터슨 교수가 안경을 고쳐 쓰며 미소를 지었다.

"노먼 앤더슨 경은 세인트 로렌스 대학과 트리니티 대학교에서 공부했고, 캠브리지 대학교, 대학원을 수석으로 졸업했지. 졸업 후에 이집트로 건너간 그는 이슬람과 아랍의 법률에 흥미를 느껴 아랍어를 공부했지. 아랍과의 외교문제를 담당하는 중요한 위치에서 일하다가 GHQ(연합국 총사령관 총사령부) 중동 사령부에서 대령으로 근무하면서 비서실장으로 일했네. 후에 군복무 시절의 공로를 인정받아 훈장을 받기도 했지."

페터슨 교수가 이야기를 늘어놓는 동안 여덟 명의 학생들은 교수의 책들을 훑어보며 서로에게 미소를 지었다.

"영국으로 돌아온 후 앤더슨은 런던 대학교의 여러 소속 대학들 중 하나인 소아스(SOAS: The School of Oriental and African Studies)에서 동양법 교수가 되었고 그 대학교의 학장으로 20여 년을 근무했지. 1975년에 작위를 받았고 프린스턴 대학교 등 미국의 유수 대학들에서 순회 강연을 하기도 했었네. 하버드에서 종신교수직을 제의받기도 했지만 거절했지. 90세 중반에 세상을 떠났어. 앤더슨 경이 빈 무덤에 대해 결론 내린 부분을 잠깐 읽어 줘도 괜찮으려나?"

"부탁드릴게요."
안드레아와 로렌이 동시에 대답했다.

앤더슨 경은 질문을 받았다. "그리스도인들이 알고 싶은 사실들만이 기록된 4복음서에만 빈 무덤이 언급되고 있다는 것을 알고 계셨나요?" 이에 대해 앤더슨 경은 다음과 같이 대답했다. "그리스도인들이 아닌 다른 사람들을 대상으로 한 사도행전의 많은 공개 설교에서 부활이 크게 강조되고 있음에도 예수님의 빈 무덤은 한번도 언급되지 않습니다. 왜 그럴까요? 제 생각에 거기엔 한 가지 답만 있습니다. 즉 빈 무덤을 논할 가치가 없었다는 것입니다. 그리스도인이든 아니든 그들은 이미 예수님의 무덤이 비어 있었다는 것을 알고 있었습니다. 그들에게는 예수님의 무덤이 왜 비어 있는지, 빈 무덤이 무엇을 의미하는지 설명하는 것이 더 중요했던 것입니다."[55]

페터슨 교수가 말을 이었다.
"앤더슨 경은 빈 무덤에 대해 다음과 같이 말했지."

돌로 만들어진 빈 무덤은 부활의 증거로 유효하다.
몇몇 사람들이 주장하듯 무덤이 비어 있지 않았다고 주장하는 것은 터무니없어 보인다. 제자들이 자신들에게 적대적이었던 예루살렘에서 예수님이 무덤에서 살아나셨다는 복음을 전하여 많은 회심자를 얻었다는 것은 역사적인 사실이다. 그들이 전도하던 곳은 무덤으로부터 얼마 떨어지지 않은 곳이었다. 제자들의 증언을 들었던 사람들 중 누구든 점심을 먹고 출발하면 오후 차 마시는 시간까지는 돌아올 수 있는 거리에 예수님이 장사되었던 무덤이 있었던 것이다. 그렇게 가까운 곳에서 그들이 부활했다고 주장하는 시신이 썩어 가고 있다면 제자들이 그런 큰 성공을 거둘 수 있었을까? 무덤에서 부활했다는 말이 사실은 사후에도 영혼은 살아 있다는 것을 뜻하는 비유적인 메시지였다면 그렇게 많은 제사장들과 완고한 바리새인들이 눈 하나 깜짝했겠는가?[56]

"대부분의 학자들은 앤더슨과 의견을 같이하고 있지. 최근에 읽은 모어랜드J. P. Moreland 박사의 글도 여기 어디에…." 스콧은 서재를 돌아다니며 책의 제목들을 훑어 보았다.

"여기 있군. '사도행전에 빈 무덤 이야기가 전혀 언급되지 않는 이유는 빈 무덤의 존재가 이미 확실하여 더 이상 논란거리가 되지 않기 때문이었다. 주된 논쟁은 그 무덤이 비어 있는지 아닌지의 여부가 아니라 왜 무덤이 비어 있는지였다. **기독교의 초기 전파자들에게 빈 무덤은 중요한 문제가 아니었다. 누구든 증거를 원한다면 바로 찾아가서 확인하면 되었던 것이다.**'[57]

18
직접적인 증거

브렛은 이 문제를 조금 더 다루어 보고 싶었다.

"비어 있었던 무덤 외에 부활의 다른 증거가 또 있나요?"

페터슨 교수는 스콧이 서 있는 쪽으로 와서 책 한 권을 골라 꺼냈다.

"존 워윅 몽고메리 박사가 쓴 글을 한 줄 읽어 주겠네."

> 제자들이 예수님의 부활을 선포했을 때는 그 사건에 대한 목격자들이 아직 살아 있을 때였다. 기원 후 56년경 바울은 500명이 넘는 사람들이 부활하신 예수님을 뵈었고 그들 중 대부분이 아직 살아 있다고 기록했다(고린도전서 15장 6절). 초기 그리스도인들이 있지도 않은 부활을 꾸며 선포했다면 누군가 예수님의 시체를 꺼내 오기만 하면 바로 들통 났을 것이므로 그것은 가능성이 없는 이야기이다.[58]

스콧이 교수를 바라보며 질문했다.

"교수님이 지금 인용하시는 이 사람들은 도대체 누구죠? 몽고메리라는 이름은 들어 본 적도 없어요."

페터슨 교수가 책 표지의 안쪽 면을 들여다보며 말했다.

"스콧, 몽고메리는 코넬에서 학부를 우수한 성적으로 졸업하고 에섹스 대학교에서 철학석사, 웨일즈의 카디프 대학교에서 법학석사, 시카고 대학교에서 박사, 프랑스 스트라스부르 대학교에서 박사, 카디프 대학교에서 교회법 법학박사 학위를 받는 등 열 개의 학위를 지니고 있는 학자라네. 굉장한 학문적 배경을 지닌 인물이지."

"하지만."

브렛이 말했다.

"부활 후 예수님이 사람들 앞에 나타난 이야기들은 서로 아귀가 맞지 않아요. 어떤 이야기에는 여인들이 등장하고 어떤 이야기에는 여인들이 나타나지 않죠. 어떤 이야기가 맞는 거죠?"

페터슨 교수가 기다렸다는 듯 책상들 중에서 가장 큰 쪽으로 가서 바인더를 하나 집어 들고는 라벨을 붙인 곳을 펼쳤다.

"이것은 작년에 내가 부활에 관한 연구를 하다가 기록한 것이네. 이 표는 부활 후 예수님께서 나타나신 사례들을 정리한 것이지."

교수는 브렛에게 바인더를 넘겨주었고 브렛은 교수가 펼쳐 준 곳을 읽기 시작했다.

- 막달라 마리아에게 (마가복음 16장 9절, 요한복음 20장 14절)
- 무덤에서 돌아오던 여인들에게 (마태복음 28장 9-10절)
- 그날 베드로에게 (누가복음 24장 34절, 고린도전서 15장 5절)

- 도마와 함께 있던 제자들에게 (요한복음 20장 26-29절)
- 디베랴 바닷가의 일곱 제자들에게 (요한복음 21장 1-23절)
- 갈릴리 산 꼭대기에서 500명이 넘는 군중들에게 (고린도전서 15장 6절)
- 야고보에게 (고린도전서 15장 7절)
- 열한 명의 제자들에게 (마태복음 28장 16-20절)
- 승천 시 모인 제자들에게 (사도행전 1장 3-12절)
- 바울에게 (사도행전 9장 3-6절, 고린도전서 15장 8절)
- 스데반에게 (사도행전 7장 55절)
- 성전에서 바울에게 (사도행전 22장 17-21절, 23장 11절)
- 요한에게 (요한계시록 1장 10-19절)

페터슨 교수는 계속 말을 이었다.

"브렛, 심지어는 신문기사에서도 어떤 사람의 이름이나 사건의 세부사항이 누락되었다고 해서 그것을 반드시 부정의 의미로 해석하지는 않네. 자네가 말한 그런 모순들은 내가 처음에 생각했던 것보다 설명하기가 쉽더군. 예를 들자면 바울과 초기의 복음 전도자들이 여인들의 이름을 언급하지 않은 이유는 당시 법정에서 여인들의 증언이 아무 효력이 없었기 때문일 수도 있지. 그럼 왜 어떤 곳에서는 여인들에게 예수님이 나타나신 것으로 묘사되었느냐 묻는다면 그건 실제로 벌어진 사실이었기 때문이고. 2세기 영지주의자들이 억지로 꾸며 내어 이야기를 맞춘 복음서들과는 달리 진실은 간단하고 분명하지."

그때, 수전 페터슨 여사가 서재로 들어왔다.

"방해해서 미안해요. 후식과 커피를 정원에 차려 놨으니까 드실 분들은 나와 드세요."

"기다리고 있었어요!"

스콧이 큰 소리로 대답했다. 그러자 브렛이 질세라 농담을 던졌다.

"저녁은 언제 먹죠?"

19 부활한 몸은 어떨까?

뒤뜰 테이블에 자리를 잡고 앉은 후에도 예수님의 부활, 천국, 사후에 대한 이야기가 이어졌다. 미나와 제시카는 닉과 자말에 얽힌 추억담을 나누고 있었고 안드레아는 페터슨 교수에게 속 깊이 감추어 두었던 그녀의 개인적인 고민을 털어놓았다. 그녀는 닉과 자말 외에도 최근 교통사고로 사망한 자신의 사촌과 관련해 죽음과 사후세계의 존재에 대해 질문했다. 스콧과 로렌은 만약 부활이 일어난다면 그것이 영적인 의미의 부활일지, 부활한 몸은 어떤 형태일지 궁금해했다. 로렌은 언젠가 오프라 쇼에서 사후에는 모두가 천사 같은 영적인 빛의 존재로 바뀐다는 주장을 들은 적이 있었다.

안드레아가 교수에게 질문했다.

"바울은 부활한 육신을 '영적인 몸'이라고 부르지 않았나요?"

페터슨 교수가 입을 떼었다.

"신약성경의 저자들은 모두 예수님께서 물리적인 육체의 모습으로 나타나셨다고 주장하지. 하지만, 예수님이 영적인 몸으로 나타나셨을 때 이전에 지니셨던 몸하고 완전히 똑같지는 않았네. 예수님은 분명 몸을 지니고 계셨지만 바울이나 다른 복음의 기록자들 누구도 예수님의 부활하신 몸이 빛의 존재 같은 순전히 영적인 존재였는지 아니면 아직 세상에 떠도는 유령 같은 실체가 없는 존재인지 확실히 알 수는 없었지. 하지만 예수님의 부활하신 몸은 사람들이 보고 만질 수 있었고 무덤에 안치되었던 그 몸과 별 차이점이 없어 보였어."

"그럼, 페터슨 교수님, 닉과 자말은 지금 육신의 형태로 예수님과 같이 있는 것인가요?"

제시카가 질문했다.

"그들은 분명히 하나님과 영적인 상태로 함께 있지만 육신의 형태도 가지고 있을 걸세. 성경에는 마지막 날에 죽었던 몸이 다시 부활하여 변형될 것이라고 기록되어 있지."

"나는 천국에서 지금과는 좀 다른 몸을 가지고 싶은데!"

안드레아가 웃으며 말했다.

"나도 머리숱이 좀 많았으면 좋겠네!"

페터슨 교수가 농담을 받았다.

"사실, 이런 주제의 책을 한 권 가지고 있다네."

수전 페터슨 여사가 어깨를 으쓱했다.

"저 양반은 어떤 주제든 언제나 꺼내 놓을 책이 있어요. 이젠 제발 더 이상 새 책들을 서재 안에 들여놓지 말고 저번에 생일선물로 사준 아이패드에 넣고 다녔으면 좋으련만."

수전의 말처럼 또 페터슨 교수는 어디에선가 책 한 권을 들고 와서 읽기 시작했다.

우리의 부활한 몸이 예수님의 부활하신 몸과 같을 것이며 영적일 것이라고 한 바울의 가르침은 사실이지만 그 말이 이러한 몸이 형태가 없을 것이라는 의미는 아니다. 바울의 가르침에 대한 어떤 주석도 그런 내용을 뒷받침하지는 않는다. '영적인 몸'을 만질 수도 없고 면적도 없는, 비물질적인 것이라고 이해한다면 우리가 세상 끝날에 그런 육신을 갖게 될 것이라는 바울의 가르침은 잘못일 것이다. 신약의 기록자들은 '영적인'을 성향의 의미에서 이해해야지 본질의 의미로 이해해서는 안된다고 말한다(참조, 고린도전서 2장 15절, 10장 4절). 따라서 육체적인 몸이 영적인 몸으로 변형된다는 것은 그것이 물질적인 의미를 잃게 된다는 것이라기보다는 죽을 수밖

에 없는 몸을 벗어난다는 의미로 봐야 한다.[59]

페터슨 교수는 뒤뜰에 놓아둔 바비큐 그릴에 몸을 기대고 다음 페이지로 책장을 넘겼다.

> 공간적 외연도 없고 만질 수도 없는 몸은 사도들이 체험한 부활하신 예수님의 몸과는 다르다. 부활한 몸은 강력하고 영화로운, 불멸의 영에 지배받는 몸이어서 새로운 창조물이 깃들기에 적합할 것이다. 성경 주석자들의 의견은, 바울이 영혼만이 영원한 삶을 살아간다고 이야기하지는 않았다는 점이다. 만약 바울이 말하는 부활이 육체적인 부활을 의미하지 않는다면 그것은 공허한 교리와 다를 것이 없다. 따라서 주석자들은 부활한 몸의 성질에 대한 바울과 다른 복음서 기자들의 견해가 다르지 않다고 말한다.[60]

"어떻게 이런 주장들을 믿을 수 있는 거죠?"
로렌이 말했다.
"사후에도 삶이 있다는 생각이 지금 우리의 삶에 의미를 주고 위안이 된다는 것은 좋은 일이지만 사실 따지고 보면 모두가 희망사항일 뿐이고 이것들을 믿기 위해서는 그저 눈 딱 감고 받아들이는 것 외엔 방법이 없을 것처럼 느껴져요."

20
제대로 된 반박도 못하면서!

미나가 대답했다.

"좋아, 로렌. 로렌이 한 말에 솔직하게 답변해 볼게. 로렌은 역사적이고 논리적인, 흠잡을 것 없는 증거에 반박다운 반박을 한 게 아냐. 아니, **사실 예수님의 적들은 그분의 부활에 대해 어떤 그럴듯한 반박도 못하지.** 그들은 그저 침묵을 지키거나 조롱하는 게 다야.

"그게 무슨 뜻이죠?"

브렛이 물었다.

"기독교 초기의 적들은 예수님께서 부활하셨다는 주장을 부정할 수 있는 훨씬 유리한 입장에 있었지만 침묵을 유지했지. 사도행전 2장에 보면 베드로는: 오순절 날, 그에게 적대적인 군중들 앞에 서서 담대하게 예수님의 부활을 선포했지. 하지만 그의 말에 반박하는 유대인들은 한 명도 없었어. 왜 그랬을까? 왜냐하면 모두가 확인할 수 있는, 비어 있는 무덤이라는 증거가 있었으니까. 베드로는 한 걸음 더 나아가 군중을 향하여 그들도 모두 부활의 기적을 알고 있다고까지 주장했지만 그의 말을 반박하기보다는 그날 그리스도인이 된 사람이 많았지."

미나는 스마트 폰에 성경을 띄우고 말을 이었다.

"브렛, 사도행전 25장에 보면 바울은 가이사랴에 감금된 적이 있어. 재판을 맡은 베스도가 '가이사랴로 내려가서 이튿날 재판 자리에 앉고 바울을 데려오라 명하니 그가 나오매 예루살렘에서 내려온 유대인들이 둘러서서 여러 가지 중대한 사건으로 고발하되 능히 증거를 대지 못한지라'[61]고 기록되어 있어. 유대인들은 바울이 전하던 말 중 어떤 대목에서 그렇게 화가 난 것이었을까? 베스도가 아그립바 왕에게 설명한 사건의 본질은 '예수라 하는 이가 죽은 것을 살았다고 바울이 주장하는' 데 있었어.[62] 유대인들은 예수님의 빈 무덤을 설명할 수 없었고 그 때문에 더욱 화가 났다. 그들은 바울을 향해 마구 신상 공격을 퍼부었지만 부활에 대한 객관적인 증거가 될 수 있는 빈 무덤 이야기는 결코 입에 올리지도 않았지."

미나가 말을 이었다.

"기독교를 공격하는 적대자들이 다음으로 가장 많이 사용하는 방법은 조롱이지. 바울이 아테네에 가서 쾌락주의와 금욕주의 철학자들을 만났을 때 그들은 바울에게 마땅히 대답할 말이 없었지. 누가의 기록에 따르면, '죽은 자의 부활에 대한 얘기를 들었을 때 일부 철학자들은 조롱했다'고 해.[63] 요즘의 무신론자들도 마찬가지지만, 그들은 죽었다 살아난 사람들의 이야기를 이해할 수 없기 때문에 그저 웃어넘기지. 그들은 이성적으로 그들의 입장을 변호하려는 시도조차 하지 않아."

로렌이 어처구니 없다는 듯 어깨를 으쓱했다.

"뭐, 그렇다고 쳐요."

"그런데 베스도와 아그립바가 실제로 존재했던 인물들이라는 증거는 있는 건가요?"

로렌이 반박이라도 하듯 말했다.

"사실, 그들은 실재했던 인물들이었어."

스콧이 대답했다.

"그들의 기록이 남아 있거든. 내가 조사를 좀 해봤지."

"됐어. 그럼."

로렌은 이야기를 더 듣고 싶은 마음이 없었다. 하지만 미나는 설명을 그치지 않았다.

"바울은 아그립바와 재판정의 모든 사람에게 예수님이 '고난을 받으실 것과 죽은 자 가운데서 먼저 다시 살아나사 이스라엘과 이방인들에게 빛을 전하시리라'[64]고 주장했어. 바울이 자신을 변호하여 이렇게 주장할 때 베스도는 다음과 같은 반응을 보였지."

> 바울이 이같이 변명하매 베스도가 크게 소리 내어 이르되 바울아 네가 미쳤도다 네 많은 학문이 너를 미치게 한다 하니 바울이 이르되 베스도 각하여 내가 미친 것이 아니요 참되고 온전한 말을 하나이다 왕께서는 이 일을 아시기로 내가 왕께 담대히 말하노니 이 일에 하나라도 아시지 못함이 없는 줄 믿나이다 이 일은 한쪽 구석에서 행한 것이 아니니이다

아그립바 왕이여 선지자를 믿으시나이까 믿으시는 줄 아나이다 아그립바가 바울에게 이르되 네가 적은 말로 나를 권하여 그리스도인이 되게 하려 하는도다.[65]

무신론자들의 반박이 침묵이나 조롱, 둘 중 하나라는 미나의 말을 들은 브렛은 꼭 그렇지만은 않다는 반박을 하고 싶었다. 우선, 얼마 전 디스커버리 채널에서 방영한 제임스 카메론의 다큐멘터리만 해도 그렇지 않았던가?

모임이 마무리에 접어들면서 참석자들은 다른 주제로 이야기들을 좀 나누었다. 사람들이 자리에서 일어서기 전에 마지막으로 페터슨 교수가 2주일 후 부활절 주일 예배에 참석하고 싶은 사람들은 같이 가자고 제안했다.

로렌은 그 주에는 캘리포니아의 집에 돌아갈 계획이 없으므로 모처럼 교회에 한 번 나가보는 것도 괜찮으리라는 생각이 들었다. 최근에 새로 산 드레스도 몇 벌 있는데다 부활절이란 말을 들으면 왠지 모를 동경심과 희망이 생겼다.

스콧은 교수의 제안에 어떻게 대답해야 할지 몰라서 머뭇거리다가 말문을 열었다.

"이렇게 하면 어떨까요? 우리 모두 동전의 양면을 다 볼 필요가 있지 않을까요?"

그는 자신과 로렌, 브렛이 다수의 그리스도인들에 의해 압박당하고 있다는 느낌에 짜증이 나 있었다.

"만약 여러분 중 몇 분이 오늘 교수님이 말씀해 주신 것과 다른 취지의 비디오를 저와 함께 볼 의향이 있으시다면 저도 부활절에 교회를 방문하겠습니다. 비디오를 상영하는 자리엔 우리 무신론자 클럽에서 강연을 해주셨던 클레이튼 잉그레이엄 박사도 모시겠습니다. 몇 가지 신학적인 질문을 드릴 것이 있어서 이번 주 수요일에 잉그레이엄 박사님을 만나기로 했거든요. 마침 제 콘도가 캠퍼스 바로 옆이니까 수요일에 모두 오셔서 제임스 카메론 감독이 만든 '예수의 잃어버린 무덤'(The Lost Tomb of Jesus)이란 제목의 20분짜리 다큐멘터리를 같이 보고 부활에 대한 반대 의견도 좀 들어 보시죠."

안드레아가 믿을 수 없다는 듯 목소리를 높였다.

"스콧 선배, 진심으로 하는 말이야? 농담하는 거지? 아니, 혹시, 푸른 피부의 아바타들의 존재도 믿는 거 아니야?"

미나가 서둘러 안드레아를 만류했다.

"안드레아, 진정해. '탈피오트의 무덤'Talpiot tomb과 '유골함들'ossuaries에 대해 흥미로운 대화를 할 수 있는 기회가 될 것 같지 않니? 영상을 잠깐 시청하고 잉그레이엄 박사가 제기할 반론에 대해 대화를 나눠 보도록 하자. 제임스 타버James Tabor 외에 탈피오트에서 발견된 무덤을 진짜로 예수님의 무덤이라고 믿는 사람은 별로 없지만 잉그레이엄 박사님도 이미 그런 사정쯤은 알고 있을 것이니까 재미있는 토론이 될 수 있을 것 같아. 페터슨 교수님도 오실 수 있으세요?"

"미안하지만 수요일 저녁은 좀 곤란하군. 아내와 저녁식사 초대를 받은 곳이 있어서. 하지만 초대해 주어서 고맙네. 잉그레이엄에게 안부나 좀 전해 주게나. 그 친구하고는 꽤 오랜 친구 사이지."

21
제임스 카메론과 예수의 잃어버린 무덤

수요일 저녁, 클레이튼 잉그레이엄 박사를 포함한 10여 명의 학생들이 스콧의 콘도에 모였다. 별로 넓은 공간은 아니었지만 50인치짜리 평면 화면을 갖추고 있어 제임스 카메론 감독의 영상을 보고 토론을 하기에는 아무 부족함이 없었다.

영상이 시작되자 미나는 노트북 컴퓨터 자판을 두드리며 메모를 시작했다. 일찌감치 영화를 미리 시청하면서 메모해 두었지만 계속 새로운 아이디어가 떠올랐다. 미나는 디스커버리 채널 홈페이지에서 "예수의 잃어버린 무덤"을 검색했다. 나머지 사람들이 영화를 보는 동안 그녀는 사이트의 내용을 읽어 보았다.

> 1970년대 이래로 예루살렘 근처에서 수백 개의 돌무덤들

과 수천 개의 석회석 유골함들이 발견되어 왔다. 이들 유골함들은 1세기 무렵, 이스라엘에서 관으로 사용되었다. 그중 한 돌무덤에 열 개 정도의 유골함이 들어 있어 사람들의 주목을 끌게 되었는데 그중 여섯 개의 유골함 위에는 글이 새겨져 있었다. 새겨진 글들은 모두 복음서의 내용과 관련 있는 것으로 밝혀졌다. 특집 다큐멘터리, "예수의 잃어버린 무덤"은 그 2,000년 된 '열 개의 유골함이 안치된 무덤'이 나사렛 예수 일가의 무덤이라고 주장한다. 묘비를 연구하는 모든 학자도 유골함에 새겨진 내용에 동의하고 있고 모든 고고학자들도 그 무덤이 예수의 무덤이라고 확신한다. 디스커버리 채널, 비전 캐나다. C4방송들이 전문가들에게 의뢰해서 새로 발견된 무덤이 예수의 무덤일 확률을 계산해 본 결과 예수 일가와 동일한 이름들이 그렇게 한 무덤 안에서 우연히 발견될 확률은 600분의 1이라고 한다. 영상은 유골함들에서 추출한 DNA를 근거로 예수와 막달라 마리아의 관계에 대해 새롭게 조명한다.[66]

스콧은 영상을 예수 그리스도의 유골이 발견되었다는 대목으로 돌렸다. 영상이 끝났을 때 브렛이 앞으로 나와서 말을 시작했다.

"제가 보기에는 예수가 부활했다고 주장하는 그리스도인들에 대한 그럴듯한 반박으로 보입니다. 정말로 예수는 죽은 자들 가운데서 다시 살아난 것일까요? 잉그레이엄 박사님, 어떻게 생각하세요?"

"글쎄, 이런 영상은 부활에 대한 적절한 반박이 될 수는 없을 것 같군. 내겐 개인적으로 더 좋은 반박거리들이 있지."

"어떤 것들이죠?"

에이미가 질문했다.

"여러 가지 좋은 반론들이 있지만 다음 기회에 설명하기로 하겠네."

"잉그레이엄 박사님, 성경과 관련된 이름들이 순전히 우연히 조합될 가능성은 600대 1밖에 되지 않는다는 디스커버리 채널의 통계 수치에 대해서는 어떻게 생각하세요?"

안드레아가 질문했다. 안드레아도 메모하고 있었군, 미나가 생각했다.

"나는 그리스도인은 아니네, 하지만 내가 보기에도 600분의 1이란 확률은 뭔가 결함이 있는 것 같군. 심지어는 스켑티콘* 홈페이지에도 여러 가지 근거로 이 통계 수치의 오류를 지적하는 글이 올라온 적이 있지. 내 동료 교수인 제임스 타버는 나와 의견을 달리 하겠지만, 하버드에서 학위를 받은 윌리엄 데버William Dever 같은 많은 무신론자들이 역사적인 근거를 들어 그 영상의 신뢰성을 의심하고 있다네."

---

* 역자 주 : Skepticon, 회의론자 및 무신론자로 구성된 학생 조직

미나가 질문했다.

"스콧, 나는 지금 게리 하버마스 박사의 홈페이지에 들어와 있는데 여기엔 이 문제에 대한 하버마스 박사와 벤 위더링턴 Ben Witherington 박사의 결론이 올라와 있어. 내용을 좀 읽어 줘도 될까?"

"부탁할게."

스콧이 대답했다.

미나가 노트북 컴퓨터의 화면을 읽기 시작했다.

"애즈버리 신학교 교수이자 『그들이 예수님에게 무슨 짓을 했는가』(*What Have They Done With Jesus?*)의 저자인 벤 위더링턴 박사는 다음과 같이 주장한다."

> "예수의 잃어버린 무덤"은 텔레비전 프로그램으로는 아주 재미있는 내용이지만 정확한 역사적 사실과는 거리가 멀다. 우선, 이 무덤은 이미 1980년에 발견된 것으로 제임스 카메론이 새로운 설명을 덧붙인 것뿐이다. 그의 주장이 아무 실질적인 내용도 없는 것을 과장한 것이라는 이유는 여러 가지가 있다.[67]

"다음에는 하버마스 박사의 글이에요."

> 최근 예수님의 무덤이 발견되었다는 주장에는 헤아릴 수

없을 만큼 많은 문제점이 있다. 하지만 결국, 예수님의 신성, 죽음, 육체적 부활에 대한 오랜 세월에 걸친 다양한 증거는 이전 어느 때보다 설득력이 있다. 기독교 초기의 반대자들조차 예수님의 무덤이 비어 있었다는 것은 인정했고 이후 예수님께서 부활하신 몸으로 다시 사람들 앞에 나타나셨던 증거들도 논박된 적이 없다.[68]

"제임스 카메론의 주장에 대한 반론들도 모두 제시되어 있어요. 그중에 몇 가지만 읽어 드릴게요."

미나가 제안했다.

- '요셉'과 '예수'란 이름은 1세기 당시 아주 대중적인 이름이었다. '예수'란 이름은 99개의 무덤들과 22개의 유골함들에서, '요셉'이란 이름은 45개의 유골함들에서 발견되었다.
- '마리아'란 이름은 고대 유대인 사회에서 가장 흔한 여자 이름이었다.
- DNA증거는 무덤 안 유골들 사이의 어떤 확실한 관련도 보여 주지 않는다.
- 무덤이 나사렛 예수와 관련이 있다는 통계학적 수치는 심각한 오류가 있다.
- 막달라 마리아와 관련된 초기의 역사적인 자료나 관련된 무덤이 없다.

- 예수님이 결혼을 했거나 자손을 낳았다는 역사적인 증거들이 전무하다.
- 무덤에서 발견된 예수는 '요셉의 아들'이라고 알려졌으나 신약성경에 나타난 초기 예수님의 추종자들은 예수님을 그렇게 지칭하지 않았다.
- 예수님 일가의 무덤이 예루살렘에 있을 가능성이 없다.
- 탈피오트 무덤은 치장이 잘된, 비용이 많이 들어간 무덤으로 분명 부유한 집안에 속한 것이다.
- 열 번째의 유골함은 '야고보'의 유골함이 아닌 것으로 드러났다.
- 오래된 역사 자료에는 모두 부활 사건 후 예수님이 묻혔던 무덤이 비어 있었다고 기록되어 있다.
- 탈피오트 무덤의 자료는 예수님께서 부활하신 후 사람들에게 나타나신 사실을 설명하지 못한다.[69]

미나가 반론들을 읽어 나가는 동안 스콧과 로렌은 잉그레이엄 박사가 반박해 줄 것을 기대하면서 그를 쳐다보았다. 하지만 잉그레이엄 박사는 아무 할 말이 없는 듯 보였고 로렌은 화제를 바꾸는 것이 그들에게 더 유리할 것 같다고 판단했다.

"카메론의 영화가 사실과 정확히 일치하지는 않는다 하더라도 이른바 부활이라는 사건을 과학적인으로 설명하고 있다는 데 의미가 있지 않을까 싶습니다. 어쩌면 부활이라는 것은 오래 전 이교도 사회에서 유행했던 오시리스나 아도니스, 이시스처럼, '죽었다가 다시 살아나는' 다양한 풍요의 여신을 본따 만든 신화일지도 모르죠. 예수의 부활이라는 것도 밀의(秘儀)종교에서 유래했을 가능성이 있다는 겁니다."

"나도 이 문제에 대해 한마디 하고 싶어요."

안드레아가 손을 들었다.

"여러분 중 몇 분은 아직 기억하실지도 모르지만, 1년 전 제가 자타가 인정하는 무신론자로 지낼 때 인터넷상의 회의론자들 사이에 널리 퍼진 그 이론에 확신을 가진 적이 있었어요. 하지만 자말과 이야기를 나누고 혼자 조사해 본 결과 부활에 관한 기독교의 교리와 죽었다 다시 살아나는 이교도 신들 사이의 유사점이 있다는 주장은 아주 과장된 것이라는 것을 알게 되었죠. 아니, 사실은 이교도들의 종교 의식을 설명하기 위해 오히려 회의론자들이 기독교 용어들을 차용해서 쓰고 있었어요. '세례'니 '부활'이니 하는 말들이 기독교의 믿음과는 아무 관련도 없는 이교도의 신들에게 무비판적으로 적용되고 있죠. 연대학에 근거해서 살펴보아도 초기 기독교가 이교도들의 밀의종교들에게서 영향을 받았다는 증거가 없어요. 미나 선배, 제 이야기에 덧붙일 말 없어요?"

"유대교의 엄격한 유일신 전통에서 성장한 바울이 이교도들의 종교에서 무엇을 빌려 사용했을 가능성은 전혀 없다는 점과 예수님의 사망과 부활은 특정한 시공간 안에서 역사적으로 발생한 사건이라는 점을 덧붙이고 싶어요."

브렛이 미나의 말을 받아 질문했다.

"혹시 크리솝 레이크Krisopp Lake 교수가 제시한 이론, 그러니까 여인들은 예수님이 어디에 묻혔는지 알지 못했고 그래서 다른 무덤을 찾아 간 것이라는 주장을 들어본 적은 있어요? 비어 있는 엉뚱한 무덤을 찾아가서는 예수님께서 부활하셨다고 생각했다는 거죠."[70]

미나는 주저함 없이 바로 대답했다.

"우선, 그 이론은 다른 모든 증거들을 무시하고 있어요. 둘째로, 그 이론은 미리 꾸며진 생각들에 철저히 맞춰서 만들어졌죠. 저는 여러분이 예수님의 부활이 전설이거나 환각이라는 주장을 할 것으로 예상하고 이 분야에서 가장 뛰어난 학자들의 대답을 준비해 왔어요."

미나는 컴퓨터에 워드 문서를 불러 올렸다.

"윌리엄 레인 크레이그 박사는 '만약 부활이 여인들이 저지른 터무니 없는 실수나 착각이라면 기독교의 적들은 그저 정확한 무덤의 위치를 밝히거나 심지어 시체를 발굴해서 사람들에게 보여 주면 모든 문제가 해결되었을 것이다. 부활이 여인들의 착각이라는 주장은 너무 얄팍한 주장이다'라고 지적하고 있어요.[71] 브렛, 스콧과 같이 조사하면서 알게 되었겠지만 부활에 대한 대안을 제시하려면 모든 사실을 다 아우를 수 있어야 해. 그런 의미에서 잘못된 무덤을 찾아갔다는 주장부터 한 번 논리적으로 전개해서 결론을 내어 보자고. 여인들이 잘못된 무덤을 찾아간 것이라면 남자들과 다른 유대인들, 로마 병사들도 무덤을 잘못 찾아갔다고 봐야 하고 심지어는 천사들도 무덤을 잘못 찾아간 것으로 봐야 하지. 내 생각엔 그건 너무 어처구니 없는 주장인 것 같아. 잘못된 무덤을 찾아간 것이라는 주장은 바울과 야고보의 회심도 설명할 수 없지."

브렛의 친구이자 무신론자 클럽 회원인 찰스가 입을 열었다.

"부활이라는 건 신화에 불과해요. 어떤 이야기든 오랜 세월이 지나면 원래 이야기와는 전혀 다른 과장된 이야기로 탄생하는 법이죠."

안드레아가 대답했다.

"하지만 꼭 그럴까요? 부활의 이야기는 맨 처음 목격자들에 의해 퍼졌고 또 기록되었죠. 기원 후 59년경에 바울은 직접 부활을 목격한 사람들 500명 이상이 아직 살아 있다고 말했어요. 그리고 이런 사실은 예수님의 부활 시기로부터 3-8년 후까지 널리 세상에 알려지게 되었죠."

"예수님 부활 시기로부터 3-8년 후라고? 그게 무슨 의미가 있죠?"

브렛이 말했다.

미나가 마치 기다리고 있었던 듯 대답했다.

"고린도전서 1장에 있는 '신조'들을 포함한 내용들이 예수님의 부활 후 몇 년 안에 널리 퍼졌을 거야. 학자들은 신약성경으로 기록되기 전에 초기 그리스도인들의 신앙고백, 신조들의 일부분이 구전으로 전해졌다고 확인했어. 변증학자인 하버마스의 말에 따르면 이들 신조들은 '기원 후 30년에서 50년 사이 예수님과 관련된 기록들을 포함하고 있으며 그런 의미에서 사실상 그 신조들은 신약성경 이전의 자료이며 예수님의 삶에 대한 최초의 자료라 할 수 있다'[72]고 하지. 다른 말로 하자면 이들 말씀들은 사람들의 입에서 입을 통해 전달되었다는 거야."

미나는 지난해에 자말이 그녀에게 보내 주었던 강의노트들을 읽기 시작했다.

"가장 자유주의적인 아이비리그의 연구소들을 포함해서 지난 30년 동안 부활에 관한 책을 출판한 저자들의 90퍼센트 이상은 고린도전서의 작성 시기를 주후 53년에서 58년 사이로 잡고 있고 바울이 그 책의 실제 저자라고 인정하고 있다."

미나가 말을 이었다.

"고린도전서 15장 3-5절에는 초기 기독교 신자들의 신앙고백이 다음과 같이 기록되어 있어."

> 내가 받은 것을 먼저 너희에게 전하였노니 이는 성경대로 그리스도께서 우리 죄를 위하여 죽으시고 장사 지낸 바 되셨다가 성경대로 사흘 만에 다시 살아나사 게바에게 보이시고

후에 열두 제자에게와 그후에 오백여 형제에게 보이셨나니.

로렌은 침묵을 지키고 있는 잉그레이엄 박사를 쳐다보았다.
"잉그레이엄 박사님, 박사님께서는 어떤 근거로 부활을 부정하시는 거죠?"

22
평정을 잃는 잉그레이엄 박사

"부활을 부정하는 많은 이론은 나름대로 연구해 볼 만한 요소들이 있겠지만 나는 부활이 환각에 의해 퍼진 생각이라고 믿어요. 예수의 시신도 누군가 훔쳐갔을 겁니다. 나는 일정 부분, 바울, 베드로를 포함한 열두 제자들이 부활한 예수를 목격했노라고 생각했다는 것에는 동의합니다. 하지만 여기에서 중요한 말은 '생각했다'는 말이죠."

무신론자 클럽의 정신적 지주인 잉그레이엄 박사가 부활을 주장하는 그리스도인들의 코를 납작하게 해주기 위해 드디어 말문을 열었다는 생각에 로렌과 에이미는 서로를 쳐다보며 의미심장한 미소를 교환했다. 안드레아와 제시카도 서로를 바라보며 짐짓 미소를 교환했다. 그들은 잉그레이엄이 쓴 몇 편의 글들을 이미 읽은 적이 있고 그래서 그가 이 문제에 꽤 넓은 식견을 가지고 있다는 것도 알고 있었다.

"우선 제자들이 아주 지적으로 뛰어난 사람들은 아니었다는 사실을 먼저 기억합시다."

잉그레이엄 박사가 얼굴에 미소를 띠고 말했다.

"환각hallucination은 마음의 방황, 한담, 수다를 뜻하는 로마어 'alucibation'에서 유래한 말이에요.[73] 의학이나 심리학에서는 환각이란 외부 자극이 없는데도 마치 어떤 사물이 있는 것처럼 자각하는 시각 현상을 말하죠. 그런 만큼 주관적인 시각이라 말할 수도 있어요. 즉, **제자들이 실제로는 존재하지 않는 어떤 것을 보았다고 생각할 수 있는 겁니다.**"

안드레아가 먼저 질문했다.

"잉그레이엄 박사님, 보통은 환각이 과대망상증이나 정신분열증 환자나 죽음에 이른 환자나 마약을 복용한 사람처럼 특별한 상황에서 나타나는 것 아닌가요?"

"보통은 그렇다고 보아야겠죠. 예수님을 둘러싸고 있던 무식한 괴짜들이 내겐 좀 과대망상을 가지고 있던 사람들로 보이는데."

잉그레이엄 박사가 대답했다. 미나는 박사가 채 말을 맺기 전에 끼어들었다.

"다시 사신 예수님을 봤다고 주장하는 사람들이 다양한 배경과 연령대, 직업을 가진 사람들이었다는 것은 사실이죠."

안드레아가 말을 받았다.

"환각은 개인들의 과거 경험이나 무의식과 관련 있는 현상이어서 두 사람 이상의 사람들이 동시에 같은 환각을 경험하는 것은 거의 불가능합니다. 예수님께서는 여러 사람들 앞에 나타나셨고 그 상황들은 매번 아주 자세히 기록으로 남아 있습니다. 심리학자들은 이런 정황으로 볼 때 예수님을 목격한 사람들은 실제로 존재하는 대상과 접촉하고 있었다고 생각하고 있어요."

이들이 주장하는 동안 잉그레이엄 박사는 그저 얼굴에 웃음을 띤 채 듣고 있었다. 안드레아는 사람들의 반응을 보려는 듯 방 안을 한번 둘러보고 말을 이었다.

"임상심리학자인 게리 콜린스 박사의 글을 한 마디 읽어볼게요."

> 환각은 개인적인 경험이다. 환각의 본질상 특정한 환각을 볼 수 있는 사람은 그때 그 환각을 경험하고 있는 당사자 한 사람일 뿐이다. 즉, 환각을 한 무리의 사람들이 같이 경험할 수는 없다. 환각은 단지 주관적인, 개인적인 지각이므로 다른 이들이 특정한 환각을 목격할 수 없다는 것은 당연하다.[74]

"콜린스 박사는 **예수님이 부활했다는 주장이 환각에 의한 것이라고 주장하는 사람들은 환각에 대한 현대의 심리**

학, 정신의학의 이해를 뒤집어 놓아야 할 것이라고 결론 내렸어요."75

미나가 입을 떼었다.

"잉그레이엄 박사님, 저도 박사님의 글을 읽고 환각의 본질이 무엇인지 조사를 좀 해봤어요. 보통 환각이 일어나는 장소와 시간은 상당히 제약되어 있죠. 신약성경에서 부활하신 예수님께서 나타나신 상황들을 살펴보면 보통 환각이 일어나기 위해 충족되어야 할 요소들을 찾아볼 수 없어요. 사람들이 예수님의 형체를 얼핏 보았다거나 한 것도 아니었어요. 오랫동안 그들과 함께 계시면서 시간을 보내셨죠. 열다섯 번이나 나타나셨고 그중의 한 번은 500명이 넘는 사람들 앞이었어요."

조용히 침묵을 지키고 있던 잉그레이엄 박사가 벌컥 화를 냈다.

"그래서 그리스도인들은 예수가 실제로 살아났다는 것을 믿든가 아니면 영원한 지옥에 떨어지라고 주장하는 건가? 다른 종교들은 모두 잘못된 것이고?"

박사가 목소리를 높였다.

"그럼, 이슬람교가 진리인줄 알고 자라나는 어린아이들은 어떻게 되는 건가? 그들 모두 지옥으로 떨어지는 건가? 십자가에서 예수가 죽지 않았다고 믿는 이슬람 교도들이 이 세상에는 10억 명이 넘게 있다네. 나는 기독교만이 유일한 길이라고 주장하는 것은 가장 편협하고 광신적인 짓이라고 생각하네."

"맞는 말씀이에요."

로렌이 박수를 보냈다. 미나가 조심스럽게 말을 이었다.

"박사님이 기독교에 대해 몇 가지 반박을 해오신 것은 알고 있어요. 하지만 지금은 토론의 주제를 바꾸시는 것 같네요. 구원이나 누가 천국에 가게 되는가 하는 것은 따로 토론할 만한 가치가 충분히 있는 문제죠. 하지만 지금은 역사적인 관점에서 예수님의 빈 무덤과 그가 부활 후 사람들에게 나타나신 것을 어떻게 설명할 것이냐를 논의하고 있었거든요. 박사님께서 이슬람은 예수님의 십자가 처형과 부활에 대해 정반대의 견해를 가지고 있다고 말씀하셨는데요. 그렇다면 이슬람이나 기독교 중 한쪽의 견해는 분명 잘못된 것이겠죠. 나사렛 예수가 동시에 십자가 위에서 죽기도 하고 그렇지 않기도 할 수는 없잖아요?"

"잉그레이엄 박사님."

로렌이 박사에게 질문했다.

"이슬람 교도들은 예수님의 죽음을 어떻게 생각하고 있어요?"

"코란에 의하면 예수는 십자가에서 못 박혀 죽은 것이 아니라고 되어 있지."

잉그레이엄 박사가 대답을 시작했다.

"예수 대신에 알라를 믿는 사람 중 하나가 십자가에 못 박혔다는 거야. 선지자인 예수를 아낀 나머지 알라는 근처에 서 있던 군중 가운데 한 명을 예수처럼 보이게 만들어서 대신 못

박히게 만들고 예수를 살렸다는 거네. 바꿔치기를 한 거지. 가롯 유다나 구레네 시몬이 예수 대신에 처형당했다고 추정되기도 하지. 못 박혀 죽는 대신에 예수는 하늘로 승천해서 세상이 끝날 때까지 그곳에 머물다가 다시 돌아온다는 게 그들의 주장이야."

"그럼 박사님께서는 코란의 주장을 믿으시는 건가요?"

제시카가 박사에게 질문했다.

"꼭 그렇지만은 않네. 다만 내 이야기는, 부활에 대해 다른 견해를 가진 사람들도 많이 있다는 것을 그리스도인들이 좀 알았으면 한다는 거야."

"잉그레이엄 박사님, 예수님을 다른 사람과 바꿔치기했다는 주장은 역사적인 사실들을 고려해 보면 근거가 없는 이론이에요."

미나가 박사를 향해 입을 열었다.

"이런 주장을 하는 학자들은 전부 이슬람 교리를 믿는 사람들이죠. 부활 사건 이후 몇 백 년 동안은 이런 주장이 존재하지도 않았어요. 구약에는 메시아의 죽음에 대한 예언이 나오죠. 십자가에서 돌아가심으로 예수님께서는 이 예언들을 성취하신 거고요. 예수님께서 성취하신 예언들을 포함하고 있는 이사야서의 사본이 사해사본들 사이에서 발견되었어요. 예수님이 세상에 오시기 100여 년 전의 사본이죠."

"그뿐만이 아니라, 예수님도 자신의 죽음을 예언하셨죠. 마이클 리코나Michael Licona 박사는 회의적인 학자들조차 예수님께서 마가복음 12장의 비유를 말씀하셨다는 것을 인정하고 있다고 해요. 사랑하는 아들이 사악한 농부들의 손에 죽임을 당하는 비유죠. 이 비유를 통해 예수님께서 자신이 유대인들에게 배척받고 결국엔 죽음을 맞으실 것을 예언하신 것은 부정할 수 없는 사실이에요.[76] 예수님께서 자신의 처참한 죽음을 예언하셨고 무함마드가 예수님을 예언자로 여겼다는 주장이 정당하다고 할 때, 예수님의 예언이 이루어지지 않았다면 예수님을 예언자라고 선언한 무함마드의 말이 틀렸다는 결과가 되는 거죠. 결국 이 주장은 그리스도인이나 이슬람 교도 모두 받아들이기 어려운 것이 되고 마는 거예요. 하지만 만약 예수님께서 십자가에서 돌아가셨다면, 예수님이 십자가에서 죽임을 당하지 않았다고 주장하는 코란이 거짓이 되는 거죠."[77]

로렌은 반박할 말을 찾을 수가 없었다.

"미나 선배, 그리스도인들은 아주 편협하고 다른 사람들의 종교를 함부로 정죄하잖아요? 모든 사람이 잘못되었다고 주장하는 것은 잘못이에요."

"그럼, 지금 내가 한 말에 모순이 있다는 얘기니?"

미나가 물었다.

"그래요!"

로렌이 흥분한 목소리로 소리쳤지만 미나는 로렌에게 미소를 지었다.

23
음모론의 제기

잉그레이엄 박사가 입을 떼었다.

"제임스 카메론 감독의 영상에 완전히 동의하는 것은 아니지만 예수님의 제자들이 시신을 훔쳐가고 난 후 부활 사건을 꾸며 내었다고 주장하는 학자들도 많이 있다네. 마태복음에도 나오는 이야기지.[78] 무덤을 지켰던 경비병들이 대제사장에게 가서 간밤에 있었던 일을 고하자 대제사장은 경비병들에게 뇌물을 주며 제자들이 예수의 시체를 훔쳐 갔다고 거짓말하라고 시키지. 빌라도에게는 자신이 손을 써서 경비병들이 근무를 태만히 한 것에 대한 벌을 받지 않도록 해주겠다고 약속하면서 말이야."

말하는 도중에 잉그레이엄 박사는 자신의 노트북에서 몇 가지 역사 자료들을 불러냈다.

"미나, 기원 후 130년경에 저술된 저스틴 마터의 『트리포와 나눈 대화』(*Dialogue with Trypho*)에 보면 '우리가 십자가형에 처한 갈릴리 출신의 한 사기꾼인 예수라는 자의 시신을 그의 제자들이 야밤을 틈타 훔쳐가고는 그가 죽은 자들 가운데서 다시 살아나서 하늘로 승천했다고 사람들을 기만하고 있다'라는 기록이 나오지."[79]

무신론자 클럽 회원인 자렛이라는 학생이 흥분해서 외쳤다.

"저도 항상 그렇게 생각해 왔어요! **제자들이 음모를 꾸며서 시체를 훔쳐 낸 거죠.**"

이런 주장을 많이 겪어 본 미나는 이미 몇 가지 대답을 준비해 두고 있었다. 컴퓨터에 조사해 놓은 자료를 참고하면서 그녀가 말을 시작했다.

"잉그레이엄 박사님, 지금 말씀하신 음모 이론을 주교이자 위대한 역사가였던 유세비우스가 자신의 저서인 『복음의 실증』(*Demonstratio evangelica*)에서 완벽하게 반박했다는 것을 아시잖습니까? 유세비우스는 반어적으로 그렇게 철저하게 짜인 완벽한 음모가 성공할 리 없다는 것을 주장했어요. 그는 제자들이 서로를 독려하는 말을 풍자적으로 꾸며서 소개했죠."

자, 이제 머리를 맞대고 우리가 결코 보지도 못한 기적들과 부활의 이야기를 만들어 내세나. 이 비밀은 우리 모두 죽을 때까지 지켜야 하네. 아무것도 아닌 것을 위해 죽자고. 아무 이유 없이 채찍질 당하고 고문당하는 게 싫은 이유라도 있나? 이제 온 나라들로 가서 그들의 제도와 신상들을 뒤엎자고! 비록 아무도 우리 말을 믿지 않는다 해도 사람들을 기만한 대가로 우리는 만족스러울 만큼 큰 벌을 받을 수 있을 걸세.

"유세비우스는 만약 우리가 제자들을 믿을 수 없다면 이제까지 기록된 역사도 믿을 수가 없다는 것을 암시하는 것처럼 들리네요!"

안드레아가 자신의 느낌을 말했다. 미나가 안드레아의 뒤를 이어 설명했다.

"미디어를 통해 자주 목격하는 바이지만 음모들은 언젠가는 와해되게 되어 있어요. 음모의 희생자들이 진실을 밝혀 내지 않아도 음모를 꾸민 사람들이 압박감을 견디지 못하고 결국은 자백하게 되죠. 잉그레이엄 박사님, 닉슨 대통령 당시 워터게이트 사건의 특별검사였던 척 콜슨의 글 한 구절을 좀 인용해도 좋을까요?"

미나가 팔짱을 낀 채 자신의 말을 듣고 있던 잉그레이엄 박사에게 양해를 구했다.

"그 사람의 글이 지금 우리가 논의하는 것과 무슨 상관이 있는 건지는 모르겠지만 그렇게 하게."

"감사합니다. 콜슨은 다음과 같이 기록했습니다."

> 세상에서 가장 권력이 많은 사람들조차 여럿이 함께 비밀을 유지하는 것은 불가능하다는 것을 나는 알고 있다. 워터게이트 사건을 은폐하려는 시도는 몇 주도 채 지나기 전에 음모를 꾸민 사람들 중에 한 명이 스트레스를 견디지 못하고 증거를 제출하게 되어 종말을 맞았다.[80] 점점 커지는 압박감에 시달리던 범인은 자신이 실제로 처벌받을 수도 있다는 생각이 들자 제풀에 지쳐 굴복하고 만 것이다. 그와는 대조적

으로, 예수님의 제자들은 끔찍한 박해와 심지어는 죽음을 목전에 두고도 단 한 사람도 예수님께서 부활하셨다는 믿음을 저버린 사람이 없었다.

제시카가 자렛에게 질문했다.
"자렛, 너도 예수님의 제자들이 예수님의 시신을 훔쳤다고 생각한다고 말했는데 그게 어떻게 가능할 것 같니?"
"예수님을 처형하느라 하루 종일 힘을 쏟은 로마 군사들은 아마 지쳐서 곯아 떨어지지 않았을까?"
자렛이 대답했다.
"내가 페터슨 교수님에게 들은 바로는 로마 병사들의 군율은 아마도 미 해군 특전부대보다 엄하면 엄했지 더 약하지는 않았을 거라고 했어. 그렇게 엄격한 기강을 갖추고 고도로 훈련된 병사들이 근무 중에 잠에 곯아 떨어지고 그 틈을 타서 겁 많은 어부들이 봉인을 몰래 파기하고 바위 돌을 굴려 낸 후 예수님의 시신을 다른 곳으로 옮겼다는 게 가능하다고 생각해? 예수님을 잡으러 온 낌새를 눈치채곤 모두 도망했던 제자들이 그런 일을 할 수 있겠느냐는 거야. 그중에 제일 용감하다는 사람조차 여자 하인에게 자신은 예수가 누구인지 모른다고 세 번이나 부인했잖아?"
"페터슨 교수가 자네들에게 이런 말을 해주었다는 거지?"
잉그레이엄 박사가 한숨을 내쉬었다.

"세상에, 어떻게 그렇게 사람이 바뀔 수 있는 거지? 그 친구가 내게 부활절에 같이 교회를 가자고 초청할 줄이야 누가 상상이나 했겠나. 이봐, 제시카. 병사들이 얼마나 훈련을 받았건 모두가 피곤하면 긴장이 풀리는 법이야. 특전부대라도 별 수 없다고."

"그러면 부활하신 예수님이 야고보나 도마, 바울에게 나타나신 것은요? 500명이 넘는 목격자들에게 나타나신 것은 어떻게 설명해야 하죠? 마지막으로, 제자들이 예수님의 시신을 훔쳐갔다면 왜 수의는 그 자리에 남겨 둔 것일까요? 도대체 어떤 도둑들이 만신창이가 된 시체를 감싼 수의를 조심스레 벗겨서 한 쪽 옆에다 쌓아 둘까요?"

로렌은 아무 대답도 하지 않고 너털웃음만 웃는 잉그레이엄 박사가 못미더웠다. 박사는 미나를 찬찬히 쳐다보며 말했다.

"자네, 틀림없이 훌륭한 변호사가 될 걸세."

스콧은 잉그레이엄 박사가 좀 더 실질적인 반박을 해주기를 기대했지만 박사는 시계를 들여다보며 자리를 떠날 채비를 했다. 제시카가 서둘러 그에게 질문했다.

"박사님, 페터슨 교수님께서 초청하신 대로 부활절에 교회에 오실 거죠? 스콧과 브렛은 참석하기로 했어요."

"그 친구들이?"

박사가 두 사람을 쳐다보았다.

"맞아요."

스콧이 대답했다.

"우리와 함께 '예수의 잃어버린 무덤'을 봐 주면 부활절에 교회에 가겠다고 약속했어요."

잉그레이엄 박사가 다시 너털웃음을 터뜨렸다.

24
부활절을 맞으며

페터슨 교수 내외는 그들이 출석하는 교회의 본당에 좌석 두 줄을 예약해 놓았다. 교회는 5,000명이 넘는 신도들로 가득차 있었다. 잉그레이엄 박사가 아내와 딸을 동반한 채 앉아 있었고 그 옆과 뒷줄에는 여덟 명의 학생들이 자리를 잡고 앉아 있었다. 초청 연사인 게리 하버마스 박사가 예수님의 신성과 부활의 증거들을 화면에 띄워 올리는 동안 스콧은 브렛과 로렌을 쳐다보며 그럴 줄 알았다는 듯 웃음을 지어 보였다.

'우리를 모두 교회로 초청하셨을 때 무슨 속셈이 있으리라고 생각했지.'

성경을 봉독한 후에 하버마스 박사는 최소한의 증거들만을 제시하여 예수님께서 역사 안에서 육체의 몸으로 부활하신 것을 증명하겠다고 말했다. 자유주의적인 불가지론자에서

부터 회의적인 무신론자, 근본주의적인 기독교 신학자들에 이르기까지 거의 모든 입장에 선 학자들이 인정하고 있는 예수님에 관한 최소한의 증거들만을 이용함으로써 이견의 여지를 남기지 않는 이 방법을 자말과 페터슨 교수도 강의 시간에 사용했다. 하버마스는 신학적인 확신과는 상관없이 거의 모든 학자가 예수님과 그의 제자들에 대한 다음의 진술에 동의한다고 설명했다.

- 예수님은 로마의 십자가 처형을 당했다.
- 그는 아마도 개인 소유의 무덤에 묻혔다.
- 예수님이 처형 당하신 후 제자들은 희망을 잃고 낙담하고 좌절했다.
- 예수님의 무덤은 그가 묻힌 뒤 얼마 후 빈 채로 발견되었다.[81]
- 제자들은 부활하신 예수님을 목격했다.
- 제자들은 그 경험 이후 완전히 다른 사람이 되었다. 그들은 심지어 자신의 믿음을 위해 기꺼이 목숨을 내놓았다.
- 예수님께서 부활하셨다는 사실은 일찍이 기독교 초기부터 주장되어 왔다.
- 제자들은 예수님이 십자가에 못 박히고 매장된 예루살렘에서, 그 일이 일어난 지 얼마 지나지 않아 예수님의 부활을 증거하는 설교를 했다.
- 가장 초기의 복음의 메시지는 예수님의 죽음과 부활에 집

중되어 있었다.
- 예수님께서 부활하신 날이 그를 따르는 신자들이 모여 예배드리는 날이 되었다.
- 예수님의 친형제인 야고보는 예수님의 부활을 경험하기 전에는 회의적인 입장이었지만 부활하신 예수님을 목격했다고 믿은 이후 그리스도인이 되었다.
- 몇 년 후, 다소의 사울(사도 바울)은 자신이 부활하신 예수님을 만났다고 믿었다. 그 만남 이후 그는 그리스도인이 되었다.[82]

예수님이 육신의 몸으로 다시 살아나셨다는 주장을 설득력 있게 펼치던 하버마스 박사는 말씀을 정리할 때쯤 자신의 개인적인 간증을 나누었다. 가장 고통스런 상황에 처했던 자신이 예수님의 부활을 믿은 후 그 상황에서 어떻게 벗어났는지를 고백하는 내용이었다. 하버마스 박사는 잠시 말을 멈추었다. 하지만 그의 침묵이 사람들의 마음속에 채 무겁게 가라앉기 전에 목청을 가다듬고 간증을 계속했다.

"몇 년 전 부활절 다음날 아침, 전 의사로부터 청천벽력 같은 소식을 들었습니다. 아내가 위암 진단을 받았다는 것이었습니다. 암 중에서도 가장 난치성인 암이었죠. 몇 주 후, 아내가 자는 동안 저는 현관에 나와 앉아 있었습니다. 아내는 하루에 세 번씩 음식물을 공급받기 위해 코에서부터 위까지 튜브가 연결되어 있었습니다. 현관에 나와 앉은 저는 마치 구약의 욥처럼 하나님과 대화를 시작했습니다. 저는 기도했습니다. '하나님, 이러지 마세요. 아내는 이제 겨우 마흔셋입니다. 제 가장 친한 친구이자 아이들에게는 둘도 없는 엄마인 그녀가 죽어 가고 있습니다. 제발 아내를 살려 주세요.'[83]

눈물을 참을 수 없어 시선을 아래로 돌린 수전 페터슨 여사는 역시 눈물을 참으려 애를 쓰는 제시카의 모습을 보았다. 하버마스 박사는 그 자리에서 당장 어떤 응답을 듣지는 못했지만 기도한 후 그의 마음에 평안이 찾아옴을 느꼈다고 말을 이었다. 마치 하나님이 그에게 "게리, 나도 네 고통을 다 알고 있다. 나도 내 아들이 죽어 가는 것을 지켜보았으니까. 숨을 헐떡이며 말이야. 아들도 그렇게 고통 속에 죽음을 당했지. 하지만 게리, 나는 그를 죽음 가운데서 다시 살렸고 그를 다시 살게 한 것처럼 네 아내도 다시 살아나게 할 것이다"라고 말씀하시는 것처럼 느껴졌다고 했다.

"저는 하나님께 계속 간구했지만 얼마 후 혼수상태에 빠진 아내의 손을 붙잡고 있을 수밖에 없었습니다. 간호사로서 아내를 돌보고 있던 처제가 아내의 가슴에 청진기를 대어 보고는 내게 마지막 인사를 하라고 말했습니다. 내가 아내의 귀에 '사랑해, 당신을 사랑해'라고 속삭이자 그녀의 심장박동이 빨라지는 게 느껴졌습니다. 제가 인사를 마치자 이내 그녀의 심장의 속도가 떨어졌고 몇 분 후 아내는 숨을 거두었습니다. 1995년 4월 9일이었어요. 저는 제일 친한 친구를 땅에 묻어야 했습니다. 이제껏 제가 겪은 가장 고통스러운 순간이었죠. 하지만 부활의 약속이 제가 아내를 잃은 슬픔을 견디게 해주었습니다. 그렇다면 예수님의 부활의 약속으로 우리가 견뎌 내지 못할 것이 없을 것입니다. 천국에서 우리는 하나님과 우리가 사랑하는 사람들과 영원히 살게 될 것입니다. 예수님의 부활은 우리에게 천국의 존재를 보장해 주는 것입니다."[84]

역시 눈물을 흘리고 있는 안드레아가 제시카의 팔을 토닥였다. 닉과 자말을 생각하면 슬픔을 참을 수 없었지만 하버마스 박사가 요한복음 14장의 "이는 내가 살아 있고 너희도 살아 있겠음이라"는 예수님의 말씀을 인용하며 설교를 마칠 때에는 새로운 희망과 용기가 생기는 것을 느꼈다. 그들은 다시 한 번, 부활로 인한 소망이 그들에게 있음을 깨달았다. 하버마스 박사는 설교를 마치며 아직 예수님을 믿지 않는 사람이 있다면 지금부터 예수님의 속죄의 죽음과 부활을 믿지 않겠느냐고 초대했다. 성가대에서 초청의 찬양이 연주되는 동안 제시카는 누군가 그녀의 어깨를 만지는 것을 느꼈다. 로렌이었다.

"제시카, 안드레아, 나랑 같이 설교단 앞으로 나가 주지 않을래? 나도 예수님을 영접하고 싶어."

눈을 감고 있는 페터슨 교수의 마음속에 주체하기 힘든 감동이 몰려왔다. 하지만 누군가 그의 발을 밟는 바람에 교수는 놀라서 눈을 떴다.

"교수님, 죄송합니다. 서두르다가 그만."

"괜찮네, 스콧. 혹시 나랑 같이 앞으로 나가고 싶어서 그러나?"

"그렇게 해주시면 정말 영광이겠습니다. 교수님."

200여 명이 넘는 초신자들이 예수님을 따르겠다고 서약하기 위해 앞에 모이는 동안 페터슨 교수는 눈물을 흘렸다. 하지만 이번에는 그의 죄를 회개하는 눈물이 아니라 그의 제자들이 예수님께 나아가는 것을 지켜보게 된 감동의 눈물이었다. 이 부활절 아침에는 어떤 토론이나 논쟁도 없을 것이다. 새로 예수님을 영접한 사람들은 모두 한 가지 확실한 사실을 알고 있었기 때문이다. **즉, 예수님의 부활을 믿는 것은 새로운 삶의 시작이라는 것을.**

시즌1 주

1. Bart Ehrman, *Misquoting Jesus: The Story Behind Who Changed the Bible and Why*(New York: Harper Collins, 2005), 7.
2. 같은 책 89.
3. 같은 책 24.
4. Gregory A. Boyd and Paul Rhodes Eddy, *Lord or Legend?: Wrestling with the Jesus Dilemma*(Grand Rapids: Baker, 2007), 52-53.
5. Bart Ehrman, *Misquoting Jesus: The Story Behind Who Changed the Bible and Why*(New York: Harper Collins, 2005), 89.
6. 요한일서 1:9.
7. J. Z. Smith지음, M. Eliade 편집, *Encyclopedia of Religion vol.4*(New York: Macmillan, 1987), "Dying and Rising Gods" M. Eliade, 521, Boyd and Eddy, "Lord or Legend?", 53에서 인용.
8. Boyd and Eddy, "Lord or Legend?", 53.
9. "Did Christ Rise from the Dead?", Lee Strobel의 홈페이지 http://www.leestrobel.com/videoserver/video.php?clip=strobelT1115.
10. Josh McDowell, *The Da Vinci Code: A Quest for Answers*(Holiday, FL: Green Key Books, 2006), 38.
11. Richard Gordon, *Image and Value in the Greco-Roman World* (Aldershot, UK: Variorum, 1996), 96을 Josh McDowell이 *The Da Vinci Code*, 38에서 인용.

12. Bruce M. Metzger, *Historical and Literary Studies*(Leiden, Netherlands: E. J. Brill 1968) 11의 "Mystery Religions and Early Christianity"를 Josh McDowell이 *The Da Vinci Code*, 38에서 인용.

13. Edwin M. Yamauchi, *Pre-Christian Gnosticism, 2nd ed.*(Grand Rapids: Baker Book House, 1983), 112를 Josh McDowell이 The Da Vinci Code, 38에서 인용

14. M. J. Vermaseren, *Mithras: The Secret God* (London: Chatto and Windus, 1963)을 Josh McDowell이 *The Da Vinci Code*, 38에서 인용.

15. John F. Walvoord and Roy B. Zuck 편집, *The Bible Knowledge Commentary: Old Testament*(Wheaton: Victor Books, 1985), 1573.

16. Norman L. Geisler, William E. Nix, *A General Introduction to the Bible*(Chicago: Moody Press, 1968), 24, David Ewert, *A General Introduction to the Bible: From Ancient Tablets To Modern Translations*(Grand Rapids: Zondervan, 1983), 104-108, E. Wurthwein 지음, Errol F. Rhodes 번역, *The Text of Old Testament: An Introduction to the Biblia Hebraica*(Grand Rapids: Eerdmans, 1979), 49-53.

17. Josh McDowell, *The Da Vinci Code*, 15.

18. 마가복음 2:23-28.

19. Bart Ehrman, *Misquoting Jesus: The Story Behind Who Changed the Bible and Why*(New York: Harper Collins), 2005, 9.

20. 위의 출처와 동일함.

21. Lee Strobel, *The Case for the Real Jesus*(Grand Rapids: Zondervan 2007), 74.

22. Boyd and Eddy, *Lord or Legend?*, 22-23.

23. 같은 책 23.

24. Millar Burrows, *What Mean These Stones? The Significance of Archeology for Biblical Studies*(New York: Meridian Books, 1956), 52을 Josh McDowell, Sean McDowell, *More Than a Carpenter*(Carol Stream, IL: Tyndale, 2009), 64에서 인용(『누가 예수를 종교라 하는가』, 두란노 역간).

25. William F. Albright, *Recent Discoveries in Bible Lands*(New York: Funk and Wagnalls, 1955), 136을 McDowell 부부, *More Than a Carpenter*, 65에서 인용.

26. McDowell 부부, *More Than a Carpenter*, 65-66.

27. Sir William Ramsay, *The Bearing of Recent Discovery on the Trustworthiness of the New Testament*(London: Hodder and Stoughton, 1915), 222를 McDowell 부부, *More Than a Carpenter*, 65-66에서 인용.

28. Colin J. Hemer, *The Book of Acts in the Setting of Hellenistic History*(Winona Lake, Ind.: Eisenbrauns, 1990)을 Norman L. Geisler, Frank Turek, *I Don't Have Enough Faith to Be an Atheist*(Wheaton: Crossway Books, 2004), 256-262에서 인용.

29. 사도행전 17:6.

30. Carl Henry, *Revelation and the Bible*(Grand Rapids Baker Book House, 1969) 325, F. F. Bruce, "Archaeological Confirmation of the New Testament."

31. Edward Musgrave Blaiklock, *Layman's Answer: An Examination of the New Theology*(London: Hodder and Stoughton, 1968), 36.

32. Brian L. Janeway, "The Acts of the Apostles and the Archaeologists," *Bible and Spade 12:2*(Spring 1999), 56.

33. Carl Henry, *Revelation and the Bible*, 321에서 F. F. Bruce, "Archaeological Confirmation of the New Testament."

34. McDowell 부부, *More Than a Carpenter*, 70-71.

35. McDowell 부부, *More Than a Carpenter*, 71.

36. McDowell 부부, *More Than a Carpenter*, 71에서 인용한 F. F. Bruce, *The New Testament Documents: Are They Reliable?*(Downers Grove IL: InterVarsity, 1964), 16.

37. McDowell 부부, *More Than a Carpenter*, 71-72.

38. Lee Strobel, *The Case for Christ*(Grand Rapids, Zondervan, 1998) 60에서 인용한 Bruce Metzger를 McDowell 부부, *More Than a Carpenter*, 72에서 인용.

39. 위의 출처와 동일함.

40. Dan Wallace의 2003년 1월 6일자 개인 서신, McDowell 부부, *More Than a Carpenter*, 73에서 인용.

41. Strobel, *The Case for the Real Jesus*, 70.

42. Craig L. Blomberg, *William Lane Graig. Reasonable Faith* (Wheaton: Crossway, 1994) 226, "The Historical Reliability of the New Testament"를 McDowell 부부, *More Than a Carpenter*, 75에서 인용.

43. McDowell 부부, *More Than a Carpenter*, 76.

44. J. Ed Komoszewski, M. James Sawyer, Daniel B. Wallace, *Reinventing Jesus*(Grand Rapids: Kregel, 2006) 215을, McDowell 부부, *More Than a Carpenter*, 76에서 인용.

45. McDowell 부부, *More Than a Carpenter*, 76.

46. Geisler, Turek, *I Don't Have Enough Faith to Be an Atheist*, 228.

47. J. Ed Komoszewski, M. James Sawyer, Daniel B. Wallace, *Reinventing Jesus*, 215를 McDowell 부부, *More Than a Carpenter*, 77에서 인용.

48. McDowell 부부, *More Than a Carpenter*, 77.

49. John Warwick Montgomery, *Where Is History Going?*(Grand Rapids: Zondervan, 1969) 46을 McDowell 부부, *More Than a Carpenter*, 77에서 인용.

50. Lee Strobel, *The Case for Christ*, 97에서 John McRay가 인용.

51. 베드로후서 1:16-17.

52. 요한복음 19:35.

53. McDowell 부부, *More Than a Carpenter*, 80-81.

54. 사도행전 2:22.

55. 사도행전 26:24-26.

56. McDowell 부부, *More Than a Carpenter*, 81.

57. F. F. Bruce, *The New Testament Documents: Are They Reliable?*, 33을 McDowell 부부, *More Than a Carpenter*, 80-81에서 인용.

58. Eusebius, *Ecclesiastical History*, 3권 39장을 McDowell 부부, *More Than a Carpenter*, 84-85에서 인용.

59. Irenaeus, *Against the Heresies*, 3.1.1.을 McDowell 부부, *More Than a Carpenter*, 85-86에서 인용.

60. Michael J. Wilkins and J. P. Moreland 편집, *Jesus Under Fire: Modern Scholarship Reinvents the Historical Jesus*(Grand Rapids: Zondervan, 1995), 222.

61. Norman L. Geisler, Frank Turek, *I Don't Have Enough Faith to Be an Atheist*에서 인용한 Peter Kreeft의 글 발췌.

62. Chuck Colson이 Norman L. Geisler, Frank Turek, *I Don't Have Enough Faith to Be an Atheist*, 292-293에서 인용.

63. F. F. Bruce, *The Books and the Parchments: How We Got Our English Bible*(Old Tappan, NJ: Fleming H. Revell, 1950), 95를 Josh McDowell, *The New Evidence That Demands a Verdict*(Nashville: Thomas Nelson Publishers, 1999), 21에서 인용.

64. Ralph Earle, *How We Got Our Bible*(Grand Rapids, Baker Book House, 1971), 31을 Josh McDowell, *The New Evidence That Demands a Verdict*, 21에서 인용.

65. Geisler and Nix, *A General Introduction to the Bible*, 221을 Josh McDowell, *The New Evidence That Demands a Verdict*, 22에서 인용.
66. 위의 출처와 동일함.
67. 고린도전서 9:1.
68. Geisler, Frank Turek. *I Don't Have Enough Faith to Be an Atheist*, 364-365.
69. 같은 책 370.
70. 고린도전서 15:53-57.
71. Josh McDowell, *The Da Vinci Code* 21.
72. "Infancy Gospel of Thomas," *The Lost Books of the Bible and the Forgotten Books of Eden*(Dallas: Word Publishing, 1994)를 Josh McDowell이 *The Da Vinci Code*, 21에서 인용.
73. "The Gospel of Thomas", 114를 Josh McDowell이 *The Da Vinci Code*, 22에서 인용.
74. *The Lost Books of the Bible and the Forgotten Books of Eden* 246-247을 Josh McDowell이 *The Da Vinci Code*, 23에서 인용.
75. 로마서 4:4-5.
76. 누가복음 15:10.

시즌2 주

1. 골로새서 1:15-20.
2. 간증 동영상은 www.iamsecond.com 에서 사용하도록 허락했다.
3. Christopher Hitchens, *God Is Not Great: How Religion Poisons Everything*(New York: Hachette, 2007), 111(『신은 위대하지 않다』, 알마 역간).
4. Bertrand Russell, *Why I Am Not A Christian* (New York: Simon & Schuster, 1957, 16(『나는 왜 그리스도인이 아닌가』, 사회평론 역간).
5. Hitchens, *God Is Not Great*, 114.
6. Dinesh D'Souza, *What's So Great about Christianity*(Washington, DC: Regnery, 2007), 296.
7. 고린도전서 15:14.
8. Otto Betz, *What Do We Know about Jesus?*(Norwich, U.K.: SCM Press, 1968), 9.
9. D'Souza, *What's So Great about Christianity*, 296.
10. 같은 책 295.
11. Richard Dawkins, *God Delusion*(New York: Houghton Mifflin, 2006), 51(『만들어진 신』, 김영사 역간).
12. D'Souza, *What's So Great about Christianity*, 218.
13. Hitler's Table Talk(New York: Enigma Books, 2000)를 D'Souza,

What's So Great about Christianity, 218에서 인용.

14. Adolf Hitler, *Mein Kampf*(Boston: Houghton Mifflin, 1999), 65(『나의 투쟁』, 홍신문화사 역간)을 D'Souza, *What's So Great about Christianity*, 217에서 인용.

15. D. James Kennedy, Jerry Newcombe, *What If Jesus Had Never Been Born?*(Nashville: Thomas Nelson, 1994)에서 발췌.

16. 신약 성경의 신뢰성에 대해 좀더 알아보기 원한다면 이 책의 시즌1 부분을 참고하라.

17. Thomas Paine 지음, Eric Foner 편집, *Collected Writings*(New York: The Library of America, 1995), 9.

18. F. F. Bruce, *The New Testament Documents: Are They Reliable?*(Downers Grove IL: InterVarsity, 1972), 119.

19. Gary R. Habermas, *The Verdict of History* (Nashville: Thomas Nelson Publishers, 1988), 87.

20. 위와 출처가 동일하다.

21. Cornelius Tacitus, Annals (Chicago: William Benton, 1952, 15권 44(『타키투스의 연대기』 종합출판범우 역간).

22. Lucian of Samosata, *The Death of Peregrine, in The Works of Lucian of Samosata*, 4권, H. W. Fowler와 F.G. Fowler 공동번역(Oxford: The Clarendon Press, 1949), 11-13.

23. 위와 출처가 동일하다.

24. Lucian,"Life of Claudius" in The Works of Lucian of Samosata,

25. 4.

25. Suetonius, *Lives of the Caesars*, 26. 2.
26. Pliny the Younger, *Epistles X*.
27. 위와 출처가 동일하다.
28. Habermas, *The Verdict of History*, 93.
29. Julius Aficanus, *Chronography*, 18. 1.
30. Bruce, *The New Testament Documents*, 113.
31. 같은 책 123.
32. Habermas, *The Verdict of History*, 119.
33. 고린도전서 11:23-24.
34. Habermas, *The Verdict of History*, 121.
35. 고린도전서 15:3-5.
36. 고린도전서 15:11.
37. David Hume, *Enquiries Concerning Human Understanding and Concerning the Principles of Morals*, 3rd ed.(Oxford: The Clarendon Press, 1992), 144-146, 14.
38. Ronald H. Nash, *Faith and Reason* (Grand Rapids: Zondervan, 1988), 230.
39. Norman L. Geisler, *Miracles and the Modern Mind*(Grand Rapids: Baker, 1992), 27-28.
40. 위와 출처가 동일하다.
41. Norman L. Geisler, *Miracles and the Modern Mind*를 R. Douglas Geivett와 Gary Habermas가 인용(Downers Grove, IL:

InterVarsity Press, 1997), 78-79.

42. Nash, *Faith and Reason*, 234.
43. 마태복음 10:32-33.
44. 마가복음 2:5; 또한 누가복음 7:48-50을 보라.
45. 이사야 43:25.
46. 마가복음 2:7.
47. Lewis Sperry Chafer, *Systematic Theology*(Dallas: Dallas Theological Seminary Press, 1947), 5:21.
48. 마태복음 4:10.
49. Robert M. Bowman, J. Ed Komoszewski, *Putting Jesus in His Place: The Case for the Deity of Christ*(Grand Rapids: Kregel, 2007), 246-247.
50. 마가복음 14:60-64.
51. Josh McDowell, Sean McDowell, *More Than a Carpenter*(Carol Stream, IL: Tyndale, 2009), 19-20.
52. 마가복음 14:63.
53. McDowell 부부, *More Than a Carpenter*, 22.
54. Robert Anderson, *The Lord from Heaven*(London: James Nisbet, 1910), 5.
55. 마태복음 27:43.
56. Henry Barclay Swete, *The Gospel According to St. Mark*(London: Macmillan, 1898), 339.
57. Irwin H. Linton, *The Sanhedrin Verdict*(New York: Loizeaux Bros., 1943), 7.
58. 마태복음 27:41-43.

59. McDowell 부부, *More Than a Carpenter*, 10.
60. 디도서 2:13.
61. 마태복음 4:10.
62. 마태복음 16:17.
63. McDowell 부부, *More Than a Carpenter*, 12.
64. 요한복음 20:25.
65. 요한복음 20:26-28.
66. 데살로니가전서 4:13.
67. 요한복음 5:16-18을 보라.
68. McDowell 부부, *More Than a Carpenter*, 14.
69. 요한복음 5:18.
70. McDowell 부부, *More Than a Carpenter*, 14.
71. 같은 책 15.
72. 요한복음 10:30.
73. 요한복음 10:31-32.
74. Archibald Thomas Robertson, *Word Pictures in the New Testament* (New York: Harper & Brothers, 1932), 5:186.
75. C. S. Lewis, *Mere Christianity* (New York: Macmillan, 1960), 40-41(『순전한 기독교』, 홍성사 역간).
76. Kenneth Scott Latourette, *A History of the Christianity* (New York: Harper & Row, 1953), 44-48.
77. 마태복음 16:15.

78. McDowell 부부, *More Than a Carpenter*, 30.

79. William E. Lecky, *History of European Morals from Augustus to Charlemagne*(New York: D. Appleton, 1903), 2:8-9.

80. Hitchens, *God Is Not Great*, 120-121.

81. Philip Schaff, *The Person of Christ*(New York: American Tract Society, 1913), 94-95.

82. McDowell 부부, *More Than a Carpenter*, 33.

83. 위와 출처가 동일하다.

84. Gary R. Collins, Lee Strobel, *The Case for Christ*(Grand Rapids, Zondervan, 1988), 147에서 인용.

85. McDowell 부부, *More Than a Carpenter*, 36.

86. James A. Kliest, *The Epistles of St. Clement of Rome and St. Ignatius of Antioch, "To the Ephesians"*(Ramsey: Paulist Press, 1978).

87. Alexander Roberts, *The Ante-Nicene Fathers*, 1권(Grand Rapids, Eerdmans, 1993), 184.

88. Joseph P. Smith, *St. Irenaeus: Proof of the Apostolic Preaching* (Ramsey: Paulist Press, 1978). 47장.

89. Pliny 지음, Betty Radice 번역, *Letters and Panegyricus, Loeb Classical Library*(Cambridge: Harvard University Press, 1969), 10.96(2.289).

90. McDowell 부부, *More Than a Carpenter*, 42.

91. 같은 책 43.

92. 위와 출처가 동일하다.

93. 위와 출처가 동일하다.

시즌3주

1. 요한복음 15:13.
2. 요한복음 14:2-3.
3. 요한계시록 21:3-4.
4. 누가복음 23:43.
5. 고린도후서 5:8.
6. 누가복음 16:19-31.
7. 누가복음 14:13-14.
8. 요한복음 11:25-26.
9. 누가복음 24:7.
10. 요한복음 14:19.
11. 고린도전서 15:17.
12. 로마서 3:23, 5:6-11, 6:23.
13. 요한복음 3:16.
14. 요한복음 1:1-13.
15. 시편 46:1.
16. 시편 23:4.
17. 데살로니가전서 4:13.
18. Gerd Lüdemann지음, John Bowden 번역, *What Really Happened to Jesus: A Historical Approach to the*

Resurrection(Louisville: Westminster John Knox Press, 1995), 1.

19. 사도행전 1:22.

20. 사도행전 2:23-24.

21. 사도행전 3:15.

22. 데살로니가전서 1:9-10.

23. N. T. Wright, *The Challenge of Jesus*(Downers Grove, IL: InterVarsity Press, 1999), 220.

24. James Hastings, *Dictionary of the Apostolic Church*, 2권 (Edinburgh: T.&T. Clark, 1918), 330.

25. William Lane Craig, "Did Jesus Rise from the Dead?"를 Michael J. Wilkins and J.P. Moreland, *Jesus Under Fire: Modern Scholarship Reinvents the Historical Jesus*(Grand Rapids: Zondervan, 1995), 159에서 인용.

26. Thomas Arnold를 Wilbur Smith, *Therefore Stand: Christian Apologetics*(Grand Rapids: Baker Books, 1965), 425-426에서 인용.

27. John Locke, *A Second Vindication of the Reasonableness of Christianity*를 Wilbur Smith, *Therefore Stand: Christian Apologetic*s 422-423에서 인용.

28. 마가복음 15:15-20.

29. John P. Mattingly, *Crucifixion: Its Origin and Application to Christ*, 미발표 논문 1961년, 73을 Josh McDowell, *The New Evidence That Demands a Verdict*(Nashville: Thomas Nelson Publishers,

1999), 218에서 인용.

30. W. J. Sparrow-Simpson, *The Resurrection and the Christian Faith*(Grand Rapids: Zondervan, 1968), 21-22.

31. Henry Alford, *The Greek Testament: With a Critically Revised Text: A Digest of Various Readings: Marginal References to Verbal and Idiomatic Usage: Prolegomena: And a Critical and Exegetical Commentary*, 1권, 6판(Cambridge: Deighton, Bell and Co., 1868), 298-299.

32. William D. Edwards, M. D., et al. "On the Physical Death of Jesus Christ," in *Journal of the American Medical Association* 255:11. 1986년 3월 21일자.

33. Samuel Houghton을 Frederick Charles Cook, ed. *Commentary on the Holy Bible*(London: John Murray, 1878), 349-350에서 인용.

34. 위와 출처가 동일하다.

35. 이사야 53:2-12.

36. 이사야 53:8-9.

37. Craig, *"Did Jesus Rise from the Dead?"*를 Wilkins and Moreland, *Jesus Under Fire* 148-149에서 인용.

38. 위와 출처가 동일하다.

39. Alfred Edersheim, *The Life and Times of Jesus the Messiah*, 2권. (Grand Rapids: Eerdmans, 1962), 617.

40. Wilbur Smith, *Therefore Stand: Christian Apologetics*, 370-371.

41. Norman L. Geisler, Frank Turek, *I Don't Have Enough Faith to*

Be an Atheist(Wheaton: Crossway Books, 2004), 275.

42. William Smith, *Dictionary of Greek and Roman Antiquities*, 개정판(London: James Walton and John Murray, 1870), 250-251.

43. 마태복음 27:62-66.

44. A. T. Robertson, *Word Pictures in the New Testament* 5권 (Nashville: Broadman Press, 1930), 재출간 (New York: R.R. Smith, Inc. 1931), 239.

45. 위와 출처가 동일하다.

46. Alfred Edersheim, *The Temple: Its Ministry and Services*(Grand Rapids: Eerdmans, 1958), 147-149.

47. Herbert Danby 번역, *The Mishnah*(London: Geoffrey Cumberlege, Oxford Press 1933), 1.2.

48. 마가복음 14:50.

49. J. P. Moreland, *Scaling the Secular City*(Grand Rapids: Baker Books, 1987), 168.

50. 마태복음 28:2-4.

51. 마태복음 28:11-15.

52. Albert Roper, *Did Jesus Rise from the Dead?*(Grand Rapids: Zondervan, 1965), 33.

53. T. G. Tucker, *Life in the Roman World of Nero and St. Paul*(New York: Macmillan Company, 1910), 342-344.

54. Thomas Thorburn, *The Resurrection Narratives and Modern*

55. J. N. D. Anderson, "The Resurrection of Jesus Christ" in *Christian-ity Today*(1968년 3월 29일자), 4-9.

56. Norman Anderson, *Christianity and World Religions* 개정판, *Of Christianity and Comparative Religions*(Downers Grove IL: InterVarsity, 1984), 95-96.

57. Moreland, *Scaling the Secular City* 168.

58. John Warwick Montgomery, *History and Christianity*(Downers Grove IL: InterVarsity, 1964), 78.

59. Craig, "Did Jesus Rise from the Dead?"를 Wilkins, Moreland, *Jesus Under Fire*, 157에서 인용.

60. 위와 출처가 동일하다.

61. 사도행전 25:6-7.

62. 사도행전 25:19.

63. 사도행전 17:32.

64. 사도행전 26:23.

65. 사도행전 26:24-28.

66. The Discovery Channel, http://dsc.discovery.com/convergence/tomb/about/about.html.

67. http://www.garyhabermas.com/articles/The_Lost_Tomb_of_Jesus/losttombofjesus_response.htm.

68. 위와 출처가 동일하다.

Criticisms(London: Kegan, Trench, Trubner & Co., Ltd., 1910), 179-182.

69. 위와 출처가 동일하다.

70. Kirsopp Lake, *The Historical Evidence for the Resurrection of Jesus Christ*(New York: Putnam's Sons, 1907).

71. William Lane Craig, *The Son Rises*(Eugene: Wipf and Stock Publishers, 2000), 42.

72. Gary R. Habermas, *The Verdict of History*(Nashville: Thomas Nelson Publishers, 1988), 119.

73. Theodore R. Sarbin, Joseph B. Juhsz 지음, R. K. Siegel, L. J. West 공동편집, "The Social Contract of Hallucinations", *Hallucinations: Behaviour, Experience and Theory*(New York: John Wiley & Sons, 1975), 242.

74. *Christian Research Journal* 23권, 4번 (2001년 8월 13일자) 48, Gary R. Habermas "The Recent Revival of Hallucination Theories"에 기록된 Gary Collins 박사의 개인 서신.

75. 위와 출처가 동일하다.

76. 마가복음 12:1-12, 특별히 12절.

77. Michael Licona, *Paul Meets Muhammad: A Christian-Muslim Debate on the Resurrection*(Grand Rapids: Baker, 2006), 55에서 발췌.

78. 마태복음 28:11-15.

79. Justin Martyr, *Dialogue Against Trypho* #108.

80. Charles Colson, *How Now Shall We Live?*(Wheaton: Tyndale,

1999), 275-276(『그리스도인, 이제 어떻게 살 것인가』, 요단출판사 역간).

81. 이 부분은 '최소한의 사실'이라는 기준에 미치지 못하는 유일한 사항이다. 그럼에도 하버마스는 거의 75퍼센트의 학자들이 이 내용을 역사적 사실로 받아들인다고 보고하고 있다.

82. Gary Habermas, *The Risen Jesus and Future Hope*(Lanham, MD: Rowman & Littlefield, 2003), 9-10을 Norman L. Geisler, Frank Turek, *I Don't Have Enough Faith to Be an Atheist*, 299-300에서 인용.

83. 하버마스 박사의 내용은 www.garyhabermas.com에 나오는 몇몇 팟캐스트 증언에서 발췌.

84. 위와 출처가 동일하다.

옮긴이 **오세원**은 고려대학교 철학과를 졸업하고 공군 통역 장교로 제대했다. 미국 윌리엄 앤 매리 대학교(College of William and Mary)의 MBA를 졸업했다. 금융업계에 종사하면서 평소 즐겨 읽은 몇몇 작품들이 기대에 못 미치는 번역으로 국내에 출간된 것을 보고 블로그를 운영한 것이 계기가 되어 번역을 시작했다. 옮긴 책으로 「시인들의 고군분투 생활기」, 「여자라면 꼭 가봐야 할 100곳」 등이 있다.

청춘을 위한 기독교 변증

초판 1쇄 발행 2012년 6월 30일
초판 9쇄 발행 2021년 3월 17일

지은이 조쉬 맥도웰, 데이빗 스테럿
옮긴이 오세원

펴낸이 오정현
펴낸곳 국제제자훈련원
등록번호 제2013-000170호(2013년 9월 25일)
주소 서울시 서초구 효령로 68길 98(서초동)
전화 02)3489-4300 **팩스** 02)3489-4329
이메일 dmipress@sarang.org

ISBN 978-89-5731-579-8 03230

※ 책값은 뒤표지에 있습니다. 잘못된 책은 구입하신 곳에서 교환해드립니다.